民初
總統紀

張程 著

六位政治巨擘用權力見證歷史

—— 從革命到軍閥，探討孫、袁、黎、馮、徐、曹 ——
六位民國初年總統的抉擇與慾望

革命先鋒、帝制野心家、一方軍閥、前清遺老……
從孫中山到曹錕的六位「民國總統」，
他們都當過民國的總統，都是在變動時代叱吒風雲的一號人物，
在風氣變革、政局混亂的舊時代，怎麼走出一條新的救國路？
又如何以西方憲政制度的「總統」角色來維持大局？
以權力來展現中國新舊交織下的政治格局？

目錄

第六章
曹錕：總統的誘惑力

後記：大變革時期的大人物

楔子

一

　　清朝末期，社會動盪，凡是當時有權勢的人都和軍隊沾上關係。民初的多位總統就是行伍出身。所以要介紹他們，就要從軍隊說起了。這裡要說的軍隊可不是清朝的舊式軍隊，而是清廷仿照西方組建的「新式陸軍」。一九〇三年，清廷成立練兵處，在各省設立督練公所，大規模編練新軍，裁汰舊營。練兵處雄心勃勃地制訂了「編練三十六鎮新軍」的宏偉計畫，計劃在十八個行省各編練兩鎮新軍，合計三十六個鎮。

　　為此，清政府投入了大量的精力和人力，還從極其窘迫的財政中擠出資金來投入新軍中去，希望能就此重振國威，維護統治，對新軍寄予了極高的期望。但是由於各省的駐軍基礎和財力不同，編練新軍的進度也千差萬別。到清朝滅亡時，多數省分只搭起了某某鎮（師）的架子，沒有編練滿員，少數省分只搭起了某某協（旅）的樣子。其中編練成績最出色的首推袁世凱主持的直隸新軍，其次是張之洞主持的湖北新軍。前者有六鎮之多，被稱為北洋新軍，後者有一鎮加一個混成協，被稱為南洋新軍。這兩支部隊一南一北，是清廷寄予厚望的擎天支柱。

　　一九〇六年（光緒三十二年）十月，秋高氣爽。清朝政府為了檢驗「新式陸軍」的編練成果，決定在河南彰德府（今河南安陽）舉行大規模軍事演習，即是秋操。

　　為檢驗新軍的編練成效，清廷從一九〇五年就開始舉行秋季會操，

各國駐華軍官、中外記者和各省代表都受到清廷邀請，前往觀演。一九〇六年，清廷擴大秋操規模，讓南北洋新軍聚集彰德對抗演練，檢驗軍隊戰鬥力。

南軍由湖北新軍第八鎮混合河南新軍第二十九混成協組成，由張彪任總統官、統黎元洪為統制。北軍由北洋新軍第五鎮和曹錕統領的第一混成協組成，段祺瑞任總統官。北軍駐安陽城南，南軍駐湯陰城北，全副武裝，總計有馬、步、炮、工、後勤各兵種人員三萬三千餘人。清廷最精銳的基底就在這了。

十月二十一日兩軍進入演習區域，翌日正式對壘。霎時間，百年不見烽火的中原大地炮聲隆隆，槍聲不斷，人喊馬嘶，塵土飛揚。新型砲兵、騎兵和步兵協同作戰，依次演練衝鋒戰、遭遇戰、防守戰。工兵忙著設雷布雷掃雷，輜重兵保障後勤。這一切都是古老的中原大地第一次見到的。秋操中，南北兩軍棋逢對手，打得難分難解，針鋒相對。後來眼看就要變成一場真實的鏖戰了，南北方軍官費了好大力氣聯絡溝通，才將雙方官兵勸解開。負責秋操的袁世凱和鐵良臨時決定，將計劃一週的演習提前到二十五日結束。南北兩軍舉行了聯合閱兵式，盡歡而散。

北洋軍秋操

《續安陽縣誌》記載，本次演習「列陣數十里，錯綜變化，出奇制勝，極戰爭之能事。外賓作壁上觀者，咸稱讚不置。」

然而，彰德秋操最大的看點不是編練齊整的新式軍隊，而是本次秋操聚集了清末民初的大批風雲人物：練兵大臣袁世凱和鐵良擔任檢閱大臣，王士珍為演習總參議，馮國璋為南軍審判長，良弼為北軍審判長，徐世昌負責秋操參謀處。對陣的南北總統官黎元洪和段祺瑞自不必說了。曹錕、馮玉祥等人當時還只是小字輩，日後的作為卻不在前面諸公之下。這次秋操還幫助了一個日後的重要人物登場了，他就是蔡鍔。之前慣由高級軍官擔任審判員，但是身為下級軍官的二十四歲的蔡鍔，竟被袁世凱一眼看中，平地一聲雷，破格提拔這位小夥子為審判員，蔡鍔於是躋身於朝廷大員的行列。

我們細看，本次秋操匯聚了日後中華民國的五位總統：袁世凱、黎元洪、馮國璋、徐世昌、曹錕。如果算上臨時執政的段祺瑞，那就是六位國家元首了。

為什麼清廷國運命脈所繫的新軍系統中隱藏著如此眾多的民國總統呢？亂世出英雄，而亂世英雄往往是掌握軍隊的梟雄。盛世重文、亂世重兵，這是中國傳統的政治規律。軍隊是亂世中最大的權力籌碼，曹操、劉裕、趙匡胤、朱元璋等梟雄誰不是靠軍隊崛起的？亂世紛爭，不是軍隊推著主將上權力競技場，就是志向遠大者與軍隊提前來個親密接觸，早作謀劃。民國的五位總統就分屬上面這兩類角色。亂世重兵已經發展為一種歷史情結，深深融入了中國的社會和百姓的心裡。所以，不管政治傾向如何，全國上下多少目光注視著崛起的新軍和他們的將領，對他們的命運作出種種猜測。彰德秋操是當時輿論關注焦點。一九〇六年在河南、河北和山東等地的年畫的最時髦素材就是「秋操圖」。人們用

大紅大綠的傳統畫法來描繪轟動一時的那場近代化軍事演習。不管畫面多麼不倫不類，畫中最醒目的總是那些跨馬配刀、披盔戴甲的將領們。隱隱中，這個躁動不安的社會察覺了某種似曾相識的歷史現象的即將到來。那將是一個軍權至上、由實力說話的大混亂大變革時期。

不論是北洋新軍還是湖北新軍，清廷都投入了巨資，希望編練成效忠朝廷的股肱之臣。不想，南北新軍最終都走到了朝廷的對立面，都成了王朝的掘墓者。湖北新軍首先起義，建立了中華民國；北洋新軍則在袁世凱的率領下奪權逼宮，直接推翻了清朝。

二

細心的人會發現，彰德秋操場上，缺少了民國最著名的總統，就是開創了中華民國的孫中山。當時他在哪兒呢？原來，那時他正躲在日本的友人家，構思著革命藍圖呢。

一九○六年秋冬之間，孫中山會同黃興、章太炎等人，制訂出了同盟會的革命方略，作為將來革命熱潮來臨時的行動指南。站在國門之外的革命黨人們正沉浸在規劃中國民主共和藍圖的熱情之中。

這份包括《軍政府宣言》等十四份文件的《中國同盟會革命方略》，洋洋灑灑，早作計劃，保持了孫中山一貫的理想主義、整體觀念、全面籌劃的思想。在這些文件當中，孫中山號召國民革命，將「自由、平等、博愛」尊崇為國民革命的「一貫之精神」，重申並進一步闡述了一年前（一九○五年）在《民報》上提出的「驅除韃虜，恢復中華，建立民國，平均地權」的綱領，還具體規定出未來的共和國要實行三期政治：第一期為軍法之治，第二期為約法之治，第三期為憲法之治。

與彰德秋操背後的深意不同，孫中山的言行、他的政治資源，都是近代的，是西方的。他引領著不同於中國傳統的政治風格和思想風潮，衝擊著中國傳統的權力競技場和權鬥規律。孫中山及其革命力量和袁世凱等人之間存在著兩道深深的鴻溝。正是這些鴻溝引發了民國初年革命與保守、激進與退卻之間的種種矛盾與衝突。

　　第一道是理想與現實之間的鴻溝，是政治理想與權力現實之間的鴻溝。

　　聚集在孫中山周圍的同盟會 —— 國民黨革命人物引領著理想主義的強大思潮，洶湧澎湃地撲向中國傳統社會而來。他們要求建立共和國，開創憲政，選舉議會，改革風俗，發展教育文化和現代經濟。但是理想必須著陸在現實之上，才能開花結果。孫中山等人的理想在現實中就遭遇了從傳統體制中衍生出來的袁世凱等人的阻礙，連受打擊。以袁世凱為首的北洋系各位總統（也包括出身湖北新軍的黎元洪）則是現實的。如果說前者讀的是伏爾泰、孟德斯鳩和盧梭，滿腦子革命理想和社會藍圖，那麼，後者讀的就是子曰詩云，學的是曹孟德和朱元璋的政治手腕了，他們脫身舊體制和軍閥軍隊，首先思考的就是政局穩定和權力鞏固，其次才可能是發展。在理想與現實的鴻溝中，孫中山為首的革命派「破」多於「立」；袁世凱等人雖然也部分接受了近代理想思潮，但還是希望國家沿著現實允許的道路走下去，而不是另闢新路。

　　如果一個人滿懷激情贊成革命，那他會擁護孫中山等人；如果一個人傾向社會穩定和緩慢發展，那他極可能認可袁世凱等人的一些作為。在民國初期，袁世凱等人所代表的現實主義者多於孫中山所代表的理想主義者，在政治上占據優勢。

　　第二道是西方與中國之間的鴻溝，是西方現代政治與中國傳統政治之間的鴻溝。

這第二道鴻溝是與第一道緊密相關的。近代理想主義者的思想從何而來？從西方而來。伏爾泰、孟德斯鳩和盧梭都是歐洲人。同盟會成立於日本東京，最初的擁護者是留日學生。他們接受的政治理想多半是以日本為中繼站學來的 —— 清末民初，留學歐洲的費用太高，一般人承受不起，而日本的留學費用大約只需歐美費用的十分之一。而袁世凱等現實主義者多浸淫中國官場多年，深諳權力鬥爭和傳統政治的內幕。

從中外交流的角度來看，近代歷史是中西方思潮迎頭相撞，相互了解、對抗和融合的歷史。相撞的歷史在民國初期達到了高潮，用著西方政治話語的理想主義者也和老謀深算、表裡不一的現實主義者迎頭撞出了激烈的火花。其中自然有諸多的誤解、矛盾、衝突和悲歡成敗。

有關中西方鴻溝的一個重要問題是，近代中國社會為什麼沒有嫁接成功西方制度，走上現代化之路？誠然中國出現了許多現代社會的元素，但承擔西式社會結構的基礎過於薄弱，注定只能游離在中西方社會形態之間。喝咖啡逛公園的上海貿易員、書包裡藏著白話小說的漢口學生、在政府各部跑新聞的北京記者和出口中國茶葉進口英國鋼琴的廣州商人們，他們的力量遠遠不足以支撐一個現代憲政社會。所以，不論是單純追求西式社會形態的人，還是要求恢復中國傳統社會形態的勢力，都注定要碰壁、遭遇坎坷。

在中國處於「三千年未有之變局」、面對「三千年未有之大敵」的近代，這兩派政治勢力和思潮的碰撞產生的火花必然異常醒目。抽象的鴻溝變成了真實的政治爭鬥。中華民國的早期歷史，就是在理想與現實、西方與中國的激烈交鋒的共同作用下度過的。

一九〇六年的秋天，站在晚清新軍前面的袁世凱、黎元洪、馮國璋、徐世昌和曹錕是傳統的現實政治家，而沉浸在《建國方略》構想藍圖中的孫中山身上，洋溢的無疑是理想的、西方的色彩。

北洋軍秋操

　　卻說彰德秋操後，清廷又計劃在一九〇八年舉辦第三次秋操，地點選定為安徽的太湖縣。清廷對「太湖秋操」極為重視，派陸軍部右侍郎蔭昌、兩江總督端方為檢閱大臣，檢閱南洋地區各鎮新軍的編練成效。於是，鄂皖蘇各地的新軍陸續向太湖縣聚攏。半個多世紀後，當地的老人還能回憶起當年太湖縣來了很多背洋槍的大兵，在縣城四周紮下了營盤木寨；縣城的北門沙灘上搭了臺，說是給光緒皇帝來閱兵用的；縣城周邊山上還豎起了大紅燈籠，四鄉八里都轟動了。十一月十三日安徽巡撫朱家寶親赴太湖縣城做最後的籌劃，沒想到，次日光緒帝就駕崩了，隔一天慈禧太后也死了。噩耗傳來，秋操取消，舉國籌備「國喪」，太湖山上的大紅燈籠都換成了白氣球。

　　國家多事，加速進入了改朝換代的巨變期。安徽新軍第三十一混成協炮營隊官熊成基，是革命分子，本想趁參加太湖秋操之機舉義，占領安慶。不料秋操取消部隊撤回，起義計畫又被安徽巡撫朱家寶察覺，迫使熊成基等不得不倉促起義，後來遭到了鎮壓。據說徐錫麟也本想趁秋操之機起義，計畫夭折後改為刺殺大員恩銘。孫中山、黃興等人則在本

年度發動了欽康上思起義和河口起義，在南方攻城略地。而袁世凱受到新上臺的攝政王載灃集團猜忌，不得不以健康原因辭職保命。他來到了彰德秋操所在的安陽縣，開始釣魚觀景⋯⋯

北洋軍秋操

三

本書講述了民國早期這六位總統的興衰榮辱，展現了兩股思想和政治勢力的激烈交鋒。除此之外，本書還想展示民國總統和北洋政府的另類歷史，探尋那黑暗中的縷縷陽光。

人們對民國早期的歷史有若干先入為主的負面印象。當時，中國固然貧弱不堪，政治固然漆黑骯髒，可中國社會還是取得了快速發展。「軍閥割據在這段期間成為普遍現象。舊體制既已拆卸，新的尚未產生，只有私人軍事力量可以在青黃不接之際維持短期團結。」（黃仁宇著：《中國大歷史》）民族資本主義的到來、新文化運動的勃發、媒體興起與思想解放推動的社會生活的活躍以及「袁大頭」銀幣的堅挺，都發生在這個黑暗的時期。

同樣，民國初期風雲人物也並非一無是處，並非全是邋遢齷齪的匪霸小人。相反，他們都有各自的建樹，不是務實開拓，就是亂世奸雄——只有有能力並實際行動的人物方能在亂世中脫穎而出。「軍閥一般為帶悲劇性格的英雄人物，他們也並非個個存心做壞事。一位英國觀察者指出不少中國軍閥可能在英國陸軍中成為出人頭地的將領。」（黃仁宇著：《中國大歷史》）尤其要指出的是，那些北洋大軍閥和政客，可能在言行上有很多欠缺，但他們的民族氣節是值得肯定的。

　　三〇年代，徐世昌和名聲不佳的曹錕隱居天津衛。盧溝橋事變後，這兩位前總統都進入了日本人的視線。日本人多次勸說他們出山主持偽政權；他們的部下多有落水出任偽職的，還有不斷登門來當說客的，都被他們拒之門外。

　　賄選總統的武夫曹錕，雖然晚年窮困，但始終拒絕賣國，立誓寧可喝稀粥，也不給日本人辦事。部下前來相擾，曹錕給他們吃閉門羹，實在被騷擾急了，就在門內大罵老部下。一九三八年五月曹錕病死天津，終年七十六歲。第二個月他被國民政府追贈為陸軍一級上將。

　　相比曹錕的晚景淒涼，徐世昌的晚年怡然自得，研究國畫編編書。漢奸王克敏曾以師生之誼前來拜會，勸徐世昌出山。徐世昌閉門不見，還表示「我沒有這樣的門生」。曹汝霖遊說徐世昌如能出山和日本訂立親善條約，日本即可撤兵，也遭到了徐世昌的婉拒。等曹告辭後，徐世昌就對門房說：「以後曹若再來，就說我不在家。」日本人對徐世昌下力最大，逼迫也最緊，令年邁的徐世昌最後潸然淚下，感嘆晚年不得安寧。一九三九年六月徐世昌在天津病逝，終年八十五歲。同時代的重量級人物段祺瑞則南下南京，號召抗日。至此，那一代的梟雄以相當正面的形象在歷史上收了尾。

楔子

　　民國肇始，共和國成立，人們熱熱鬧鬧地舉行全國大選、召集國會、選舉總統、制訂約法，政黨風雲而起，報紙雜誌如雨後春筍，百家爭鳴，混亂中透著朝氣蓬勃的氣息。然而，政治深層依然殺機四伏，血雨腥風不時呼嘯而出，言論自由變味為肆無忌憚，共和初建，止不住政潮迭起。有人疾呼亡國的危言，有人出面維持大局，英豪也好，梟雄也罷，盡在這本講述民國總統另一面的歷史書中。

第一章

　　孫中山先生是偉大的革命先行者。但在他的時代，有人叫他是「孫大炮」。在地方話裡，說一個人「放炮」是批評他說大話的意思。叫某人「大砲」就是說他說的多做的少，或者說的話難以實現，脫離現實。「大砲」是孫中山的綽號，反映了孫中山的宏圖壯志缺乏現實成果，政治生涯敗績累累。孫中山的失敗和他的個性以及時代都有關係，更和孫中山是中華民國「第一位」總統有關。「第一」就意味著你要在前無古人的道路上跌跌撞撞摸索前行，憑著感覺給後人探路，難免會失利乃至犯錯誤。

思想濫觴：西方歸來的革命者

一

　　光緒五年（西元一八七九年），十四歲的廣州香山少年孫文第一次遠離故鄉，看到了浩瀚的太平洋。波濤洶湧的太平洋和劈波斬浪的鋼鐵大輪船對一個晚清鄉間少年所產生的影響，是後人難以想像的。從陰暗僵化的廣東鄉村走出來的孫文，漂洋過海，之後四年的僑民生活讓他眼界大開，徹底褪去了身上的鄉村氣息，擺脫了傳統士大夫的思想，成長為了一個完全的西方政治的信徒。

　　孫文此行的原因，是跟隨母親楊氏去太平洋正中的檀香山（夏威夷）投靠哥哥孫眉。

　　當時的檀香山有著數以萬計遠赴重洋謀生的中國同胞，他們大多是中國沿海的窮苦百姓，自願或者被販賣到這座群島上來做苦力，這其中就有孫文的哥哥孫眉。當時孫家也是家境貧苦，孫眉就選擇了來檀香山做工，想來已經有八年了。由於他肯吃苦又很能幹，先是在茂宜島上墾荒，後來又經營了農牧業和商業，竟然從一個打工仔發展成了當地巨富，人稱「茂宜島王」。

接母親和弟弟來島上定居後，孫眉就安排孫文進入了當地英國國教會開辦的小學「意奧蘭尼學校」（Iolani School）學習。孫文在這所小學學會了流利的英文，並瞪大眼睛聽進去了新舊聖經、酸鹼反應、天體運行和選舉開會等中國朋友們不可能聽到的知識。在一個人思想觀念形成的關鍵時期，西方科學和政治理論占據了小孫文的頭腦。

孫中山

當時檀香山的社會氛圍對孫文思想的形成也同樣有深遠的影響。

十九世紀末期的檀香山群島，處於專制君主統治剛被推翻、民主共和制度肇建的動盪歲月之中，美國勢力不斷滲入，直至兼併檀香山為本國的夏威夷州。身處期間，孫文對檀香山的政治變換耳濡目染，各種政治宣傳、近代思想、思維爭辯如過江之鯽在他眼中魚貫而過。所有這些對孫文確立自身的政治思想體系，走上政治之路，影響重大。

儘管孫文是中華民國的革命先驅，但是西方思想體系在他的頭腦中占據著主要地位，進而影響著他之後的決策和作為，這都和孫文早期的這段僑居的經歷有關。

檀香山是華僑聚居地，孫文在此成長，接受了系統的西方教育，褪去了中國傳統思想的色彩。難怪很多年後，已經改名為孫中山的革命領袖的孫文，總結革命經歷時感嘆道：「華僑乃革命之母。」

孫中山的這句話可以分兩層意思來理解：首先，孫中山成長於海外華人社會，政治思想也是在華人社會中醞釀成熟的。華人社會的政治思想的根基是西方的，同時又帶有強烈的革命色彩。這一點想想當時僑民

的生活際遇就不難理解。當時，成千上萬的中國窮苦百姓到海外討生活，做的是最髒最苦、收入最低的工作，卻沒有絲毫社會地位，政治上還受歧視。他們很自然地反思原因，進而感嘆沒有一個強大的祖國保障華人的利益。祖國為什麼會落後呢？海外華人最先把「國家」和「政府」剝離了出來，將「國家」的落後歸咎於清朝「政府」的腐敗無能。於是，原始的革命思想萌芽了。海外華人和留學生群體進行反思後，頭腦裡造反的思想日益濃厚，成為了革命的主體。孫中山就是這一土壤培養出來的革命種子。

其次，華人群體為革命提供了實實在在的物質支持。孫中山等人的生活資金和革命經費基本靠海外華人捐助。比如革命黨人在香港的龐大開支就全在本地募集，香港著名華人富商李紀堂、李煜堂等人就是革命黨人的幕後金主。孫眉為了支持弟弟的革命事業，也慷慨解囊，最大單筆捐助超過十萬美元，幾年之後即告傾家蕩產，破產離開美國。當然，掩護、資助革命黨人的主體還是最廣大的默默無聞、生活拮据的普通華人勞工。

所以從以上兩個方面來說，華人華僑的確是近代革命之母，哺育了孫中山等革命之子。

西方文化為孫中山打開了眼界，點燃了思想的火花，但同時也讓孫中山養成了用西方的政治思維和眼光看待中國政治和人心的思維習慣，由此造成了孫中山在了解中國國情、動員中國力量等方面的舉措出現了欠缺甚至是錯誤。費正清在《偉大的中國革命》一書中這樣評價孫中山：「在革命生涯中充分利用了他和外國的接觸，而在領導中國傳統的士大夫方面則無成就可言」。孫中山對國情掌握不足，常常過於樂觀估計形勢，作出錯誤決策，敗給中式政治思維的對手。在後面，我們會看到很多這方面的例子。

二

　　西元一八八三年，孫中山被孫眉緊急送回了中國，原因是經過了四年西式的教育，此時的孫中山表現出了強烈的基督教化的傾向，這是哥哥孫眉所不允許的。兩年前，也就是西元一八八一年，孫文小學畢業後選擇了美國教會學校「歐胡島學院」（Oahu College）讀中學，讀書期間產生了獻身宗教事業的念頭。孫眉看弟弟的苗頭不大對了，趕緊把可能「西化」的弟弟送回老家。由此，近代歷史少了一位可能的傳教士，卻多了一名革命者。

　　其實，此時為時已晚。孫文的思想已經形成，在回翠亨村後，已經西化的孫中山與晚清的鄉村社會格格不入。我們猜測他當時有兩個可能的發展方向：一個是重拾傳統習俗和儒家文化，回歸中國傳統；另一個是用西式思想與僵化落後的故鄉環境抗爭。而孫中山選擇了後者。他想用西式思想改造落後的故鄉和鄉親們。他向朋友們講述檀香山的見聞、歐美科學文化知識和社會制度。孫中山描述的世界還真的成功吸引了一個玩伴，也就是日後大名鼎鼎的革命志士陸皓東。陸皓東欽佩孫中山，兩人交往日益密切，並一起抨擊鄉間的黑暗愚昧和迷信。後來，這兩個半大不小的孩子，膽子越來越大，最後把村廟北極殿中的神像都砸毀了，用實際行動反對陋習。結果，本地的豪紳地主一起發難，使得孫中山和陸皓東在家鄉難以立足，只好避往香港。

　　在香港期間，孫中山和陸皓東乾脆一起受洗加入了基督教。孫中山後轉學到西醫書院學習，期間常和陳少白、尤列、楊鶴齡等人互相討論，大談反清。孫中山自述在這幾年間，「每於課程餘暇，皆致力於革命之鼓吹，常往來於香港、澳門之間，大放厥詞，無所忌諱。時間而符

合者，在香港只除少白、尤少紈、楊鶴齡三人，而上海歸客則陸皓東而已。若其他只交遊，聞吾言者不以為大逆不道而避之，則以為中風病狂相視也。」

孫中山在香港的經歷中，還有一件值得一提的事，就是他的「文憑疑雲」。孫中山被人稱為「孫逸仙博士」，並簽名「Dr.Sun Yat-sen」，那麼他的「博士」學位究竟從何而來呢？孫中山接受正規教育的最後一個階段是西元一八八七年至西元一八九二年在何啟博士創辦的香港西醫書院（今天香港大學的前身）學習。官方資料說，孫中山由該校教務長康德黎博士頒發畢業證書，並因為成績優異（官方資料說是第一名，也有說法是第二名）獲得時任香港總督威廉·羅便臣親自頒獎。

如果情況是這樣，那麼問題就來了：第一，當時西醫書院還沒有獲得政府立案，還不是正規的高等學校，根本就沒有頒發博士學位的資格。嚴格地說，這所學院所頒發的醫生資格都是令人懷疑的；第二，西醫書院西元一八九二年的畢業生只有兩個人：孫中山和江英華。在只有兩個畢業生的學校，孫中山可不是要「數一數二」了嗎？當然，最可行的解釋是：在英文中「Doctor」有「博士」和「醫生」的雙重意思。西醫學校畢業的孫中山簽名「Dr.SunYat-sen」是可以的，但應該被解讀為「孫逸仙醫生」，而不是「孫逸仙博士」。後人評價歷史人物，通常愛屋及烏，喜歡過度美化，其實完全沒有必要。

孫中山畢業後，無法取得香港行醫執照，只能輾轉在澳門、廣州等地行醫。

青年孫中山的行醫經歷不太如意，受到了澳門葡萄牙醫生和廣州中醫們的敵視和排擠。儘管後來官方資料說孫中山醫術高超、服務周到，診所門庭若市，但孫中山的生活並沒有得到改善，曾經被葡萄牙醫生趕

出澳門，還一度寄居在廣州朋友家中。事實上，孫中山的志向不在醫人而在醫國。

　　如此同時，孫中山對現實也感到越來越不滿，試圖尋求富國圖強之道。他首先想到的是自上而下的改良──沒有人一開始就熱衷血淋淋的武裝暴動。孫中山認為國家富強之道是「人能盡其才，地能盡其利，物能盡其用，貨能暢其流」，於是決定給當權的直隸總督、北洋大臣李鴻章上書。

　　一介默默無聞的布衣竟敢給當朝大員上書，真是需要一些不知天高地厚的樂觀主義精神的。這種精神在孫中山而言並不缺少。西元一八九三年，孫中山拿著《上李鴻章書》的草稿，拜見了近代啟蒙思想家王韜。王韜是提倡改良的先輩，早在太平天國時期就希望太平軍能改良國政，結果遭到清朝通緝。長年的逃亡生活和醉心酒色鴉片的日子讓王韜的身體很差。他本已對國家改良大事失去了興趣，然而現在，他胸中的政治抱負似乎又被孫中山這個不怕老虎的初生牛犢重新激發了，欣然提筆為孫中山修改了《上李鴻章書》。

　　西元一八九四年二月，孫中山、陸皓東經上海到天津上書李鴻章。結果，包含著老一輩思想家和新生力量主張變法改良的上書，交上去後就石沉大海：他們連李鴻章的面都沒見著。李鴻章不接見孫中山等人的理由並不難理解：孫中山當時本來就是個冒昧來訪的無名小卒、粵東布衣，怎麼會引起李鴻章的重視呢？如果每個人求見，李鴻章都接見的話，那他每天就不需要辦其他事了。更重要的是，當時中日甲午戰爭一觸即發，李鴻章正在為調兵備戰和應付朝堂上的結黨營私忙得焦頭爛額，也確實沒時間和一個年輕人討論改良的問題。不曾想，李鴻章合情合理的拒絕，在不經意間斷絕了血氣方剛的孫中山、陸皓東報效朝廷的

心思，把他們推向了王朝的對立面。

上書失敗後，孫陸兩人從天津到北京遊歷。當時前線形勢危如累卵，慈禧太后卻置國家安危於不顧，大肆籌備自己的六十大壽，還挪用海軍軍費修頤和園。不久，北洋艦隊全軍覆沒，中國輸給蕞爾小國日本，朝廷決定接受喪權辱國的《馬關條約》。耳聞目睹了一幕幕喪權辱國、國事腐敗的事件，孫中山和陸皓東深受震動，又報國無門，於是懷著惆悵憤懣的心情，回南方造反去了！

三

自上而下的改良不成，孫中山遂嘗試按照西方的思想和模式，建立政黨組織，發動起義。

在這裡，我們要先說說孫中山性格的另一方面。

從照片上來看，孫中山給人文質彬彬、儒雅的紳士印象，當然這是西方文化薰陶的結果；但是，人們大概忽略掉了在照片上看不到的另一面形象。所謂江山易改，本性難移，如果孫中山沒有天生冒險勇武的精神，那麼讓一介文弱紳士去組織血淋淋的革命也實在難以想像。

孫中山畢竟是生於長於廣州的中國人，身上的廣東地域色彩是不可能連根拔去的。他出生地廣東省香山縣（「香山」縣因為有了孫中山，現已改名「中山」市。一字之差，體現了孫中山的重要影響），開風氣之先，又毗鄰港澳，人們的思想相對活躍。同時，此地背山臨海，土地貧瘠，算得上是傳統政治視野裡的窮鄉僻壤。這樣的環境容易出剽悍冒險的另類分子，比如洪秀全、康有為。孫中山就多次承認同鄉洪秀全對自己的影響：「民生主義，在前數十年，已有人行之者，其人為何！即洪秀全也。洪秀

全建設太平天國所有制度……即完全經濟革命主義，亦即俄國今日之均產主義。至於共產主義之實行，並非創自俄國。我國數十年前洪秀全在太平天國已實行，且功效較俄國尤大。」李大釗也認為太平天國的造反精神對孫中山產生了直接、深遠的影響：「先生承接了太平天國的革命的正統，而淘洗了他們的帝王思想、宗教思想。整理了三合會、哥老會一類的民間的民族的結社，改進了他們的思想，使入於革命的正軌。」

西方政治思想的影響，再加上天生的「反叛」精神，讓孫中山走上了組織武裝革命的道路。

西元一八九四年十一月二十四日，孫中山返回檀香山，組織愛國華僑，成立了興中會。

孫中山草擬了興中會的章程，直斥清朝昏庸誤國，中華民族處於危急關頭，宣稱該會要「振興中華，挽救中局」。這個在簡陋的木板樓裡成立的政治團體，被後人賦予了劃時代的意義，其實當天不過是二十多個贊同孫中山主張的華僑，聚在一起成立的小團體。當時的孫中山還不足而立之年，只是團體骨幹，並非首領。在場華僑推舉的興中會正副主席是劉祥和何寬。

後在興中會雖然擴大到了一百二十多人，但其中大多是愛國的富裕華僑。這些人雖然有變革社會的欲望，但苦於身家顧慮太重，並沒有採取什麼激烈的實際行動。興中會的革命只停留在了口頭上。不久之後，首領劉祥即退出了興中會。興中會最終沒能在檀香山發動名留史冊的活動。

興中會勢單力薄，沒什麼作為，孫中山就決定離開檀香山，返回香港發展力量。他找到老友陸皓東，又聯絡了同樣有反清思想的陳少白、鄭士良等人，計劃在香港、廣州等地發展興中會的分支機構，又聯合了

第一章
孫中山：中華民國第一位總統

香港本地的反清政治團體輔仁文社，共圖大業。

　　輔仁文社於西元一八九二年二月十三日在香港成立，成員都是香港華人，首領叫楊衢雲。楊衢雲曾擔任英國商行的經理，英語流利，社會閱歷也豐富。當時反清勢力只是朦朦朧朧地要求推翻清朝，對於之後政局沒有明確的規劃，當時很多人還贊同君主立憲，認為換一個開明的君主就可以了。而楊衢雲明確指出要廢除帝制，建設共和國。孫中山來找他談合作，兩人一拍即合，楊衢雲滿口答應。西元一八九五年二月，興中會與輔仁文社在香港合併，成立興中總會。楊衢雲被推舉為興中總會會長。

　　兩會合併後，決定在十月十日舉行廣州起義，起義成功後建立合眾國，推舉楊衢雲為合眾政府大總統。在名噪一時的電視劇《走向共和》中有這麼一幕：興中總會的起義謀劃妥當後，楊衢雲提出一個問題，日後的共和國由誰來擔任「president」（總統）。孫中山背對著楊，輕聲說，當然是你了。楊滿意而去。這是符合當時的情況和楊衢雲的性格的。

　　興中總會的成員大多是愛國的近代知識分子，也有部分反清的會黨分子。他們態度激進，願意採取實際行動。但不論是楊衢雲，還是孫中山，都是西方政治思維訓練出來的革命者，對於如何在傳統的中國發動起義並不懂。積極樂觀又帶有廣東剽悍鄉風的孫中山，謀劃了一個洋溢著美國英雄主義情結的計畫：革命者偷渡去廣州，聯合廣州的江湖好漢，共約三千人，在廣州城內四處放火出擊，一舉占領廣州，然後占據廣東，圖謀大業。孫中山對革命者的能力很有信心，對起義前途很樂觀。陸皓東還熱切地設計了青天白日旗，作為起義軍的軍旗。這就是孫中山領導的第一次起義、著名的廣州起義的計畫。

　　在實施過程中，孫中山和陸皓東等人按計畫潛入廣州，但計劃趕不上變化，他們沒想到的事情發生了，人員和軍火未能如期布置妥當，導致起義的日期一推再推。到了十月二十七日，反倒是清朝官府得到消息後先下手了，大肆抓捕革命者。陸皓東等人被捕，光榮就義。

　　費正清在《偉大的中國革命》一書中披露，廣州起義的失敗完全是天真幼稚的革命黨人將起義當作兒戲的結果：暴動計畫事先透露給了孫中山的老師何啟博士，香港的英國報紙透過何啟，事前就知道了計畫並發表了支持革命的文章。儘管報導並不具體，但清朝官府還是從中得到了消息。孫中山原計劃聯繫祕密會黨成員從香港乘木舟偷渡到廣州暴動的，結果會黨成員的木舟剛到廣州就被官府圍捕了。

　　這次夭折的起義是孫中山領導的第一次起義。事後，孫中山稱讚陸皓東是「中國有史以來為共和革命而犧牲者之第一人」。但是他並沒有真正反思起義失敗的經驗教訓。

　　在歐美，一群紳士占領城市中心，控制政局，或許可行，但在中國為什麼就失敗了？因為中國歷史上從來沒有這樣的政權更迭方式。西方歸來的革命者的理念，在強大的中國傳統面前第一次失敗了。孫中山沒有找到更合適的方式，依然採取西式的起義方法：主要依靠革命情緒高漲的海外革命者，潛入中國沿海地區，謀求占領重要城市，進而撼動全國。從廣州起義到武昌起義，孫中山等人發動了數以十計的類似起義，耗費了大量人員和槍械，屢敗屢戰。

　　最後，我們再說說興中總會的會長楊衢雲的結局。他適應不了高強度的起義生活，就在一九〇〇年一月，興中會謀劃惠州起義的時候，決定辭去會長職務，讓孫中山繼任。惠州起義失敗後，清朝官府調查得知興中會的會長是香港人楊衢雲，就懸賞三萬銀元購買楊的頭顱。孫中山

等人勸楊衢雲離港去外國躲避，楊衢雲自負的個性在此時暴露了出來，堅絕不願意過居無定所的流亡生活，也不願意耗費革命經費，表示要在香港開辦夜校教授英文，「授徒以養妻子」。一九〇一年一月十日傍晚，執意留港的楊衢雲被清朝官府的刺客在自家的夜校殺害。

西元一八九八年，興中會曾經拍照留念，楊衢雲坐於前排正中，孫中山站於後排。國民政府時期，蔣介石指令組織部長陳立夫不惜百萬重金回購這張紀念照片加以銷毀。理由是此照「有損國父形象」。由此，楊衢雲在史冊中默默無聞的原因可以想見。

楊衢雲死後，孫中山無論是實質還是名義上，都承擔起了革命領袖的重任。

革命起步：領袖是如何煉成的

一

　　西元一八九五年的廣州起義雖然失敗了，但是其意義不同凡響。它打響了武裝反抗清廷的第一槍，也讓孫中山等人成為了「革命先驅」，獲得了海內外的聲望。

　　但是當時，孫中山的日子可不好過。他被清廷通緝，又被香港當局驅逐出境，只得逃亡日本橫濱。沒想到，日本輿論竟然對他這位「通緝犯」大加讚賞和歡迎，這讓他喜出望外。日本報紙以〈支那革命黨首領孫逸仙抵日〉報導孫中山的到來。孫中山撫掌大叫：「好，好！自今以後，但言革命，勿言造反。」從此，「革命」二字引進中國語言，代替了「造反」和「起義」。

　　從廣州起義失敗的西元一八九五年，到武昌起義成功的一九一一年，期間長達十七年的時間，孫中山都被迫流亡海外。孫中山在日本期間，剪掉了辮子，換下長袍，改穿西服，成為了後人熟悉的標準照中的模樣。再後來幾年，孫中山主要在美國、日本、南洋各地活動，結識了宮崎寅藏、平山周等好友。孫中山的名字的來歷，和這個平山周有莫大關係。西元一八九七年，孫中山在日本有次投宿寄屋橋外對鶴館（一家旅社）。

第一章
孫中山：中華民國第一位總統

入住登記時，陪同他的平山周想起剛剛經過的日比谷中山侯爵的府邸，就信筆代替孫中山在旅館登記簿姓氏欄中，寫下了「中山」二字。孫中山一看，搶過筆來在「中山」之後加上單名「樵」，化名「中山樵」。他對平山周說：「中山樵」就是「中國之山樵」的意思。章士釗將日本人宮崎寅藏出版的《三十三年落花夢》編譯成《孫逸仙》一書時，因為日語程度有限，就貿然將中山當作孫逸仙的名，而與其姓孫連綴成孫中山。

雖然革命之心不死，但在發展革命組織和籌款活動方面並未取得什麼成果。孫中山一度還被美國移民局扣留在舊金山，後得舊金山致公堂保釋及代聘律師，才沒有被遣送回國。

孫中山的聲望超越東亞範圍，成為世界知名的中國革命領袖，還拜一次「綁架事件」所賜。

西元一八九六年九月三十日，孫中山從美國來到英國倫敦。十月十一日，孫中山突然被清朝駐英公使館抓獲，祕密囚禁在了使館中。孫中山是怎麼做的階下囚呢？他本人的解釋是這樣的：

「十一日上午我離開旅館準備找康德黎夫婦一同去教堂做禮拜。路上，我遇到了一個廣東同鄉。我們用粵語親切交談，後來又來了一個同胞，三人一起走。那兩個人談話進步，熱情邀請我去住所喝茶敘舊，『或推予，或挽予』，半推半就將我拉到一個住所前。這個住所竟然是清政府駐英使館。」

孫中山的說法長期以來是史學界的主流觀點。但這不是真相。真相是缺乏防範之心的孫中山，主動找上門去，「羊入虎口」，被喜出望外的清朝官員給囚禁了。

我們知道孫中山的政治思維是西式的，對西方的外交制度也盲目迷信。他認為外國是講法律的，人人都要遵守法律，所以清朝外交人員無

權在外國抓人，因此他覺得自己在海外的安全有法律保障。在美國，孫中山曾經跑到清朝駐美公使館宣傳革命，高喊口號，清朝官吏果然拿他沒辦法。來英國之前，孫中山又研究了中英外交文件，認為「清朝駐英公使龔照瑗在英國沒有執法權，中國與英國之間沒有引渡條約」，就更不怕清朝使館了。孫中山的老師康德黎曾提醒盲目樂觀的孫中山注意防範，不要掉以輕心。孫中山非但不以為意，還搬到了離中國駐英公使館很近的葛蘭旅館居住。

被捕的前一天（十月十日）上午，孫中山經過清朝公使館門前時，偶遇了留學生宋芝田。孫中山問他是否有廣東人在使館，宋回答有。孫中山很有興致地和宋一起進入使館找那個廣東老鄉 —— 四等翻譯鄧廷鏗。他鄉遇老鄉，三個人交談甚歡。告別時，孫中山拿出金錶看時間，鄧廷鏗不禁抓起金錶觀賞起來。這一看不要緊，鄧廷鏗看到了上面刻著「sun」的英文。他立即想到，眼前的同鄉就是朝廷重金懸賞的通緝犯孫文。鄧廷鏗不動聲色，約定和孫中山第二天在使館中再見，送別了孫中山兩人。隨後，他立刻報告了龔照瑗，後者隨即和使館雇的英國參事馬格里等人商量，決定第二天抓捕主動送上門來的要犯。十一日上午，孫中山如約興沖沖地來使館找鄧廷鏗。鄧廷鏗招待孫中山吃了午餐，參觀了使館的會客廳、簽押室和臥室等。途中，他們「遇到」了參事馬格里。鄧馬兩人把孫中山引到樓上「鄧廷鏗的房間」，待孫中山一進房門，就在外面加了鎖。孫中山就此成了階下囚。

龔照瑗為防夜長夢多，立刻安排馬格里僱船偷運孫中山回國。

使館內的孫中山千方百計要傳遞消息向康德黎呼救。他向打掃囚室的英國僕人柯爾介紹中國革命，為了爭取對方同情還表明了自己的基督徒身分。柯爾猶豫了幾天，在十七日深夜終於將消息告訴了康德黎。

　　康德黎趕緊連夜組織營救。他去找參事馬格里，馬格里避而不見；去當地警署及蘇格蘭場報案，警察認為此案空口無憑，又涉及外國使館，拒絕調查。十八日，孫中山透過柯爾給康德黎傳了張紙條：「被禁於清使館，即將被綁送上船回中國。企盼趕速救援，否則不及矣。」焦急的康德黎再一次來到蘇格蘭場，要求警察插手。遭到拒絕後，無計可施的康德黎跑去外交部試運氣。當天是星期天，康德黎只見到了值日官員。值日的官員答應第二天轉告上司。康德黎快快而出，生怕清朝使館當天就運孫中山回國，決定去使館當面警告清朝官吏。巧的是，接待他的人是鄧廷鏗。鄧信誓旦旦地說「絕無見過孫中山」。康德黎乾脆雇了一個偵探，在使館外盯著。沒想到此舉打草驚蛇，使館決定提前在二十日就押送孫中山回國。

　　眼看無計可施，突然峰迴路轉。事情在十九日發生了轉折。首先是倫敦警方查到一艘輪船準備運送「一個瘋子」繞大半個地球去中國，這實在太匪夷所思了！於是警察開始介入調查。其次，康德黎連夜致函外交部。首相兼外相索爾斯伯利侯爵知道了孫中山在倫敦被捕，當日下午就指示查辦。很快，清朝使館外面出現了多名便衣。他們人手一張孫中山的西裝照片，二十四小時監視使館。同時，警方監控了所有開往中國的船隻。

　　英國官方的強硬態度徹底打亂了清朝使館的計畫，讓他們進退兩難。康德黎趁熱打鐵，開始聯絡媒體，準備擴大孫中山被捕事件的影響。他先找了大名鼎鼎的《泰晤士報》（The Times）。《泰晤士報》對來自遙遠東方的孫中山不感興趣，並沒有搶先刊登這個重大的獨家消息。反倒是不知名的《地球報》（The Globe）在二十二日以〈革命家在倫敦被誘捕〉為題披露了孫中山的遭遇，刊出了訪問康德黎的號外。《地球

報》突出了兩大賣點：革命和誘捕。孫中山被捕立刻成為全英上下關心的新聞。各報記者紛紛出動，前往清朝使館、康德黎家、馬格里家採訪。清朝使館正常的辦公都被湧入的大批記者打斷了；馬格里躲到了旅館，但還是被記者找了出來，被迫承認孫中山「確實在使館內」。倫敦很快轟動了，孫中山的海報出現在電線杆上，開始有群眾在清朝使館外遊行，高呼「釋放革命家」的口號。索爾斯伯利侯爵以首相名義強硬照會龔照瑗，要求立即釋放孫中山。

巨大壓力之下，龔照瑗不得不將孫中山「請」出了使館。

獲釋後的孫中山緊緊抓住了這次宣傳革命的千載良機，首先在旅館接受了記者的集體採訪。西方主流媒體第一次見到了講一口流利英語、精通西方思路的清朝革命家，第一次密切介紹了中國革命和革命家。除了英國的報刊，美國、澳大利亞、香港、日本、新加坡等地多家報紙和中國的《萬國公報》、《時務報》都參與了孫中山被捕事件的報導和評論。孫中山成為了與專制殘暴的清廷抗爭的英雄，獲得了西方輿論的好感。不少英國人看到報導後給孫中山寫信道賀或登門拜訪，對孫中山表示支持。孫中山事後主動致函倫敦各報主筆表示感謝。

其次，孫中山還撰寫了《倫敦蒙難記》一書，在康德黎資助下，由英國布里斯托爾出版社出版。這本書被翻譯成多種語言宣傳中國革命和孫中山自己。孫中山以西方輿論樂於接受的角度把自己塑造成受迫害的民主共和鬥士，還披露了清朝使館如何侵犯英國主權，爭取輿論支持。（多年後，孫中山和胡漢民、戴季陶等人都否定了此書的真實性。）

「綁架事件」之前，孫中山和中國革命在西方輿論中處於邊緣位置；事件之後，中國革命進入了西方人的日常話語，孫中山成了中國革命的閃亮名片。孫中山「自投羅網」的綁架事件取得了意想不到的成果。

二

一九〇五年七月十九日，孫中山再次來到日本橫濱。這距他上次來橫濱已經過了十年了。留日的中國學生的狂熱歡迎再次讓他喜出望外。此時的孫中山三十九歲，已經有十年的革命資歷，思想日漸成熟，有著豐富的海外閱歷和人際關係，還獲得了廣泛的國際聲望。同時，他還有一個興中會組織可以利用，這些因素讓他成了留學生眼中的革命領袖。

另外，在日本的革命分子幾乎都是從傳統的讀書人轉變而來的。他們原先對「朝廷通緝犯」孫中山的印象無非是一個五大三粗的草莽英雄、綠林好漢。如今見孫中山竟是個眉清目秀、溫文爾雅、知識廣博、充滿魅力的中年人，驚訝之餘平添許多好感。他們願意擁戴這樣的人為首領。

在東京，宮崎寅藏介紹孫中山會見了華興會領袖黃興。孫黃二人促膝長談，共同立志反清建國，都認為有聚攏零散革命力量建立革命政黨的必要。當時，日本彙集了孫中山的興中會、黃興與宋教仁的華興會，還有蔡元培等人的愛國學社、張繼的青年會等革命組織。孫中山建議大家合併成立「中國革命同盟會」。其他人覺得「革命」二字不利於組織保密，最終定名為「中國同盟會」。孫中山提出「驅除韃虜，恢復中華，創立民國，平均地權」作為同盟會綱領。高漲的革命熱情讓參加合併會議的代表們激昂慷慨，欣然接受了這個綱領——儘管他們中的絕大多數人對這個綱領並沒有深刻的了解。

大家正興高采烈地交談著，房間後部的木板突然倒塌，聲如裂帛。孫中山機智地解釋說：「此乃顛覆滿清之預兆。」引來一片歡呼。

八月二十日，中國同盟會成立大會在東京赤坂區正式舉行，到會者有百餘人。會議選舉孫中山為總理，黃興為庶務。

華興會的宋教仁主編的《二十世紀之
支那》雜誌，此時改編為同盟會的機關報
《民報》。孫中山在〈民報發刊詞〉中，系
統闡述了民族主義，民權主義，民生主義
的三民主義理論，要爭取民族獨立、民主
政治和社會富裕。《民報》的創刊和孫中山
的革命活動，與同樣流亡日本的戊戌變法
主將、現在的君主立憲派首領梁啟超，由
於政見不一，之間發生了激烈的論戰。

梁啟超

　　這場革命和立憲的思想論戰，代表了當時中國社會對未來發展方向
的兩種選擇，能幫助我們加深對辛亥革命和近代中國國情的理解。

　　梁啟超的主要觀點是不贊成革命，主張和平改良。他批評同盟會的
民族獨立主張是狹隘的排滿理論，強調中國的問題是改變君主專制的政治
問題，而不是種族問題。梁啟超對中國國情和人民素養的判斷比較悲觀。
他認為民主政治需要社會基礎和人民素養的支撐，而現在中國人民的政治
素養太低，沒有自治能力，還沒有產生民主憲政的要求。如果驟然實行民
主共和制度，中國沒有完備的政黨，沒有具備政治常識的議員，會引起國
家的混亂。而且，梁啟超還擔心中國革命會引起列強的干涉，給列強以滅
亡中國的機會。所以，暴力革命不如和平改良。為了國家利益考慮，中國
需要在社會、經濟、教育、文化等方面做大量改革，增進國家財富。梁啟
超認為最適合中國的是「開明專制」，實行君主立憲。

　　事實上，兩派論證開始之時，清朝已經下達了君主立憲的命令。
一九〇五年十二月，清廷派載澤、端方等五大臣出國考察政治。這五個
人對西方憲政顢頇無知，考察不出什麼來，但考察報告不得不寫。最滑

稽的是，他們竟然找上朝廷的通緝要犯梁啟超，請鼓吹君主立憲的梁啟超替他們起草考察報告。梁啟超在給慈禧太后的報告中主張實行兩院制，責任內閣制和地方自治制，同時指出中國民智未開，新憲法的程度不能太高，可以逐步修改推進。這份報告很合慈禧太后的意思，之後清廷的「預備君主立憲」多少照搬了梁啟超的高論。

平心靜氣地講，孫中山和梁啟超兩派各有道理。梁啟超一派缺乏革命熱情，而西方歸來的孫中山一派為革命熱情所左右，沒有認真深入地研究中國國情和民心。兩派爭論的客觀結果是，多數留學生血氣方剛，接受了孫中山的理論。因為孫中山的革命理論「提供了一個使中國立足於世界最新型政府的行列的捷徑，不僅可以趕上西方，而且可以很快超過西方。他不像梁啟超那樣麻煩，要掌握中國的歷史，還要盡培訓公民知識的義務。他要的是大躍進。學生們喜歡同盟會。」（費正清著：《偉大的中國革命》）

三民主義是由三個部分組合而成的，可是在反清的大背景下，革命者最關注的、著力最多的只是其中的「民族主義」。誠如梁啟超所言，許多人將它狹隘地理解為推翻清朝的統治。比如辛亥年前後，湖北的報刊刊登了大量揭露清政府腐敗落後的文章，對三民主義的宣傳局限於民族主義的反清宣傳，幾乎沒有涉及民權、民生的內容。

革命黨人推翻清朝的迫切心情可以理解，但宣傳和思想上的局限性在推翻清朝之後會立刻顯現出來。一來，如果革命僅僅是推翻一個舊的王朝，那和老式的改朝換代有什麼區別呢？二來，當民族獨立的任務宣告完成，國家進入民主改革和民生建設時期，人們的思想毫無準備，行動怎麼能跟上呢？三來，要知道，集中在反清民族主義大旗下的革命者不一定是贊同民主共和、建設均富民生的戰友。這些問題在同盟會的宣

傳動員工作中就沒有給與充分的考慮，不能不說是孫中山為首的領導層的一大缺失。民國建立後，孫中山等人將看到三民主義偏廢的後果。

三民主義偏廢的另一表現是：它的宣傳對象僅僅是占中國人口極小比例的知識分子階層。「儘管革命黨人做了大量的宣傳工作，但是影響所及，基本上限於知識階層。下層民眾對於革命的理解，極易誤會為反清復明。同時，革命黨也難以跟會黨劃清界限……多數革命黨人其實自己也往往更在乎排滿，而對共和理想不甚了了，甚至有人在進行革命鼓動時，居然用著跟會黨差不多的話語……對於會黨自己和旁觀的老百姓來說，革命對他們更多的意味著一次成功的改朝換代，一次漢人取代滿人的朝代更迭。」（張鳴著：《民意與天意》，載於《辛亥革命與二十世紀的中國》。）底層百姓對三民主義聞所未聞，客觀上會把孫中山領導的革命視為新的王朝更替。

三

孫中山先生是位偉大的革命實踐者，但在處理黨務方面乏善可陳。

一九〇七年六月，日本政府在清朝的巨大壓力下宣布驅逐孫中山出境，各校宣布開除一批中國留學生。即使形勢嚴峻，孫中山也沒有放棄美國牛仔式的起義冒險活動。他計劃前往南方沿海發動新的起義。剛好日本政府贈送七千元作為驅逐他的「條件」，這時極度缺錢的孫中山未經黨內商議就接受了，另外還接受了日本股票商鈴木久五郎的一萬元贈款。當時機關報《民報》財政窘迫，主持人章太炎難以為繼，拉住臨行前的孫中山討要經費。孫中山急於用這筆錢購買軍火，只給了章太炎兩千元經費，令章太炎大為不滿，要求將江鈴木久五郎的一萬元贈款全部撥付給《民報》，遭

到孫中山拒絕。章太炎是個性情中人，再加上平山周等人趁機挑撥，於是意氣用事，宣稱孫中山私自拿日本人的金錢不支持革命，提議革除孫中山的同盟會總理職務，以黃興代替。這就是黨內第一次「倒孫風波」。

好在黃興是個道德高尚的謙謙君子，力挺孫中山，才讓這場風波無疾而終。不過此事還是引發了本來就存在派系之爭的同盟會的分裂。孫中山抵達南洋後，在胡漢民、汪精衛等人的支持下另立同盟會總部。

孫中山頻繁組織起義，屢遭失敗，消耗了同盟會的軍力。而同盟會的黨務工作卻無人過問。孫中山的威信大受影響。光復會派系的章太炎、陶成章等人，與孫中山有政見分歧，再加上當時的起義屢戰屢敗，就於一九〇七年七月再次發動了「倒孫風波」。最後還是黃興第二次顧全大局，盡力維護孫中山，才使風潮得以平息。到一九〇九年時，同盟會的起義大大減少 —— 因為沒有實力再發動頻繁的起義了。

政黨建設是個嶄新的領域。孫中山還不懂得如何發揮政黨的優勢。一九一〇年二月章太炎、陶成章在東京重建光復會。另有一些同盟會員組織共進會，返回中國湖北湖南一帶開展革命活動。而孫中山面對同盟會的內部爭鬥和各行其是，心中不快，反而更加疏遠同盟會黨務，主要依靠聚攏在身邊的部分成員開展革命活動。

一九〇九年下半年之後，孫中山更是把大部分時間都花在旅途之上，花在向各國華僑、留學生籌款上，花在宣傳革命尋求支持上。他的海外活動讓他的聲望越來越高，然而實際效果則很有限；同盟會作為中國第一個資產階級政黨，本部在組織上和活動上一直處於非常鬆散的狀態，更談不上對各分支進行有效的領導了。值得注意的是，同盟會內部沾染了中國特色的派系鬥爭，將會對日後的民國局勢產生直接的影響。而之後繼承同盟會的國民黨內部的派系鬥爭則更為激烈。

總統生涯：倉促民國和空降總統

一

在孫中山流亡海外的第十七個年頭，也就是一九一一年十月底，美國科羅拉多州的典華城（今丹佛）的大街上突然跳出來一個年近半百的中國人，揮舞著一張報紙，四處跳躍，聲嘶力竭地大聲呼喊，直至淚流滿面、面紅耳赤。街上的美國人側目而視，眼尖者發現報紙上的頭條赫然寫著：〈武昌為革命黨占領〉！

這個發狂的中國人就是孫中山。當時，孫中山的境況相當糟糕，哥哥孫眉已經破產；美國華僑也不買他的帳。孫中山最後淪落到街上打工，據說是在餐館裡做雜工。

武昌起義的成功，大大出乎孫中山的預料（孫中山承認：「武昌之功，乃成於意外。」），也大大出乎革命黨人的預料。直到一九一一年上半年，黃興還認為：「同盟會無事可為矣，以後再不問黨事，唯當盡個人天職，報死者於地下爾。」而陳其美等人則「定宣統五年（一九一三年）為大舉之期，蓋恐各處過於急躁，故有此宣告也」。誰曾想，清朝已經是一艘千瘡百孔的破船，只需最後一擊就能沉沒。倉促而起的武昌起義就成了這最後一擊。

第一章
孫中山：中華民國第一位總統

　　遠在美國的孫中山為勝利歡欣鼓舞。革命爆發了，他不用再顧慮什麼「朝廷要犯」了，遂決定返回中國。

　　由於對武昌起義後中國形勢的估計非常樂觀，孫中山決心在回國前先給革命黨人做一圈外交活動，「決先從外交方面致力，俟此問題解決而後回國。」所謂的外交，說白了就是為即將誕生的共和國爭取西方列強的支持。孫中山透過美國人荷馬李與四國銀行團商談停止對清朝政府的貸款，同時希望他們向中華民國放貸。四國銀行團的答覆是，這兩件事情需要等新政府正式成立後和政府磋商，拒絕將孫中山當作談判對象。在倫敦，孫中山委託維加炮廠經理向英國外交大臣格雷交涉，提出要英國政府停止對清朝政府的一切貸款，同時制止日本援助清政府的活動，取消英國政府和英屬殖民地對自己的放逐令以便回國等三項要求。對於孫中山的三項要求，英國政府採取了太極手法，既不答應，也沒有反對。孫中山很快就感覺到了英國政府虛與委蛇的態度，感嘆「個人所能盡義務已盡於此矣」，於是從倫敦取道巴黎歸國。

　　所有要求都未能得償所願的殘酷現實並沒有打擊到孫中山的樂觀情緒。在倫敦，孫中山拜訪吳敬恆未遇，留條說：「近日中國之事，真是泱泱大國民之風，從此列強必當刮目相見，凡吾同胞自當喜而不寐也。今後之策，只有各省同德同心，協力於建設，則吾黨所持民權民生之目的，指日可達矣。」喜悅之情溢於言表。

　　一九一一年十二月二十一日，孫中山抵達香港。廣東都督胡漢民和廖仲愷等人到香港迎接，與孫中山討論起中國形勢與應對措施。孫中山一心要去上海，而胡漢民不主張孫中山去上海。因為上海和武漢等地的革命黨人就新政府領袖的人選問題爭論不休，且革命陣營內部糾紛不斷。如果孫中山去了上海或者南京，雖然會被擁戴為總統，但手下無

兵、號令難行，不會有所作為。胡漢民建議孫中山去廣州。因為當時同盟會掌握了廣東政權，孫中山可以以廣東為根據地，整頓軍隊，循序北伐。但是，滿心喜悅的孫中山覺得胡漢民的建議過於保守了，堅持要去上海，還要跟著自己一起去。他說：「以形勢論，滬、寧在前方，不以身當其衝，而退就粵中，以修戰備，此為避難就易，四方戰友正引領屬望，至此其謂我何？」急切地要去前方領導軍民。針對胡

胡漢民

漢民對袁世凱的擔心，孫中山說：「謂袁世凱不可信，誠然，但我因而利用之，使推翻二百六十餘年貴族專制之滿洲，則賢於用兵十萬。……我若不至滬、寧，則此一切對內對外大計，決非他人所能任，子宜從我即行。」胡漢民說服不了孫中山，只好放著廣東都督不做了，委託陳炯明代理廣東都督，跟隨孫中山同船赴滬。

別人是近鄉情更怯，孫中山卻是越接近革命前線越樂觀。儘管共和國還停留在計劃之中，有一大堆破舊立新的事情需要處理，但孫中山還是躍躍欲試，說：「現在各國政府士大夫，均望文速歸，組織中央政府。此事一成，財政外交皆有頭緒。此外問題，亦因之迎刃而解。」

其實早在巴黎，孫中山就向中國《民立報》發電報轉呈軍政府，建議早日確定總統。電報說：「文已循途東歸，自美徂歐，皆密晤要人，中立之約甚固。……今聞已有上海會議之組織，欣悉總統自當選定黎君，聞黎有擁袁之說，合宜亦善。總之，隨宜推定，但求早鞏固國基。

滿清時代，權勢利祿之爭，我人必久厭薄。此後社會當以工商產業

為競點，為中華民國開一新局面。至於政權，皆以服務視之為要領。」當時獨立的數省已經派人在上海商量成立全國政權的問題。孫中山的意見是，未來的元首不管是黎元洪還是袁世凱（當然他對自己出任總統難免也有所期許），早日確定總統才是正道。

形勢真的能如孫中山所想，成立一個新政府就能斬斷團團亂麻嗎？

二

一九一一年十二月二十五日，孫中山在經歷了十七年海外流亡生活之後，來到上海。這一天是聖誕節，西方的上帝彷彿給災難深重的中國送來了一位「聖人」。

武昌起義發生後，中國缺乏高聲望、強有力的革命家「領銜」起義，獨立各省各自為政。孫中山身為在全球享有崇高聲譽的中國革命家，他海外歸來的消息振奮了中國民眾。各界擁擠在碼頭，迎接孫中山的到來。孫中山還沒有到上海，滬上報紙就宣傳他帶回來了多少多少款項，有的報紙乾脆說孫中山帶回來若干西方軍艦，說得有鼻子有眼的。畢竟孫中山在海外多年，事先又和列強及銀行團斡旋了多年，國人想當然認為他籌措了巨款。所以孫中山剛下船、上碼頭，就有記者開門見山，詢問：「您這次帶了多少錢來？」孫中山回答說：「革命不在金錢，而全在熱心。吾此次回國，未帶金錢，所帶者精神而已。」大家紛紛為孫中山的革命樂觀主義鼓掌。

然而，「中山的好口才雖能使聽眾大鼓其掌，然亦顯示出，在這次聯合推牆的眾人之中，他除聲望之外，並無特殊政治實力也。」（唐德剛著：《袁氏當國》）的確，孫中山在革命勝利大局已定的情況下回國，除

了崇高聲望和同盟會總理的虛位使資產階級革命派的聲勢大振外，實在沒有任何硬碰硬的政治實力可言。

第二天（二十六日），同盟會眾人公宴孫中山。席間，大家達成一致，推舉孫中山為新政府總統，並開始做各省代表的工作。宴會結束後，馬君武即向《民立報》透露了消息，為孫中山出任總統製造輿論。當晚，孫中山在住所召集了第一次政府組織會議。

同盟會眾人這麼做，是不是操之過急呢？或者說，孫中山是不是真有實力出任總統呢？

孫中山是當時南方可以接受的最佳人選，儘管不是最有實力的人選。武昌起義結束後，孫中山回國之前，各省代表就開始尋覓定都地點和最高領導的人選，內部達成不了一致。黎元洪和黃興等各派爭論不休。十二月二日，江浙聯軍攻克南京，首都問題似乎解決了，但領袖問題變得更加突出了。黎元洪是首義領袖，還得到了舊官僚的支持；但在上海，代表們選舉了黃興為革命軍大元帥，黎元洪為副元帥。這樣的領導局面，非常蹊蹺。當然此時還有第三個人選，也是最強有力的人選：擁有精銳北洋新軍的清朝內閣總理袁世凱。袁世凱不屬於要推翻的滿族貴族階層，而且他本人也有意與南方合作。所以就在孫中山歸國之前，袁世凱的代表唐紹儀和南方代表伍廷芳在上海就舉行過和談。和談的底線大家都很清楚：袁世凱要求用推翻清朝來換取總統地位。南方幾乎所有的舊官僚和多數革命黨人是默認這個「要價」的。就在三個人選爭論不下之時，孫中山頂著「精神領袖」的光芒回來了，終止了這場紛爭。「這時南方諸賢急於要組建一個統一領導的政府，而黎、黃兩派又相持不下，迨中山適時出現，便立刻變成了黑馬。」（唐德剛著：《袁氏當國》）精神光芒、輿論升溫和黨派支持讓孫中山迅速成為「眾望所歸」的總統人選。

南京臨時政府成立

　　獨立的十七省的代表推舉總統的結果是：孫中山得十六票，黃興得一票。孫中山成為總統，但是是臨時的。表面原因是清朝還沒推翻，國家還沒統一，政府只能是臨時的；深層原因是孫中山能夠壓倒黎元洪、黃興和南方其他競爭者，但是北方的袁世凱並沒有接受這個結果。

　　當選為臨時大總統的孫中山開始繁忙起來，他很快就組織了中國歷史上第一屆共和政府。這屆臨時政府由九個內閣總長組成：陸軍總長黃興、外交總長王寵惠、教育總長蔡元培、產業總長張謇、交通總長湯壽潛、內務總長程德全、司法總長伍廷芳、財政總長陳錦濤、海軍總長黃鐘瑛；任命胡漢民為總統府祕書長。表面上看，臨時政府中，同盟會會員只占少數，多數是立憲黨人、舊官僚和前清起義軍官，但同盟會員卻占據了臨時政府九個次長位置中的八個，當時立憲派和舊官僚的部長們並未實際到任，轉由次長主持工作，同盟會在實際上掌握住了政權。一九一二年一月一日，孫中山和臨時政府在南京正式就職。當晚十時，南京前兩江總督府（原太平天國天王府）燈火通明，軍樂悠揚，四十七歲的孫中山在歡呼聲中宣讀誓詞：

「傾覆滿洲專制政府，鞏固中華民國，圖謀民生幸福，此國民之公意，文實遵之，以忠於國，為眾服務。至專制政府既倒，中國無變亂，民國卓立於世界，為列邦公認，斯時文當解臨時大總統之職，謹以此誓於國民。中華民國元年元旦。」

誓詞宣讀畢，意味著孫中山正式就任臨時大總統，也意味著君主專制制度在中國大地被推翻了。孫中山成為中國歷史上第一位總統。

三

那麼，孫中山這個臨時總統的執政情況如何呢？

孫中山在就職當日，向全國通報宣告「革命的時代」到來了，宣稱要「盡掃專制之流毒，確定共和，普利民生，以達革命之宗旨，完國民之志願」。的確，孫中山廉潔無私的操守、平等近人的風格和民主開放的思想，給人耳目一新的感覺。他衣食住行簡樸，和總統府工作人員包括保全、廚師都同立交談，還便衣從簡往來於南京街市，把西方民主作風多少帶入了中國。更重要的是，孫中山不營私攬權、用人唯親。廣東方面曾提議孫眉為廣東都督，孫中山聞訊即電告廣東各團體及各報社，說：「家兄質直過人，而素不嫻政治。粵督任重，才淺肆應，絕非所宜；安置民軍，辦理產業，家兄當能為之。」他還致電孫眉勸說：「粵中有人議舉兄為都督，弟以政治非兄所熟習，未登舞臺則眾人屬望，稍有失策，怨亦隨生。為大局計，兄宜專就所長，專任一事，如安置民軍，辦理產業之類，而不必就此大任。」因為孫中山的反對，孫眉最終沒能當上廣東都督。清末民初，政治普遍腐敗黑暗，孫中山的閃亮作風，果真很有幾分「革命時代」的氣象。

　　然而，一位開國總統僅僅有良好的操守是不夠的，還得處理好錯綜複雜的政務才行。

　　而孫中山當時所面對的政局，混亂如麻、危機重重。

　　清朝還在苟延殘喘、民國政府尚未得到國際承認、北洋大軍虎視眈眈，再加上辛亥革命事起倉促引發的一系列社會問題，讓晚清社會像一艘破船一樣。新獨立的各省駕駛著這艘破船乘風破浪，談何容易。首先是各省資源緊張，能用的稅收、軍隊有限。其次，各省的獨立缺乏統一指揮，獨立後更是各自為政。雖然在名義上組成了一個共和國，但是實際上相互爭吵、相互拆臺。

　　孫中山總統和革命黨人們面對倉促建國，做好快刀斬亂麻的準備了嗎？

　　之前在革命宣傳方面的疏漏，此時就暴露出問題了。前文說過，革命黨人的宣傳局限於反滿的民族主義宣傳。其後果是，在思想基礎上，對於絕大多數中國人而言，甚至包括多數革命黨人在內，竟不知民主共和與民權民生為何物？對於建國之後的路該怎麼走，大家心裡都沒譜。

　　更要命的是，普通的中國人對辛亥革命的認知僅僅是當做了又一次的「改朝換代」。「辛亥革命的實際動員口號主要是反滿，這只是個很傳統的王朝更替的號召，而且，對王朝的衝擊缺乏深度」，客觀上也只是完成了王朝更替的歷史任務。（朱宗震著：《大視野下清末民初變革》）一九一二年的普通中國人，誰能說出自己身處的局勢和改朝換代有什麼區別？在華英國外交官看到，剛剛剪掉自己辮子的革命士兵（原來的清朝新軍）在大街上到處拉人剪辮子，而多數老百姓為了躲避剪辮戴上頭巾和帽子。於是，民國政府的警察就多了一項任務：到大街上掀行人的頭巾和帽子。英國人不無挪揄地寫道：「警察對自由的熱忱，常常促使

他們去攫取那些沒有惡意的過路人的帽子，以便查明在這個自由的領域內，這些過路人是否在內心仍然是滿清的奴隸。」他們這麼做和當年清朝的專政行為有什麼區別呢？當盤辮子已經成為幾百年來普通百姓的習俗和心理的時候，怎麼能如此強硬地一刀切呢？

　　基於這種「改朝換代」的認知，那麼有功的將士們和革命者們自然就有理由要求分享新政權、享受勝利果實了。而那些對王朝更替有功、事後卻沒有得到好處的「前革命者」，往往就產生了反抗心理，因為一己私利得不到滿足，就走到了革命陣營的對立面去。比如對東南革命有功的應夔丞，以及參加雲南革命事後被裁撤的武士英，後來竟成了刺殺宋教仁的兇手。更有人覺得，既然革命的目的是反滿，現在民族獨立基本實現了，那麼革命黨就沒有存在的必要了，竟然高喊「革命成功，革命黨消」，要求取消帶有祕密性質的同盟會，給孫中山造成很大壓力。

　　「改朝換代」的思想認知和同盟會本身存在的問題（派系鬥爭、缺乏執政人才等）攪和在一起，讓革命黨人禍起蕭牆，出現了內訌的苗頭。策劃上海光復的同盟會員陳其美與光復會的李燮和，在革命勝利後，就爆發了矛盾。陳其美甩開李燮和自稱上海都督；而李也不甘示弱，乾脆占據了吳淞，自稱吳淞都督，和陳其美武力對抗；光復會領袖陶成章則設光復軍司令部於上海，招兵買馬，威脅到陳其美的權勢。陳其美一怒之下，指使「小兄弟」蔣介石暗殺了陶成章；另外還有武昌起義的真正首義英雄：孫武、張振武、劉成禺等人，在臨時政府成立後都沒有得到「安排」，於是氣憤之餘開始大肆攻擊孫黃。劉成禺公開辱罵孫中山為「海賊」，還和張振武、時功玖等人糾集了一些舊官僚和立憲黨人組織了「民社」，推黎元洪為首領，企圖與孫中山的臨時政府分裂。孫中山遭受了巨大的壓力，總統當得並不舒服。

第一章
孫中山：中華民國第一位總統

　　革命之前及之後所產生並出現的各種問題和局限性都是深層次的問題，一時難以解決，而此時的孫中山正在為迫在眉睫的「缺錢」兩個字而發愁，哪有時間和精力去解決那些更令人頭疼的問題呢。孫中山短暫的總統生涯都在為缺錢而發愁。當了家才知道柴米貴，才知道藍圖和現實之間存在著巨大的差距。

　　孫中山回國時身無分文，到上海後全靠陳其美送了一千枚銀元才組織起了臨時政府的框架。當時百廢待興，前線戰鬥正酣，用錢的地方很多，而臨時政府卻沒有收入（獨立各省扣留稅款自用尚顯不夠，無力支援中央）。一次安徽前線告急，急電中央催糧催餉。孫中山緊急批示：撥二十萬元濟急。胡漢民持總統手令前往財政部撥款，發現國庫之內竟然只有銀元十塊！財政問題成為臨時政府的頭號問題。黃興曾求工商總長張謇設法向上海方面借幾十萬元以應急，他一拖就是數月，急得黃興走投無路。眼看軍隊在飢寒交迫中作戰，黃興甚至表示準備「剖腹以謝天下」。

　　孫中山只能迎難而上，然而沒有接受過財政經濟訓練，讓他想出來的方法不異於火上澆油。他想出來的方法是「厲行征發」，希望透過加大老百姓的稅賦來克服財政困難。黃興對此表示了強烈反對：老百姓的日子已經很難了，不能涸澤而漁。

　　更為搞笑的是，正當總統一籌莫展的時候，總統府裡有個當差的，說是自己在太平天國的時候給天王洪秀全也當過差，並報告說當年「天朝」即將滅亡的時候在埋下了金銀財寶，數額估計還清外債綽綽有餘。孫中山病急亂投醫，連忙派人去挖，結果什麼也沒挖到。真不知道這人是不是在惡搞。

　　最後，孫中山硬是想出了一個「好方法」，計劃將獨立各省的官辦產

業公司抵押給外國銀行，用借款來解決財政困難。據說，孫中山的這個方法是在日本人的「啟發」下想出來的，不久（一九一二年二月）就發生了南京臨時政府批准官辦的江西漢冶萍公司改為「中日合辦」漢冶萍公司，以此向日本借款五百萬日元的事件。消息傳來，輿論譁然。臨時政府尚未有所作為，就將國有企業抵押給了日本。同盟會內部紛紛指責孫中山此舉賣國，張謇、章太炎等原來就和孫中山不對付的力量更是拚命反對。張謇致書孫中山、黃興，抨擊「抵押貸款」說：「何至以此區區數百萬之款，貽他日無窮之患，為萬國所歡笑！」他堅決請辭產業總長的職務。

客觀地說，孫中山此舉並非賣國，而是政治經驗不足，缺乏財政手段。他本人很快就意識到了問題的嚴重性，誠懇地接受了批評，解釋貸款是「民軍待哺，日有嘩潰之虞，譬猶寒天解衣裘付質庫，急不能擇」。此議就此結束，不再重提。孫中山雖然把主要精力投在籌款找錢問題上，終日奔忙，卻始終沒有籌措到足夠的款項。臨時政府在財務方面的失敗，讓絕大多數政務難以推行，政府和孫中山本人的威望都受到了沉重的打擊。

痛定思痛，孫中山認為問題的根源是「臨時」兩個字惹的禍。當時西方各國不承認中華民國，依然把持著海關關稅這項中國最大筆的收入；臨時政府想向西方銀行借款，以及提取清朝在西方銀行中的存款等要求都被嚴詞拒絕。因此孫中山認為只要臨時政府儘快統一了中國，成為正式政府，就能夠破解財政問題和外交困境。而要實現統一，道路無非兩條：北伐，用武力推翻清朝；妥協，讓袁世凱逼清朝退位。

在北伐大事上，孫中山曾經進行了認真的準備。一月四日，孫中山就致電廣東陳炯明，命令他迅速出兵北伐：「中央政府成立，士氣百倍，

和議無論如何，北伐斷不可懈！廣東軍民，勇敢素著，情願北伐者甚多，宜速進發。」十一日，孫中山宣布自任北伐軍總指揮，任命黃興為陸軍總參謀長，並制定分兵六路直搗北京的宏偉計畫。誠如孫中山北伐需要向陳炯明等地方都督要兵一樣，孫中山的臨時政府本質上是一個空架子，並沒有直屬軍隊。由各地派兵拼湊起來的北伐軍，幾乎是烏合之眾；至於各省都督的軍隊，陸軍總長黃興連調都調不動（他和湖北軍界以及浙江軍界的關係尤其糟糕），更無法指揮了。孫中山手中無兵，也缺乏統一指揮的威望，導致軍令往往出不了南京城。同時，北伐需要大量的軍需物資和兵員、軍餉，而這恰恰是臨時政府沒有的。北伐於是很快陷入了進退兩難的窘境。

國庫見底，北伐受挫，剩下的就只能尋求妥協了。

南北統一：議和與讓位

一

在北方，裝備精良、訓練有素的北洋大軍正對南方虎視眈眈。這支軍隊的統帥是袁世凱。

在清朝末年民國初年的時候，袁世凱的政治聲望很高，得到了舊官僚、立憲派和相當一部分的革命黨人的好感。身為清朝最後支柱的他，對革命的態度很曖昧。氣勢洶洶撲向武漢的北洋軍完全有可能一舉撲滅革命火種，但是袁世凱沒有這麼做，而是在收復漢陽後，下令北洋軍停止進攻。一九一一年十月底十一月初，袁世凱數次派人和武昌方面「和談」。十一月二十六日，袁世凱與英國公使朱邇典密商，讓英國駐漢口總領事葛福口頭傳話給在漢口籌劃組織臨時政府的各省都督府代表，提出：停戰、清帝退位、選舉袁世凱為總統的三項議和條件。

袁世凱的政治底牌很清楚：用清朝的滅亡換取民國的總統職位。

革命黨人承認，袁世凱提出的條件是相當「優惠」的。

接受條件，革命黨人不廢一刀一槍推翻了清朝，北洋大軍成為民國的軍隊，何樂而不為？雖然要推舉袁世凱當總統，但老袁畢竟是漢族人，贊同革命，能力、經驗和政績都在那擺著，不見得不是一個總統的

好資料。所以，南方許多人認為可以接受袁世凱的條件。漢口的各省都
督府代表會議很自然地做出了如果袁世凱「反正」即舉為臨時大總統的
決議。當時武漢黎元洪、江蘇程德全和同盟會黃興、宋教仁、汪精衛等
都對這個「交換」點了頭。於是，十二月十八日（孫中山抵達上海前一
週）南北代表開始在上海英租界市政廳就這個「交換」的細節進行磋商。

關鍵時刻，孫中山在聖誕節到達了上海，硬是將總統寶座從袁世凱
的嘴邊搶了過來。對此，孫中山多少是心虛的。一來，袁世凱是貨真價
實的政治大佬，孫中山只是流亡歸來的空頭司令；二來，各省代表依然
對袁世凱抱有希望，孫中山很難改變眾人對袁世凱的好感與支持。各省
代表選舉孫中山為臨時大總統時，就要求孫中山致電袁世凱，聲明之前
南北代表商定的「交換」依然有效。於是在當選為臨時大總統的當天，
孫中山致電袁世凱：我前天到上海，各位戰友都要我承擔起組織臨時政
府的責任。問他們是什麼理由，原來東南起義的各個省，由於缺乏統一
的機關，行動非常困難。所以，組織臨時政府是他們存在下去的必要條
件。我鑒於時局很艱難，義不容辭，只得暫時擔任。你正在把旋轉乾坤
（指推倒清政府）當作自己的責任，這是全國人民都在盼望的事情。但
你目前的處境和地位，正處於嫌疑的地位，不能不避開鋒芒。所以，由
我暫時來擔任這個空缺的職位，我只是守著這個職位，等待你來接任，
這個心情，將來一定是可以明白的。希望你早日解決這件大事，以安慰
四億人民的渴望。

可見，南方一直「虛位以待」袁世凱「王者歸來」。

當然，也有部分人反對袁世凱出任總統。他們認為袁世凱是老奸巨
猾、道德敗壞的政治陰謀家。比如孫中山當選大總統的當天，《時報》發
表了時評《袁世凱之隱衷》，認為袁世凱在革命中的行動「推其心，殆欲

將萬世一系之專制君主易為袁姓而始快意者也」，毫不留情地大談特談袁世凱的發跡史：「以袁氏生平之歷史，對於滿清，唯知弄權植勢；於屬吏，則專以貪黷不識字之流為爪牙；至於民事，則除卻捕黨人，遏民氣，斂財肥己而外無所能云。」反對袁世凱的人以中下層革命軍官為主，可惜他們缺乏宣傳渠道，而且在上層的和談氣氛中思想開始混亂起來。

　　民國已建，南北和平「交換」能否成功，孫中山的態度至為關鍵。

1912年2月15日，孫中山率文武官員祭明孝陵
（孫中山之左一為黃興，左二為徐紹楨，右為黃鍾瑛）

二

　　孫中山對袁世凱並不熟悉。他們是兩個世界的人，一個是西式的，一個是中式的，之前沒有任何思想或者行動上的交集。

　　就任初期，孫中山接受美國記者麥考密克的採訪。麥考密克熟悉北京政壇情況，孫中山就向他徵詢袁世凱的情況：「你對袁世凱的判斷如何？他將依哪一方面的考慮行事呢？」

麥考密克說：「我認識他已有幾年，我對他的印象十分良好，與對其他許多人的印象一樣。他是個能幹的人。而且他做了山東巡撫和直隸總督以來，我認為他是為國家的最高利益行事的，他的確一直獻身於他對革新的信念。」

孫中山又問：「你認為他現在的行動是為了改革，還是為了清廷？」

麥考密克回答：「他不得不為清廷謀求最佳的條件。但他真正的利益必定是全帝國的利益——即國家本身，而不是任何個人。我認為他不可能只為其自身的利益行事。」

孫中山：「如果我能確認他是如此，我就沒有什麼焦慮了。」

間接得到的消息讓孫中山對袁世凱產生了模糊的印象。他是一個政治樂觀主義者，抱有一種樂觀的幻想「賊（袁世凱）本漢族，人情必思宗國，而總統復非萬世之比，俯與遷就，冀其自新」，和多數人一樣認為袁世凱傾向革命，可以加速民國統一。他和其他人一樣，為南北和平統一的美好前景所振奮。事後，孫中山說：「謂袁世凱不可信，誠然，但我因而利用之，使推翻二百六十餘年貴族專制之滿洲，則賢於用兵十萬……」

對一個人的了解不可能在短時間內清晰、透徹。遺憾的是，惡劣的局勢沒有給孫中山太多的時間去觀察袁世凱。臨時政府在財政上青黃不接了，外國政府又刁難臨時政府，孫中山焦頭爛額。內外交困之際，孫中山儘管不了解袁世凱，也傾向於讓位袁世凱了。他解釋自己的妥協時沉痛地說：「局外人不察，多怪弟退讓。然弟不退讓，則求今日假共和，猶未可得也。蓋當時黨人，已大有爭權奪利之思想，其勢將不可壓。弟恐生出自相殘殺戰爭，是以退讓，以期風化當時，而聽國民之自然進化也。倘若袁氏不包藏禍心，恢復專制，弟之退讓，實為不錯。」

伍廷芳

　　伍廷芳和唐紹儀為代表的「南北議和」始終沒有斷絕，孫中山便透過這個管道與袁世凱商談「交換」的細節。因為民國政府的框架已經成型，孫中山儘管表達了讓位的誠意，但也提高了談判的要價，他在給袁世凱的電報中說，「民主、君主不待再計」，袁世凱只能接受民主，進入民國政府的體制；清帝立刻退位，政權同時消滅，在北京不得更立臨時政府，更明確表示要等列強承認民國政府後再辭職，由參議院選舉袁世凱為新總統。南方和談代表伍廷芳認為「各國承認時期為不能待」，孫中山不得不放棄先得到承認後讓位的要求。最後，孫中山整理出了五項明確條件由伍廷芳轉達袁世凱，並在各報上刊登公示：「一、清帝退位，由袁世凱同時照知各國公使，電告民國政府，現在清帝已經退位，或轉飭駐滬領事轉達亦可。二、同時袁世凱宣布政見，對贊同共和主義。三、文接到外交團或領事團通知清帝退位布告後，即行辭職。四、由參議院舉袁為臨時總統。五、袁世凱被選為臨時總統後，誓守參議院所訂的憲法乃能接受事權。」——此舉將傳統私底下的權謀公開明，大開「透明操作」的先河。

袁世凱

袁世凱不禁對這位新的對手提高了警惕。

袁世凱之前沒有接觸過孫中山這樣的對手——以前的對手不是朝野官吏就是草根亂民，不過浸淫中式官場幾十年讓他很快就調整了過來，使了一套狡獪的手段給孫中山施加壓力。首先，他「允許」唐紹儀辭去北方和談代表的職務，通知伍廷芳以後的談判與他直接交涉。同時，宣布過去達成的協議，因為沒有和他商量，一律無效。最後，袁世凱質問南方：「選舉總統是何用意，設國會議決君主立憲，該政府及總統是否亦即取消？」另一方面，一九一二年一月二日，袁世凱手下大將段祺瑞、馮國璋等北洋將領四十多人聯名發表聲明，主張君主立憲，反對共和，如果以少數人的意見採取共和政體，必誓死抵抗。袁世凱用這封電報向南方施加軍事壓力。暗地裡，袁世凱也需要這封電報向隆裕太后和宣統皇帝這對「孤兒寡母」表示效忠，事後以「犒賞」將士的名義向隆裕太后索取了內宮庫房裡的三百萬兩銀子，來解決極端困難的軍隊財政問題。事實上，袁世凱也沒有錢打仗，北洋軍也缺餉。袁世凱是外強中乾，和談是必需的，問題是如何找到各方都能接受的條件。

針對孫中山要求清帝自行退位，不得將政權授予私人，袁世凱接受民國體制的要求，袁世凱提出了反要求：清帝可以退位，但是中華民國臨時政府同時取消，由袁世凱在天津成立臨時政府統一全國。他將這個要求電報了南京。孫中山對袁世凱提出的條件非常憤怒，一月二十二日

公布了祕密談判的條件，指責袁世凱對共和的誠意，提出了最後通牒式的新的五項條件，他要確保袁世凱「斷絕滿政府關係，變為民國國民」。袁世凱繼任總統必須由南京參議院選舉，必須宣誓接受參議院所定之憲法。孫中山又一「公開外交」的舉動，引起了各方面強烈反響。在北方，袁世凱成了朝野攻擊的靶子。滿族親貴組成的宗社黨，強烈反對清廷退位，他們責問：「誰說袁世凱不是曹操？」而在南方，主和派也責怪孫中山製造了和談危機。和談瀕臨破裂。孫中山不得不再一月二十八日宣布袁世凱破壞和議，準備開戰。

南北雙方都不想打仗，也無力再戰，和談轉入幕後，轉移到清末的幕僚趙鳳昌的上海住所「惜蔭堂」舉行。不知情的北方革命黨人策劃了針對清朝顯貴的暗殺行動。袁世凱於一月十六日遭到革命黨人的炸彈襲擊，倖免於難，從此以養傷為名拒絕上朝，向朝廷施加壓力。十天後，同盟會員彭家珍炸死宗社黨領袖良弼。良弼是反對共和、反對袁世凱的頑固分子，掌握部分軍隊。他的死，去除了袁世凱的一大心患。而膽小的隆裕太后被暗殺行動嚇壞了。同日，幾天剛反對過共和制度的段祺瑞等北洋將領四十六人聯名奏請清廷「立定共和政體」。二月五日，段祺瑞再次通電威脅反對共和的王公大臣。至此，朝野官員和滿族貴族再也無人出來為王朝命運呼喊了。袁世凱也作出讓步，基本上接受了孫中山的要求，南方則接受了袁世凱提出的對清室的優待條件。

一九一二年二月十二日，清廷被迫接受了優待條件，發布退位詔書。此時發展了一個小插曲，折射出袁世凱的真實心意。退位詔書是南方張謇定稿，轉給袁世凱，由清廷發布。但袁世凱做了一個小動作，在詔書上加了一句「當茲新舊代謝之際，宜有南北統一之方，由袁世凱以全權組織臨時共和政府，與民軍協商統一辦法」。清朝等於是將政權私

宣統皇帝溥儀

授給了袁世凱，孫中山就擔心這點，怕袁世凱不接受共和體制，重演篡位的歷史劇目。事實上，袁世凱還沒有篡位的意思。只是傳統政治的「正統」觀念讓他寧願接受清室的授權，以清朝的繼承人自居，也不願意貿然作為共和政府的「歸降者」。孫中山專門就詔書文字問題向袁世凱強烈抗議，強調新政府不能由清帝委任袁世凱組織。之後袁世凱「知錯就改」，迅速在第二天（十三日）致電臨時政府，宣稱擁護共和政體，永遠不讓專制君主重現中國大地。孫中山沒有揪住此事不放，在十四日履行諾言，向臨時參議院提出辭職，並推薦袁世凱繼任。

直到此時，孫中山還沒對袁世凱完全放心，他推薦袁世凱不是無條件的。

孫中山的辭職咨文附有三項條件：「（一）臨時政府地點設於南京，為各省代表所議定，不能更改；（二）辭職後，俟參議院舉定新總統親到南京就任之時，大總統及國務員乃行解職；（三）臨時政府約法為參議院新定，新總統必須遵守頒布之一切章程。」在這裡，孫中山給袁世凱套了三條緊箍咒：接受《臨時約法》，在南京就職，等袁世凱來北京後再正式卸任。這三條之中，孫中山最看重的是《臨時約法》。《臨時約法》除了規定自由、平等和權利等原則外，最實質的內容確定了民國實行責任內閣制。議會選舉內閣，總理領導內閣，對議會負責。總統沒有實權，就是個象徵，是虛位元首。這部有臨時憲法地位的宏偉大法，孫中山是加班加點

制訂，只用了一個多月就趕在一九一二年三月十一日袁世凱就職前公布。袁世凱如果接受了約法，只能得到一個高高在上、空中樓閣般的總統。

難得的是，袁世凱接受了這個「有條件推薦」。十五日，臨時參議院選舉袁世凱為第二任臨時大總統，黎元洪為副總統。

三

孫中山認為《臨時約法》是套在袁世凱頭上最大的緊箍咒。

部分革命黨人還是對袁世凱不放心，孫中山安慰他們說：「總統不過國民公僕，當守憲法，從輿論。文前茲所誓忠於國民者，項城也不能改。」那是他的思維，袁世凱可不這麼想。如果沒有保衛約法的實力，如果有人不從約法不從輿論，你能將他如何？

袁世凱口頭發誓遵守《臨時約法》了，至於他怎麼看待這部根本大法、如何去遵守，其他人不知道也管不了。袁世凱覺得孫中山提出的三項條件中，最要命、最緊迫的是前兩條。袁世凱不能離開經營多年的北方，到南京去接任總統。面對孫中山派來了蔡元培、宋教仁、汪精衛等「迎駕」使節，袁世凱舉行了盛大的歡迎，表示非常希望早日南下就職。可在二月二十九日，曹錕等部北洋軍就在北京發動「兵變」，掠取市場，包圍使節下榻旅館。情況最危急的時候，子彈射入使節住處，蔡元培等人倉皇轉移。接著，天津、保定相繼出現兵變。蔡元培等人一介書生，不辨真偽，就返回南京說各地兵變，北方不穩，袁世凱要求暫緩南下，先在北京就職。南京炸開了鍋。能讓袁世凱這麼容易就破解緊箍咒嗎？臨時政府緊急商討。許多人主張讓黃興統帥大軍北上，名義上是迎接袁世凱南下，實際上是掃蕩北洋軍閥及封建勢力。會上，宋教仁認為這樣

就挑動全面內戰，不同意。馬君武立即指責宋教仁在為袁世凱做說客，出賣革命。說到激動處，馬君武揮拳打傷了宋教仁的左眼。場面一時失控，孫中山責令馬君武向宋教仁賠禮道歉，而袁世凱暫緩南下一事就此擱置。關鍵時刻，西方列強支持袁世凱，接受北方不穩，紛紛向北京地區增兵，製造緊張空氣。舊官僚、立憲派和一些革命黨人也擁護袁世凱在北京就職。上海十多家報紙還聯名致電孫中山，主張建都北京。孫中山無奈妥協，同意袁世凱在北京就職。四月一日，孫中山正式卸任臨時大總統的職務。第二天，臨時參議院決議臨時政府遷往北京。

從就職到卸任，孫中山只做了九十一天的臨時大總統，是民國史上最短的一任總統。

很多人惋惜孫中山將政權拱手讓給北洋系軍閥。殊不知，在一九一二年，這是多數人眼中和平、正常、對國家有利的權力交接。經歷了辛亥革命過程的歷史學家李劍農說：「當臨時政府組織時，一般人的心理，已注定南北議和的成功，已注定清朝皇帝的命運全掌握在袁世凱手裡，已準備俟清皇位推翻後把臨時大總統的位置作袁世凱的酬勞品，已準備在袁世凱作總統的時候，便得到共和立憲的政治。」國家不經大戰，共和驟然降臨中華大地，何樂而不為？「辛亥革命黨人其實是很溫和的革命派，他們仍然保持著士大夫的思維方式，在國家面臨危機面前，希望迅速平息革命後的動亂，走上和平建設的道路。儘管他們在理論上信仰共和，但他們很快和前清立憲派人士在行為方式上沒有多少區別。他們完全沒有進行長期武裝鬥爭的思想準備。這使他們看不清自己面臨的危險。」（朱宗震著：《大視野下清末民初變革》）政治妥協在南北權力交接前後非常頻繁──當然，南方做出的妥協遠遠多於北方。

「顧全大局」成了一九一二年最流行的革命術語。

北京之行：君子遭遇兩面派

一

　　南北統一後，袁世凱多次盛情邀請孫中山到北京會談，並在京津兩地開始籌備隆重的歡迎儀式。孫中山也感覺盛情難卻，就決定和黃興一起北上。這次見面絕非偶爾為之，兩個人心裡當然都懷有各自的「重要」目的。對孫中山而言，此次的北京之行，主要是為了近距離觀察袁世凱，了解他對共和政體的看法如何。（期間雖然參加了國民黨成立大會，但其並非主要目的。）而對於袁世凱而言，他考慮的更多的則是他的私人利益。因為當時袁世凱雖然接任了大總統的職位，但是這個大總統是臨時的。按約法規定，正式大總統的選舉迫在眉睫，袁世凱自然有意角逐，需要一探孫中山這位最大的對手的口風。如果能讓孫中山主動退出，袁世凱是求之不得的。

　　尚未啟程之時，表面上看起來一派祥和，但實際上卻暗中波瀾湧動，似乎預示了孫中山此次北京之行的命運。

　　啟程的那天，也就是八月十七日，孫黃二人剛要登輪，就收到了張振武被殺的消息 a。上海、京、津等地的同盟會員紛紛勸告孫中山、黃興，不要北上，以免遇險。《民權報》上刊載漫畫：〈行不得也，哥哥！〉

畫面展示北京城牆正張開巨網，準備捕撈北上的輪船。革命黨人紛紛拉住孫、黃，不讓他們登上輪船。為此，上海同盟會員集會討論局勢。結果是，孫中山不顧個人安危，力排眾議，堅持北上。「無論如何不失信於袁總統，且他人皆謂袁不可靠，我則以為可靠，必欲一試吾目光。」為了以防不測，黃興則暫時留在上海，視孫中山北京之行的情況再決定行動。下午，大家心情忐忑地看著孫中山一行十多人登船啟程。突然，有位堅持反對孫中山北上的女同盟會員沖到孫中山面前，拔出手槍，表示如果孫中山北上就立刻自殺。眾人連忙拉住她，孫中山也好言開導。

在北京方面，袁世凱並沒有張開羅網準備迫害孫中山，而是笑臉相迎、熱情接待。八月二十三日，孫中山到達天津，袁世凱派教育總長、工商總長到碼頭迎接，交通部路政司司長親率花車十輛（火車）恭候孫中山換乘火車進京。二十四日下午，孫中山的專用列車進入北京前門車站，一時軍樂齊鳴，上萬名歡迎人群摩肩接踵，一齊向前湧。總統府祕書長梁士詒代表袁世凱到車站迎接，內閣各部總長、社會名流和外國駐華人士到站歡迎。孫中山登上一輛金漆朱輪、白馬雙駿、富麗堂皇的馬車，在沿途軍警的嚴密護衛下，沿著前清皇帝出入的御道，進正陽門，前往下榻的處所。袁世凱給予了孫中山帝王般的接待，甚至讓出自己的住所給孫中山居住。

孫中山方面也一路沿途，不斷宣傳這此次北京之行的和平目的。他在天津表示：「予此次來北之意，不外調和南北感情，鞏固民國基礎。至於外交、財政、內政各事，若袁總統有問，余必盡我所知奉告袁總統，以期有所裨補，如袁不問及，余亦不便過問。」一到北京又表示：「此次北來，唯一宗旨在贊助袁大總統謀國利民福之政策，並疏通南北感情，融和黨見。」

　　孫中山原準備第二天再去拜會袁世凱。不想，袁世凱在二十四日當天就派人迎接孫中山到總統官邸赴宴。孫中山到達時，袁世凱出廳迎接。這是孫中山和袁世凱之間第一次見面。席間，袁世凱態度謙虛，殷勤接待，親自為孫中山執盞倒酒，還誠懇地表示：如今政務複雜、國家危難，我能力淺薄，希望孫先生多教教我，尤其是財政外交方面的難題需要孫先生幫助；我受國民託付，就要代表四億同胞執好政。後來隨著交談的深入，孫中山對袁世凱的態度和政治見解大感出乎預料，感覺袁世凱並不像一些革命者批評的那樣保守戀舊，而是有勵志圖強之心的。宴會後，孫中山和袁世凱兩人意猶未盡，在總統府長談到半夜。孫中山發現兩人對重大事務的看法竟然基本一致，這讓他很高興。

　　此後一個月內，孫中山和袁世凱面談十三次。「每次談話時間自下午四時至晚十時或十二時，更有談至次晨二時者。每次會晤，只先生與袁世凱、梁士詒三人，屏退侍從。所談皆國家大事，中外情形，包括鐵路、產業、外交、軍事各問題。」在一些事情上難免有分歧，但兩人的共同觀點越來越多，賓主融洽，盡歡而散。

　　孫中山向袁世凱時陳述了自己投身民生建設的宏偉計畫。他認為晚清以來，中國經濟蕭條，人民生活困難，現在正應該大力發展產業。而發展產業，向外拓展，需要依靠交通作為媒介，所以，應該趕緊建造鐵路。要想富，先修路，交通發達了，經濟也會跟上去的。孫中山豪放地對袁世凱表示：「此十年內君當為大總統，專練精兵五百萬，始能在地球上與各強國言國際之平等。至我當於十年內築路二十萬里，此路造成，年可獲八萬萬，以之練兵及作中央地方行政經費，不患無錢。」希望袁世凱支持自己修建全國鐵路系統。

　　也許孫中山在潛意識中認為，革命黨人已經失去了政權，面對中國

複雜多變的政局，革命黨人無力執政，倒不如乾脆將政權託付給袁世凱，希望袁世凱憑藉強大的軍事實力能夠維持政局的基本穩定。而自己則率領革命黨人投身民生建設，為民謀福利。一來，民生事業發展了，有利於政治穩定和人民生活；二來，民生方面的成就可以為革命黨人形象加分，等經濟發展了革命黨人可以再來執政。所以，孫中山對宋教仁熱衷政黨政治，醉心於議會和內閣的權力鬥爭是不滿的，認為那樣可能會激化矛盾，讓政局更加混亂。可惜，有孫中山這般領悟並願意跟隨他轉向民生建設的革命黨人屈指可數。

袁世凱耐心地聽完孫中山在民生方面的宏偉藍圖，怎麼看待孫中山的計畫呢？

袁世凱行政經驗豐富，興建了多項近代工業，他很清楚晚清幾十年才在全國修建了幾千里鐵路，而孫中山要在幾年內將鐵路線增加到二十萬里，談何容易？孫中山充滿理想主義的修路計畫在他看來無異於痴人說夢，天方夜譚。至於練兵五百萬，行伍出身的袁世凱更明白此事難於上青天。但袁世凱沒有和孫中山爭辯計畫的可行性，而是順水推舟，當場拍板讓孫中山監修全國鐵路，允諾提供一切支持。因為袁世凱希望孫中山去修路，修得越投入越好。這樣就達到了讓孫中山這個最大的對手主動退出總統選舉的目的了。會談中，袁世凱曾試探性地提出要解甲歸田，回河南老家釣魚去。孫中山則勸袁世凱勉為其難，再任兩屆。有了孫中山的這個保證，袁世凱目的達到了。

而孫中山方面也感覺此次北京之行的目的達到了：他觀察到袁世凱的為人還不錯，又得到了修建全國鐵路的授權，於是興奮地發表談話：「袁總統可與為善，絕無不忠民國之意。國民對袁總統萬不可有猜疑心，妄肆攻訐，使彼此誠意為乎，一事不可辦，轉至激迫袁總統為惡。」

二十八日晚，袁世凱在總統府為孫中山舉行盛大宴會。席間，袁世凱宣稱與孫中山進行了誠懇的會談，之前南北之間的謠言都是誤會，並向孫中山敬酒高呼：「中山先生萬歲！」孫中山致答詞號召大家同心同力、共謀進步，「民國肇建，百廢待舉，況以數千年專制一變而為共和，誠非旦夕所能為力」，並高呼：「中華民國萬歲！袁大總統萬歲！」

我們知道，孫中山先生是個樂觀向上的君子，不會用算計之心去揣測他人。其實在會談上，孫中山一度也對袁世凱贊同自己「耕者有其田」的主張表示不解。會談結束後，他問總統府祕書長梁士詒問起：「中國以農立國，要解決農民問題，就一定要實行耕者有其田。當我說到這一政見時，心想項城（袁世凱）是一定要反對的。哪裡料到他不僅不反對，而且肯定地說，當然應該這樣。我不明白他為什麼不反對？」

孫中山提出的平均地權的主張，是用類似贖買的方式回購地主土地。這一平均地權的主張在辛亥革命後，曾引起了激烈的反對，即便是在革命勢力高漲的廣東也被省議會否決了。而這次孫中山向袁世凱提到的「耕者有其田」的方案比平均地權更激進，袁世凱竟然欣然接受了。孫中山雖然感覺到了疑惑，但可惜的是並沒有深想，沒有看穿袁世凱顯然是在敷衍他而已。

另外，孫中山民主平等的做法也和北京官場格格不入。

身為卸任總統，孫中山應該享受什麼樣的接待規格呢？袁世凱是按照國家元首的規格來接待的，讓孫中山在北京有馬隊侍從，出入沿途都屏絕行人、斷絕交通，警衛森嚴。然而孫中山在「享受」了這樣的待遇後即表示不安，希望撤去隨從馬隊和沿途軍警，不要影響百姓的自由出行。袁世凱「恭敬不如從命」，撤去警衛，任由軍民人等歡迎孫中山。

北京的接待官員都是前清過渡過來的舊官僚，認為總統相當於皇

帝，孫中山來京應該用皇帝出巡的規格接待。既然規格這麼高，費用自然少不了，承辦官員的油水也不會少。於是，孫中山到來之前，眾官爭相要求承擔接待任務。沒想到，孫中山的生活很儉樸。他和隨從在北京活動月餘，花費不足一萬，讓相關官員大失所望。更讓官員們難堪的是，孫中山拒絕乘坐大轎，而是和圍觀群眾平等交談握手。他的西方親民作風讓舊官僚們紛紛搖頭，感嘆和孫中山不是同路人。

二

孫中山此次北行還參加了國民黨成立大會。

這個國民黨是由同盟會為主體發展而來的。在民國建立後，由於同盟會帶有祕密團體的性質而遭到質疑，需要迅速轉化為公開組織。一九一二年上半年，同盟會會員大增，總數達到了五十五萬人，成為中國第一大黨。當時，中國興起了辦黨熱潮，三教九流三五好友都登報聲明建黨，期間魚龍混雜。為了應對新形勢，宋教仁力主同盟會改組。在他的熱心操持下，同盟會與統一共和黨、國民公黨、國民共進會、共和實進會、全國聯合進行會合併，成立國民黨。

後來的著名學者梁漱溟，當時只有十九歲，是《民國報》的記者。他在一九一二年八月二十五日上午一大早就趕到了位於北京虎坊橋的湖廣會館，準備採寫重大新聞，記錄下了當時大會的情況。

當天，國民黨在湖廣會館為訪問北京的領袖孫中山舉行歡迎大會。現場陸陸續續來了三千多人，蔚為壯觀。

上午的歡迎大會很樸素，孫中山的演說很簡短，演說結束後歡迎大會就基本結束了。國民黨眾人開始籌備下午的重頭戲：國民黨成立大會與黨的領導人選舉。

　　午後一時，國民黨繼續在湖廣會館舉行成立大會，仍由張繼主持，由張耀曾報告六黨合併情況。大會進行中出現了些許插曲，先是有人反對國民黨的名稱，要求改稱民主黨，遭到更多人的反對而作罷；後來又有唐群英女士登臺，譴責國民黨黨綱取消了同盟會中男女平權的條款，傷了女同盟會員的心。唐群英情緒激動，看到熱心主持六黨合併工作的宋教仁站在講臺旁，舉起手中的扇子就要打宋教仁。張繼趕緊拉住唐群英，好言勸阻下去。

　　會議最關鍵、最花時間的內容是領導人選舉。為避免冷場和秩序混亂，會務人員讓孫中山發表長篇演講，同時分發選票並回收計票。孫中山先生口才很好，威望又高，果然吸引住了觀眾，保證了選舉秩序。這次演講，孫中山主要是談民生問題。他指出，現在民族、民權問題基本解決了，只有民生問題尚待解決。黨外人士誤會民生主義是劫富濟貧、擾亂社會秩序，其實民生主義是建設國家，「富人極應贊助提倡之」。因為民生主義的目的是社會均富，防止出現西方社會資本剝削勞動大眾的情況，「民生主義即以富人雖富，不使以其富害貧人」，所以，大家都要來共同實踐民生主義。接著，孫中山回應了男女平等問題，說男女平等始終是革命目標，但現在「可置為緩圖」。只要民主共和鞏固了，社會進步了，男女平等才能有扎實的基礎。「否則，國基不固，男子且將為人奴隸，況女子乎？」

　　梁漱溟注意到一個有趣的細節：當時選票超過千張，回收、統計工作頗費時間，孫中山演講預訂的時間不夠了。張繼站在孫中山身旁，一見到孫中山露出要結束的話頭，就趕緊揪揪孫中山的衣服，示意他繼續講下去，如此反覆多次。八月底的北京很熱，孫中山又穿著西式大禮服，站著演講時間長了，就不斷地喝水、擦汗。

選舉的結果是孫中山、黃興、宋教仁等九人當選為理事。會後，孫中山被推為理事長。

但孫中山不願意操持黨務，他推舉宋教仁代理理事長職務。孫中山此時已經致力於中國建設和民生問題，不願意糾結於政治事務和黨內鬥爭。一方面，民生問題在他看來是緊接著民族和民權問題的，後兩者實現後就要全力攻克民生難題了；另一方面，孫中山看不清楚當前局勢的發展，對國民黨的權力現狀比較悲觀，選擇跳出政治鬥爭之外，先致力民生，等塵埃落定後再行決策。孫中山後來評價此事：「我當時觀察中國形勢，我已經承認吾黨立於失敗之地位。我當時極為悲觀，我以為在吾黨成功之時，吾黨所抱持之三民主義、五權憲法尚不能施行，更復有何希望？所以只有放去一切，暫行置身事外。後來國民黨成立，本部設在北京，推我任理事長，我決意辭卻。當時不獨不願意參加政黨，而且對於一切政治問題亦想暫時不過問。但一般舊戰友以為我不出而擔任理事長，吾黨就要解體，一定要我出來擔任。我當時亦不便拒絕，只得答應用我名義，而於黨事則一切不問，純然放任而已。」

孫中山思想的轉變，可以看作是對混沌局勢的迴避，也可以視作是對理論的堅持，更可以目之為負責任的政治迂迴。

黃興

三

八月二十八日，孫中山心情大好，度過了忙碌的一天。

當日，孫中山有事情往來於東交民巷。按不平等條約規定，東交民巷由外國軍隊保護，不允許中國軍警進入。孫中山不顧條約，帶著荷槍佩刀的衛隊大搖大擺穿越使館區。當時各國政府沒有承認中華民國，東交民巷在法律上就不能算是使館區。孫中山此舉嚴格來說不算違反條約。那些驕橫慣了的各國公使，對孫中山有所敬畏，未加過問。孫中山衛隊中有一名士兵誤入日本人家，引起日本公使向袁世凱交涉，要求「下不為例」。孫中山取得了一大外交勝利。

孫中山在當天接受了北京各報記者的聯合採訪。政壇名人接受聯合採訪，這在中國還是頭一遭。報館記者蜂擁而至，孫先生的祕書拿著記者的名帖，一一核實後請入會客室。隨行人員請記者們先到大客廳等候，後來人太多，只好在小客廳再等待，最後連大花廳都「無立足之地」了。民國著名記者黃遠生特意數了一下人數，竟然來了超過七十名記者。孫中山接受採訪時，會客室大門敞開，黃遠生等待時，看到接受採訪的孫中山「鬚眉並見」，加上「身著白色粗布洋服」，「舉止言動，純足是西洋平民氣質，絕無中國官僚態度，與記者暢談至三十分鐘之久」。

由於北京之行非常順利，孫中山對報界大談對袁世凱的信任。他誠心希望袁世凱能夠放手辦好政務，也希望自己的民生建設有個良好的政治環境。

關於正式總統選舉問題，黃遠生問道：「先生既不欲重當政局，第二期總統恐難得其人。」孫中山回答：「仍以現總統袁公為宜。依我所見，現在時局各方面皆要應付，袁公經驗豐富，足以當此困境，故吾謂第二

期總統非袁公不可。且袁公以練兵著名，假以事權，軍事必有可觀。」

黃遠生又問：「究竟先生對於袁總統之批評如何？」孫中山回答：「他是很有肩膀的，很喜歡辦事的，民國現在很難得這麼一個人。」

黃遠生擔心：「他的新知識新思想恐怕不夠麼？」孫中山回答：「他是很清楚的。像他向來沒有到過外國的人能夠這麼清楚，總算難得的。」

黃遠生直率地問：「他有野心沒有？」孫中山回答：「那是沒有的。」正是在這種樂觀情緒的主導下，孫中山在九月六日致電在上海等待的黃興，催促他來京看看袁世凱的作為。黃興於是進京，也受到了熱烈的歡迎。

九月十六日，袁世凱為孫中山舉行告別宴會。之前，唐紹儀、陸征祥兩屆內閣都解體了，袁世凱正在就新總理的人選問題，徵詢國民黨的意見。候選的有兩位：趙秉鈞和沈秉堃。趙秉鈞是袁世凱親信；沈秉堃是前清廣西巡撫，在辛亥革命中附和革命，出任廣西都督，並加入過同盟會。黃興贊同沈秉堃，但多數國民黨員對兩個人都不太滿意，更擔心沈如果主持不好政局會敗壞國民黨聲譽。而宋教仁則有意組織純國民黨內閣，怕沈出任總理會搞亂自己的組閣計畫。結果，國民黨召開孫中山離京前的黨務領導和參議員會議，決定贊成趙秉鈞出任總理 —— 這正是袁世凱希望的。當晚宴會後，孫中山、黃興邀請袁世凱至密室，由黃興向袁世凱陳述了國民黨的決定。不久，參議院以絕對多數票同意趙秉鈞出任內閣總理。國民黨內部的避讓和分歧可見一斑。

四

為獲得孫中山的信任，袁世凱早在九月九日，就發布命令：特授孫文「籌劃全國鐵路全權」，組織鐵路總公司。同時商定辦法：「一借款。

純然輸入商家資本，不涉政治意味。一權限。未動工之路，概歸中山經營，已修未成之路線，管理權限，尚須與交通部詳細商定。一公司。擇地修建，尚未覓妥。一經費。暫由交通部每月撥款三萬兩，以資開辦，日後再行續籌。一用人。公司內一切用人之權，歸中山主政，政府概不干預。」滿足了孫中山的要求。

孫中山十七日離京後就在各地考察，一心實踐他的鐵路計畫。他先後到了太原、石家莊、天津、唐山、濟南、青島，十月初逗留上海，不久又逆長江而上，考察安慶、南昌等地，十一月十四日，孫中山在上海正式創辦中國鐵路總公司。期間，孫中山大談鐵路計畫，並一度應浙江都督朱瑞的邀請訪問杭州等地。袁世凱在政策和資金上給予了全力支持，還把他當年為慈禧太后回鑾所特製的豪華花車撥給孫中山專用，飭令各地官員對巡視路政的孫中山要盛情招待。於是，人們看到孫中山率領大批革命黨人乘坐慈禧太后的豪華花車到各地視察鐵路的景象。

一九一二年底到一九一三年初，孫中山和袁世凱的蜜月關係到達頂峰。十二月十七日，孫中山還因為子女私事走袁世凱的「後門」：「若閣下於文個人欲有加惠，我私下裡有一件事情相告：我有一個兒子叫孫科，現在美國讀大學；兒媳陳氏為我生了兩個孫女，想去美國讀中學。按照留學章程，三人尚無官費留學資格。欲閣下特別待遇，能否讓有關部門核准孫科一家四口人補給官費讀書，使有成就，以免我私累太重。文感且無既矣。」

當時，孫中山心情尚好。政局相對穩定，社會表面和睦，一九一三年一月國民黨還在國會選舉中獲勝。孫中山原本以為國民黨在政黨熱潮中落後了，對於出乎意料得來的勝利，不禁感嘆「公道自在乎人心」。一九一三年二月十一日，孫中山放心赴日本取經鐵道建設情況，不知道

當時國民黨內正在醞釀不選袁世凱為正式總統的情況，在和日本首相桂太郎祕密會談時仍支持袁世凱繼續執政，並電報胡漢民，表示支持袁世凱。不想，宋教仁遇刺身亡的噩耗隨即傳來……

其實，袁世凱表面上哄著孫中山，實際上一直在以靜謀動，看孫中山醉心民生建設，看宋教仁熱心政黨政治，暗中抓緊整頓北洋軍隊拓展地盤（軍隊和地盤永遠是亂世最寶貴的政治資源），不斷加強中央集權。宋教仁的選舉勝利、國民黨地方都督的坐大以及議會政治的桎梏，讓袁世凱和國民黨最後走上了軍事對抗之路。

越理想越樂觀的人，知道受騙後的反彈就越激烈。孫中山反思袁世凱的欺騙，很快意識到自己的錯誤，迅速趕回中國做出武裝反袁的決定。黃興等許多人起初要尋求法律解決，最終敵不過孫中山的強硬立場。然而，孫中山可以迅速從民生建設思路中轉變為重拾武裝鬥爭，但國民黨卻早已麻痺，難以從混沌狀態轉到積極備戰中來。結果，孫中山組織的「二次革命」以失敗告終。

武力反袁失敗後，孫中山上了北洋政府的通緝名單。袁世凱政府清查中國鐵路總公司帳目，發現一年來孫中山沒有修成一寸鐵路，卻花費了行政開支超過一百萬元。他更可以名正言順地通緝孫中山了。

「多用匪類」：不可靠的依靠力量

一

　　政敵攻擊孫中山的一大罪狀是：多用匪類。說孫中山和綠林幫派糾結在一起，採取非正常的手段進行鬥爭。的確，孫中山和會黨關係一度走得很近，「挾金錢主義，臨時招募烏合之眾，雜於黨中，冀徼幸以成事」。在他早期的革命經歷中，尤其是歷次武裝起義中，會黨和綠林分子是主力之一。

　　孫中山本人還曾加入過致公堂。一九○四年，孫中山流亡到舊金山。當時舊金山《大同日報》是美洲致公堂的機關報，由保皇黨人、康有為弟子歐榘甲主持事務。歐榘甲在孫中山入境的時候，肆意攻擊，宣稱會黨人士不應該被孫中山的革命宣傳所愚弄。但致公堂大佬黃三德和該報唐瓊昌傾向革命，見歐榘甲不合作，就將他開除了，暫時請孫中山代理主編報紙。這是孫中山與致公堂深入聯繫的開始。孫中山接掌編務後，曾托馮自由找來湖北青年劉成禺幫助自己。劉在當年春夏間抵美，兩人合力，將《大同日報》改換新容。《大同日報》開始跳出會黨框架，宣傳革命，成為在美洲華僑中有影響的報紙。報紙辦好了，但同盟會的籌款工作江河日下，籌不到錢。孫中山萬般無奈之下號召同盟會會員加

入洪門。因此，孫中山在洪門中被尊為「大哥」，劉成禺則得到了「洪棍」的封號。因為劉成禺臉上有麻子，洪門兄弟就尊稱他為「麻哥」。同盟會機關報《民報》在第二號「來稿」專欄上刊登過孫中山的《致公堂重訂新章要義》。孫中山「利用會黨和暗殺清廷大員來進行革命，一直被後世學人詬病。但當時的情況是孫中山無錢、無勢、無力，開始他寄希望於李鴻章，後來想與康有為一派共同組織起義，都未成。這個時候，不加入洪門別無他途。」（王政著：《歷史的稜角》）

會黨是一個社會的非正常組成部分，大凡被正常社會秩序排斥的勢力都進入會黨組織，進行非法勾當。由此，會黨勢力被世人詬病，並遭到法律懲處。但是，孫中山和同盟會在清朝何嘗不是被清朝和一般人歸入非正常的會黨一族。他們同樣不被清朝體制所接受，相反卻很容易為同樣不被接受的會黨人士所認可。起碼在「反政府」這一點上，他們是相互認同，可以相互幫助的。而同盟會勢力的薄弱和頻繁的武裝起義，讓孫中山需要會黨勢力的支持。

孫中山曾解釋過為什麼接納會黨力量參加革命：「士大夫方醉心功名利祿，唯所稱下流社會，反有三合會之組織，寓反清復明之思想於其中。雖時代湮遠，幾於數典忘祖，然茍與之言，猶較縉紳為易入，故余先從聯絡會黨入手。」知識分子醉心仕途，那麼新興的民族資本主義力量是否可以依靠呢？我們來看一組數據：到一九一三年為止，甲午戰爭後民族資本工礦業投資估計為七百零六家，資本額一億一千七百七十五點二萬元。（參見《中國資本主義發展史》）可見，辛亥革命理論上的依靠力量——資產階級極其虛弱。這其中，占據主要份額和優勢地位的還是官僚資本，比如盛宣懷那樣的官商。環顧左右，革命戰友寥寥無幾，更多的是支持「驅逐韃虜」的綠林好漢們，孫中山客觀上也會和後者合

作。從這一點上說，孫中山確實「多用匪類」。

　　會黨中不乏和清朝苦大仇深、為革命拋頭顱灑熱血的好漢，對革命起了一定的積極作用。但會黨的落後和複雜也多少拖累了起義。同盟會多次起義因為泄密而失敗，根源就在於會黨人多嘴雜，在於會黨分子的告密。當革命勝利，民國建立後，會黨對革命陣營的消極作用更加凸顯。

　　革命勝利後，參加革命的會黨隊伍轉身變成了民國的軍隊。這些會黨軍隊良莠不齊、呼朋引類、胡作非為，擾亂了社會秩序。比如紹興城的王金發，原本追隨秋瑾祕密起義。起義失敗、秋瑾遇害後，王金發逃亡深山。辛亥革命期間，王金發對光復紹興作出了貢獻，一度擔任紹興都督。王都督學著前清官員的樣子，開官署、蓄家室，耀武揚威；手下的兄弟雞犬升天，橫徵暴斂，比前清官府還壞。二次革命前，殺害宋教仁的兇手有會黨背景；二次革命後，孫中山的左膀右臂、在青洪幫中輩分極高的陳其美也被會黨分子殺害。如此的會黨軍隊明顯不符合共和政府的要求，再加上財政緊張、軍隊缺餉、孫中山又推行裁軍，許多會黨軍隊乾脆穿著軍服幹起了為非作歹的勾當。比如李烈鈞擔任江西都督之初，報告本省「匪患」說：「初至境內，檢點軍實，幾於有匪皆兵，無兵不匪，口唱洪江（會黨組織洪江會），大呼革命。狐鳴篝火，一夕數驚。」為了維持秩序，包括李烈鈞的江西政府在內，南方各地的革命政權不得不把很大的精力投入到了鎮壓會黨軍隊騷亂和暴動的事務中去。孫中山借用會黨力量進行革命的做法，從此成為了歷史。

二

會黨勢力不能依靠了，孫中山必須尋找新的依靠力量。

當時的情況是，資本家和商人的力量過於薄弱，同盟會 —— 國民黨的政黨力量不僅薄弱而且分散，孫中山還是得依靠外力。

二次革命後，全國各地出現軍閥割據的雛形。強權將領掌握軍隊和地方政權。如果能把遍布各地的大小軍閥「轉化」為現成的革命勢力，當然很好。於是孫中山開始借助軍閥力量，引導一派軍閥打倒另一派軍閥。然而，大小軍閥能乖乖聽從孫中山的革命引導嗎？縱觀孫中山利用軍閥的歷史，答案是否定的。軍閥是民國初年亂象的根源之一，大都自私自利。孫中山想引導他們，他們卻在利用孫中山。他們也是「匪」，而且是比會黨土匪更大的「匪」。

袁世凱死後，政治局勢並沒有朝著孫中山希望的方向發展。孫中山主持制定的《臨時約法》及據此召集的第一屆國會被公認為共和國的象徵，但這兩樣東西先被袁世凱玩弄於股掌，之後又被覆辟的張勳糟蹋了。段祺瑞打敗張勳重新掌握政權後，拒絕恢復約法和國會，而是練兵自肥、圖謀軍事統一中國。孫中山於是號召全國進行護法（保護《臨時約法》）。桂系軍閥陸榮廷、滇系軍閥唐繼堯因為是段祺瑞武力統一矛頭的指向目標，所以紛紛贊成孫中山南下護法。孫中山也很希望引導西南軍閥推翻段祺瑞等北洋軍閥，就欣然南下廣州。於是，西南軍閥成為孫中山最先利用的軍閥。

孫中山興沖沖地號召部分國會議員趕到廣州，召開國會非常會議，組織護法政府，自任大元帥，誓師北伐，在湖南和北洋軍隊展開了戰鬥。由於北伐只能依靠軍閥部隊，所以廣州的護法政府很快就被桂滇系軍人

所控制。陸、唐等人原本就懷著利用孫中山的聲望和護法招牌與北方對抗的目的，不讓孫中山動作太大，因此孫中山的護法政府很快就出現了「政令不出士敏土廠（孫中山的大元帥府找不到落腳地，最後定在被廢棄的士敏土廠內）」的情況。孫中山想壓制住軍閥，可連門口的警衛都是軍閥士兵，他無能為力。一九一八年，北洋政府重組，段祺瑞下臺，武力統一口號減弱，南北軍閥開始和解。桂滇軍閥對孫中山的態度立刻就變了，

陸榮廷

他們起縱國會陸榮廷改組護法政府，以「七總裁制」取代大元帥。被架空的孫中山，氣憤去職。第一次與軍閥的合作失敗了。

孫中山在辭職時沉痛地說：「顧吾國之大患，莫大於武人之爭雄，南與北如一丘之貉。雖號稱護法之省，亦莫肯俯首於法律及民意之下。」遺憾的是，孫中山先生並未從中真正汲取教訓。孫中山回到上海後，段祺瑞在直皖戰爭中失敗，以他為首的皖系軍閥派人向孫中山「悔過」，表示捐棄前仇，擁護護法，希望聯合孫中山對抗直系軍閥，同時牽制桂系。孫中山為了推翻桂系，重返廣東，欣然同意聯合。如何看待破壞約法和國會的段祺瑞呢？孫中山認為，段祺瑞反對過袁世凱稱帝和張勳復辟，是「再造共和」的大功臣，雖然曾經廢棄臨時約法，但仍不失為「愛國武人」，如果段祺瑞服從三民主義，「當引為戰友」。

經過第一次的失敗後，孫中山還是對舊軍閥的革命傾向產生了一定的懷疑。在和舊軍閥派系保持接觸的同時，孫中山意識到建立革命武裝的必要性，開始著手創建軍隊。在廣州護法期間，護法軍政府設法掌握了原

來廣東省長的二十營警衛軍。恰好當時被北洋勢力所控制的福建省局勢動盪，孫中山就派出這支部隊開往閩南地區與北洋軍作戰，就此躲過了西南軍閥的兼併。這二十營軍隊後來就成為孫中山革命武裝的基礎。

但可惜的是，孫中山把這只武裝交給了同盟會元老、曾任廣東都督的陳炯明率領。當時的陳炯明畢竟是革命戰友，「擁護」三民主義，所以孫中山相信他，很希望他能夠把軍隊發展壯大，還派遣了許崇智、朱執信、蔣介石等革命骨幹去軍中協助，並撥付了大批海外革命捐款。但是孫中山始終沒有深入這支軍隊，沒有具體過問軍隊的編練和思想，更談不上親自掌握部隊了。這支主要由廣東人組成的軍隊，在舊式思想嚴重的陳炯明的訓練指揮下，果真發展壯大了，但是卻變成了陳炯明的私人軍隊，與其他軍閥部隊無異了。孫中山試圖建立忠於革命的武裝，結果培養了粵系新軍閥。

一九二〇年，陳炯明擊退盤踞廣州一帶的桂滇軍閥，請孫中山重回廣州。第二年，孫中山在廣州重新召開非常國會，出任非常大總統，開始第二次護法運動。革命心切的孫中山知道僅靠陳炯明的部隊不足以統一中國，雖然有教訓在前，卻依然選擇採取利用軍閥打軍閥的方式。他先後派汪精衛等人前往東北聯絡奉系軍閥張作霖，鼓動張作霖出師討伐占據中央政府的直系，企圖讓奉系牽制直系力量，而「皖系必不能不附我而圖報復」。如果皖系、奉系能和護法政府攜手，就可「截斷長江，使直系受腹背夾攻」。孫中山和奉系的約定之中有這麼幾個有趣的內容：統一全國後，總統問題由南方處理，奉系軍閥不能過問；張作霖答應資助孫中山北伐費用三百萬元，但要廣東方面北伐後才能交付。土匪出身的張作霖「虛意地表明願意擁戴孫大總統，共定國是」，實際上是讓孫中山出頭北伐，而奉系就在統一的假象下出面召集北方的零散力量，圖謀北方地盤。

孫中山與前敵人、滇系軍閥唐繼堯的關係此時也得到了「改善」。唐始終奉行「大雲南主義」，以「東大陸主人」自詡，從來沒有真正信仰過三民主義，但孫中山還是以唐繼堯為「友人」。一九二〇年十月，唐繼堯在川、滇、黔軍閥大混戰中失敗。滇軍師長顧品珍返回雲南倒戈驅逐唐繼堯，唐前來投靠孫中山。孫中山竟然幫助唐繼堯糾合殘部，返回雲南爭奪統治地位。沒想到，唐繼堯重占雲南後一如既往，很快就和陳炯明勾結在了一起。

陳炯明

最不可靠的要數孫中山寄予厚望、大力扶持的陳炯明了，他是個典型的投機分子。之前他假意擁護孫中山革命，目的是要借孫中山的聲望和有限的財力來壯大自己，稱霸嶺南。在第二次護法的前期，孫中山指揮陳炯明的軍隊占領廣東，又消滅了桂系軍閥陸榮廷，占領了廣西。這個發展方向是符合陳炯明和粵系軍隊的利益的，所以陳炯明和孫中山相安無事，護法勢頭一度發展良好。但平定兩廣後，陳炯明擔任著軍政府內政兼陸軍總長、粵軍總司令兼廣東省長，安心於「割據嶺南」，作「南霸天」，主張暫緩北伐。而孫中山堅持繼續北伐，恢復約法，統一中國。兩人由此產生了激烈衝突。一九二二年夏，孫中山不顧反對，調集軍隊北伐直系軍閥。在北方，直系已經打敗了張作霖，開始與陳炯明祕密聯繫，希望從內部攻破護法軍政府。陳炯明很樂意，開始與直系軍閥暗中媾和，忘恩負義的唐繼堯則充當了陳炯明的幫兇。六月，就在北伐順利進軍的時候，陳炯明發動廣州叛亂，扼殺了北伐。

　　培植多年的親信部將竟然倒戈相向，甚至把槍口對准了自己，這是多大的諷刺，也是孫中山政治生涯的一大敗筆，表明孫中山借助軍閥的政策徹底失敗。

三

　　一九二二年夏天，陳炯明發動的廣州叛亂還差點要了孫中山的性命。

　　叛亂發生前，有所警覺的孫中山和宋慶齡，從北伐前線趕回廣州，特地舉行記者招待會，約束陳炯明所部。六月十五日晚，陳炯明部隊悍然包圍總統府，於第二天凌晨開始進攻。孫中山「悲憤得欲以身殉職」。進攻開始後，孫中山叫醒懷有身孕的妻子宋慶齡，要她隨自己一起撤離。宋慶齡臨危不懼，清醒地判斷總統府被重重包圍，丈夫帶著孕婦目標大，不易突圍成功，況且府內也需要留人吸引叛軍，所以毅然留下來掩護孫中山突圍。孫中山苦勸無效，不得不勉強先行。途中，「打死孫文！打死孫文！」的聲音此起彼伏，孫中山幸運地兩次避過叛軍查驗，安全到達黃埔永豐艦（後改為中山艦）上。

　　總統府裡情況危急。叛軍占領制高點，居高臨下，炮轟目標，不斷發起衝鋒。宋慶齡與五十名衛士占據險要奮勇反抗，擊退三十餘次進攻。府內多處建築被炮火擊毀，而宋慶齡依然從容堅持銷毀文件。十六日八時，衛隊陷入了彈盡糧絕的境地，此時永豐艦的鳴炮表示孫中山已經安全脫險，於是宋慶齡決定突圍。她在衛士的護衛下開始行動，但被槍炮逼回，第一次突圍以失敗告終。下午，叛軍突入總統府。宋慶齡急中生智，衝出大門，同時將錢財撒向亂軍。趁著叛軍掠取財物，宋慶齡

逃出大門，輾轉多次，才安全到達永豐艦與孫中山會合。途中，懷有身孕的宋慶齡因勞累和緊張，不幸流產。

軍政府的海軍支持逃難的孫中山，但海軍的七艘軍艦只能給孫中山提供藏身之處，並沒有能力反攻叛軍。除了宋慶齡，孫中山身邊連個出謀劃策的人都沒有。陳炯明還封鎖了海岸，孫中山的處境依然危險。在這種情況下，他不得不中斷北伐，電令前線李烈鈞等人率師回廣州平叛。孫中山發出電文後，在永豐艦上開始了艱苦而漫長的等待。

孫中山的永豐艦歲月是民國歷史值得一書的日子。就在他最艱辛寂寞的政治歲月中，青年蔣介石來到了孫中山的身邊，得到了孫中山的注意和栽培。

蔣介石曾經參加過護法，但是對護法沒有信心，加上個人權位要求沒有得到滿足，一氣之下不辭而別，跑到上海炒股票去了。炒股沒賺到錢，卻聽到了孫中山被困永豐艦的消息。蔣介石敏銳地看到了機會的曙光，立即離滬赴粵，快馬加鞭於二十九日乘小船突破叛軍封鎖，登上永豐艦「隨駕」。之前，孫中山對蔣介石沒有什麼印象，現在見他不遠萬里、深入虎穴、擁戴革命，感動之餘，對蔣介石大加稱讚。蔣介石在孫中山身邊，盡可能地展現自身優點。他幫助孫中山出謀劃策，協助孫中山率隊移泊黃埔附近的新造河面，還決定率艦進駐白鵝潭。七月十日，永豐、楚豫、豫章等艦衝過叛軍的炮火封鎖，冒險進入白鵝潭躲避。戰鬥中，永豐艦被炮火擊傷，蔣介石臨危不懼，冒著炮火親自指揮作戰。當時正是酷暑時節，艦上悶熱又缺少蔬菜、淡水，蔣介石就冒險上岸尋找食物，晚上睡在甲板上給孫中山擔任警衛。危難見人心，對比令他深感失望的陳炯明，孫中山對隨侍四十多天的蔣介石感到莫大欣慰，開始對蔣介石著力培養。

　　蔣介石更是有心，在動盪間隙寫下了《孫大總統廣州蒙難記》一書草稿，請孫中山為《蒙難記》寫序。孫中山欣然寫道：「陳逆之變，介石赴難來粵，入艦日侍余側；而籌策多中，樂與余及海軍將士共生死。」日後，蔣介石在國民黨內廣傳這本書和孫中山的序言，為自己的崛起造勢。「永豐艦隨駕」成為了蔣介石重要的政治資本。

　　這一次護法北伐，孫中山最後還是失敗了。先是艦隊內部分裂，三艘艦艇加入了叛軍行列；接著回師廣州的北伐軍也分裂了，孫中山勢單力薄。八月九日，孫中山採納蔣介石的建議，在他的護送下返回了上海。孫中山在永豐艦上留下了四個大箱子。叛軍發現後，以為裡面全是金銀財寶，欣喜若狂，誰知道打開箱子一看，裡面除了《民生主義》手稿和幾件舊衣服、幾雙拖鞋外，只有廣東毫洋四十元。叛軍大失所望。孫中山一生，經手錢財可謂無數，但真正做到了廉潔自律，在腐敗成風的民國初年政壇獨樹一幟。

　　孫中山回到上海後，繼續聯絡各派軍閥對付掌權的直系。他派張繼前往河南聯絡對直系吳佩孚不滿的趙倜兄弟；派褚輔成去浙江聯絡皖系的盧永祥；派劉成禺入湖北聯絡肖耀南；派汪精衛繼續去做張作霖的聯絡工作；同時派孫洪伊、楊度前往保定聯絡曹錕；讓王寵惠、孫丹林進入內閣，做吳佩孚的工作等等，但沒有找到新的依靠對象。

四

　　近代中國，最大的「匪」還不是土匪和軍閥，而是貪得無厭的西方列強。

　　孫中山先生原本非常注重借助外國的力量來推動中國革命。他希望

西方列強同情、支持中國革命，援助中國革命。孫中山流亡海外時期，英國還是世界第一強國。孫中山很看重英國對中國革命的態度，認為對英外交的成敗將決定中國革命的存亡。「列強之與中國最有關係者有六焉：美、法二國，則當表同情革命者也；德、俄二國，則當反對革命者也；日本則民間表同情，而其政府反對者也；英國則民間同情，而政府未定者也。是以吾之外交關鍵，可以舉足輕重為我成敗存亡所繫者，厥為英國。倘使英國右我，則日本不能為患矣。」

但是現實證明，西方列強自私自利，非但沒有出力支持革命，還多次站在革命的對立面。孫中山爭取國際援助的努力，屢遭失敗。孫中山後來回顧說：「當我們中國十三年前革命的時候，歐美大勢力老早侵入了東亞，中國四周都是強國，四周都是障礙，要做一件事便要經過種種困難，就是經過了困難之後還不能達到目的。」

縱觀孫中山尋求依靠的力量，中國先後是會黨勢力和軍閥部隊，國外是西方列強。這三股力量最終都沒有成為中國革命可以依賴的力量。孫中山在深深苦惱之餘，終於在一九二〇年代初意識到了發動平民百姓的重要性，「過去我黨的主要影響在於國外，……它的影響在中國是很薄弱的」，「革命尚未成功，因為我黨仍然沒有權力。我們缺乏的是什麼權力呢？就是人民的支持」。只有人民，千百萬普通的人民，才是革命真正的依靠力量。所以他提出要「扶助農工」，動員人民參加革命。當一九二三年年初陳炯明部隊被逐出廣州，孫中山重回廣州組織革命的時候，他走上了聯俄聯共、依靠農工的正確道路。

孫中山晚期最重要的政治舉措之一就是在一九二四年三月組建黃埔軍校，培養革命軍隊的骨幹。為了建立真正忠於革命的武裝力量，孫中山吸取教訓，在學生錄取、教育、考核之時大力推行思想政治教育，並

在學校中建立政工組織，配備政工幹部。遺憾的是，百密一疏，黃埔軍校依然實行「長官負責制」。孫中山以蔣介石為校長，讓蔣介石負責全面工作。沒有受到必要的制約的蔣介石，開始在學校中培植親信，灌輸舊式軍隊思想。新舊思想、新舊作風在一所學校裡風雲激盪，一方面為人民革命培養了大批優秀人才，許多人成為了日後人民軍隊的締造者和領導人；另一方面，其他的一些學生畢業後成了蔣介石組建嫡系部隊的骨幹，成為了新軍閥內戰的主力和鎮壓人民革命的將領。這又出乎孫中山的意料之外。他沒想到在晚年扶持出了一個更大的新的軍閥：蔣介石。

名垂不朽：孫中山之死與身後事

一

孫中山在廣東熱火朝天發動群眾之時，北方局勢發生了逆轉。一九二四年，馮玉祥發動北京政變，推翻了曹錕、吳佩孚控制的中央政府。他聯合奉系、皖系，電邀孫先生北上指導國家建設。歷史彷彿將一個和平實行政治理念的機會送到了孫中山手上。一九二四年十一月十三日，孫中山偕宋慶齡、李烈鈞等二十餘人乘永豐號軍艦北上上海，決定入京大展拳腳。

此時，老年孫中山的身體情況已經很不穩定了。也許，身體的衰弱讓孫中山更加珍惜這次難得的政治機遇。

被推翻的直系軍閥不甘心失敗，派出殺手去上海刺殺孫中山。孫中山到達上海碼頭時，需要步行走下輪船，登車前往住所。殺手計劃趁機行刺，但被上海民智書店的店員發覺，報告給了孫中山身邊的警衛人員。警衛隨即加強了防範，讓殺手無機可乘。孫中山平安抵達住所。當時，南北連年戰爭，北京上海之間交通受影響斷絕，京浦鐵路停運；從上海到天津的輪船數星期之內頭等艙位全部客滿。而從上海經日本再到天津的海路依然暢通，十日之內即可到達。孫中山決定繞道日本，一為

第一章
孫中山：中華民國第一位總統

節約時間，二為順道在日本宣傳中國時局。十一月二十一日，孫中山登上「上海丸」號輪船，兩天後抵達日本長崎。十二月四日孫中山到達天津，受到兩萬群眾歡迎。

旅途勞頓，加上不適應北方氣候，孫中山一到天津就因肝癌病倒了。他堅持治療，同時準備入京。然而就在孫中山在天津治病期間，北京的形勢大變。力量薄弱的馮玉祥控制不了局勢，在張作霖和段祺瑞的排擠下被調往張家口。段祺瑞成為臨時執政，他和張作霖或發電或派人力請孫中山進京，想導演一臺「南北統一」的假戲。他們還邀請了多位重要人物（包括陳炯明），想藉著討論國家統一和建設的幌子，來營造國家統一、各派力量和睦的假象，而實際上是要在無形中消滅廣東的革命力量。孫中山不得不在病中思考應對如此惡劣的政治局勢，推翻段張二人的統治地位。十八日，段祺瑞執政府通告各國駐華使館，表示繼續執行之前簽訂的喪權辱國的不平等條約。孫中山受到刺激，病情加劇。那一邊，段祺瑞多次來電相催，說什麼「時局未定，庶政待商，務祈速駕，以慰眾望」。孫中山決心在十二月三十一日入京。肝病忌急忌怒，需要靜養。如此一來，孫中山的肝病大大惡化了。

十二月三十一日孫中山抵京，受到兩萬多群眾歡迎，入住北京飯店。

一月二十四日孫中山病勢加重，二十六日下午三點被人用擔架抬到協和醫院。醫生進行緊急手術，解剖後，眾人用肉眼即可看到孫中山的整個肝臟已經堅硬如木。醫生只能取下肝臟的極小一部分以備試驗，洗淨肝臟縫合。西醫沒有辦法了，孫中山等人開始求助中醫。二月十八日，宋慶齡等人陪著孫中山遷往鐵獅子胡同十一號行館，改由中醫治療。

　　早在手術前，孫中山就下了一道手令，由李大釗、吳稚暉、李石曾、於右任、陳友仁五人組成政治委員會，以黃昌谷為書記。孫中山指示重要政務均由該會議商議執行。政治顧問鮑羅廷代表共產國際參與會議。於右任認為情況危急，孫中山應該事先留下遺囑，包括政治的和家事的遺令或者遺訓。吳稚暉認為：「吾輩系平民主義，不應帶帝王語氣，建議用『遺囑』二字。」於是，吳稚暉起草了孫中山的遺囑草稿，政治委員會再三討論修改。拖到二月二十日，孫中山病危了。政治委員會認為得趁孫中山頭腦還清醒，讓他確定遺囑。大家推舉孫科、宋子文、孔祥熙這三位孫中山的親屬和汪精衛四人，帶著政治委員會商定的遺囑草稿，請示孫中山的意見。孫中山聽說四人讓自己留遺囑，開始不肯留言，後來又問：「你們要我說甚麼，有沒有為我考慮？」汪精衛說：「我們已預備了一份稿子，請先生核定，現在我可以唸給先生聽一聽嗎？」得到孫中山同意後，汪精衛念了政治遺囑和家事遺囑的草稿。孫中山對兩個草稿表示滿意，但是沒有簽字。

　　三月十一日，孫中山即將走到生命的終點。他終於對守護在床邊的眾人說：「現在要分別你們了，拿前幾日所預備的那兩張字來呀，今日到了簽名的時候了。」剛好在場的汪精衛連忙把遺囑草稿和墨水筆遞上。孫中山虛弱到了極點，雙手不斷顫抖，拿不住筆。宋慶齡含淚，扶著丈夫的右手腕，孫中山這才簽名成功。遺囑上的簽名雖然軟弱無力，但清晰可辨。孫中山簽名後，妻子宋慶齡、兒子孫科和守護在側的張靜江、吳稚暉、汪精衛、宋子文、孔祥熙、戴恩賽、邵元衝、戴季陶、鄒魯、陳友仁、何香凝依次簽字為證明人，汪精衛最後又署名為「筆記者」。孫中山遺囑就此完成。

　　政治委員會擬定的遺囑共有兩篇，第一篇是政治遺囑。全文是：「余

致力國民革命，凡四十年，其目的在求中國之自由平等。積四十年之經
驗，深知欲達到此目的，必須喚起民眾，及聯合世界上以平等待我之民
族，共同奮鬥。現在革命尚未成功。凡我同志，務須依照余所著《建國
方略》、《建國大綱》、《三民主義》及《第一次全國代表大會宣言》，繼
續努力，以求貫徹。最近主張召開國民會議及廢除不平等條約，尤須於
最短期間，促其實現。是所至囑！」這份遺囑被概括為響亮的「革命尚
未成功，同志仍須努力」的口號。

　　第二篇是家事遺囑：「余因盡瘁國事，不治家產。其所遺之書籍、
衣物、住宅等，一切均付吾妻宋慶齡，以為紀念。余之兒女，已長成，
能自立、望各自愛，以繼余志。此囑！」孫中山的主要遺產是上海住所
（今上海孫中山故居），是在租界內的獨門獨院。當初有四位加拿大華僑
來拜訪孫中山，見革命領袖居無定所，就集體出資為他買下這座住所。
孫中山推託不掉，就收下作為住宅。兩次護法運動失敗後，孫中山和宋
慶齡就居住於此。

　　十一日下午，孫中山心力開始衰竭，脈搏細若游絲，用微弱的聲音
不斷喃喃自語：「和平、奮鬥、救中國。」（中華民國建立後，何香凝據
此將孫中山的遺囑歸納為「和平奮鬥救中國」。）次日（三月十二日）上
午九時三十分，孫中山逝世，享年五十九歲。

二

　　十二日當天，國民黨要員緊急入京，開會討論孫中山治喪事宜。留
守廣東的胡漢民在當日下午一點接到汪精衛電報，知道孫中山逝世。他
隨即飭令廣東政府各地停止宴會、大小機關從十二日起下半旗七天、各

機關用藍印一月、軍隊及各機關職員纏黑紗一月。

　　孫中山生前選定南京紫金山為安葬地，因為南北尚未統一、交談隔絕，入葬紫金山很困難。國民黨決定在北京先以平民禮給領袖入殮，日後再南葬紫金山。三月十五日，孫中山遺體盛殮楠木玻璃蓋棺，在協和醫院舉行大殮；十九日自協和醫院移靈至中央公園（今中山公園）社稷壇大殿安放；二十四日在中央公園行開弔儀式，供民眾來靈堂致哀瞻仰。四月二日，孫中山靈柩移往京西香山碧雲寺。孫中山生前為人民奔走奮鬥，北京百姓給予了他巨大的哀榮。靈柩西移途中，北京民眾、京漢鐵路總工會等工會組織、中小學校、士兵等三十萬人步行相送。三架飛機繞空飛行，鳴炮三十三響，各處皆下半旗。此後，孫中山安厝於北京西山碧雲寺內石塔中。

　　以孫中山接班人自居的蔣介石北伐占領北京後，在一九二九年六月一日為孫中山舉行了隆重的遷葬典禮，將靈柩遷往南京紫金山中山陵。碧雲寺則留下了孫中山的衣冠墓。

　　孫中山遺體在協和醫院作了防腐處理，肝臟被取出。靈柩遷葬南京後，肝臟仍存放在協和醫院。抗戰中，日本人接收了協和醫院。大漢奸、汪偽政府「外交部長」褚民誼為了標榜自己是三民主義和孫中山的忠實信徒，要挖掘肝臟的政治價值。一九四二年三月底，褚民誼專程前往北京要來肝臟，護送到南京，交中山陵保管。一路上，褚民誼大事張揚，張羅了大小報紙的記者追蹤報導，拍攝了一組「國父靈臟奉安」，給自己臉上貼金。隨後，褚民誼又從上海孫中山故居中把被日軍封存的《孫文學說》原稿和《建國大綱》、《中國之革命》手跡以及孫中山生前的佩劍等物大張旗鼓移往南京保存。抗戰勝利後，褚民誼身陷牢籠，被判死罪。他想再一次挖掘孫中山肝臟的政治價值，將功贖罪，保全性

命。上下運動後，江蘇高等法院以褚民誼保護國父靈臟及遺著「不能謂無功」，決定重審褚民誼漢奸案。法院也學褚民誼當年的樣子，在大小報紙上大肆介紹褚民誼當年如何與日本人交涉，如何接收肝臟及文獻等文物，為褚民誼開罪。褚民誼很得意，在獄中晨練、打太極拳，得意洋洋。誰知，民眾對法院和褚民誼利用孫中山肝臟牟利的行徑極其憤慨，認為褚民誼罪該萬死、高等法院袒護包庇漢奸，一致要求維持褚民誼的死刑原判。最終，褚民誼以漢奸罪在一九四六年八月二十三日被槍決。

三

說到孫中山的家室，在人們熟知的宋慶齡之前，孫中山有過兩任妻子。

西元一八八四年，十九歲的孫中山迎娶了十八歲的盧慕貞為妻。盧慕貞是廣東鄉間的舊式婦女，性情溫和而保守。二人婚後，生育有一男二女（孫科、孫延、孫琬）。孫中山一生只有這三個子女。年輕的孫中山常年在外學習和闖蕩，與盧夫人聚少離多，感情平淡。更重要的是，孫中山和盧慕貞思想差異極大，雖然說不上貌合神離，但也絲毫沒有共同話題可言。幸運的是，盧慕貞本人看得很開，也沒什麼野心，更不想當什麼「第一夫人」，一九一五年主動與孫中山離婚。

孫中山西元一八九二年畢業於西醫學院不久，認識了小自己七歲的陳粹芬。兩人在香港墜入愛河，走到了一起。陳粹芬沒有讀過書，和清末的一般婦女看似無異，但性情剛強。在孫中山亡命海外之後，陳粹芬選擇寄居在廣州友人家長達十年之久。隨著孫中山的處境越來越艱難，陳粹芬毅然前往日本陪伴在孫中山身邊。此後，陳粹芬陪伴孫中山出現在日本、南洋等地，接待革命戰友，照顧孫中山和戰友們的生活，印刷

宣傳品、接船、洗襪子，任勞任怨。許多革命黨人都受到過陳粹芬的接待。青年蔣介石就接受了陳粹芬精心的接待，感激地稱她「四姑」，直到晚年還曾提起。難得的是，陳粹芬一介女流，還參加了孫中山策劃的四次武裝暴動。宣統年間，陳粹芬患上了嚴重的肺病，不得不回香港療養。不久民國建立，為革命貢獻良多的陳粹芬功成而退。她和孫中山沒有正式結婚，關係逐漸淡化。之後，陳粹芬移居澳門，從不提及早年革命經歷和與孫中山的關係。孫中山和陳粹芬的關係是國民黨內高層公開的祕密。但出於為尊者避諱的考慮，陳粹芬成為了一個「消失的名人」。

孫中山的第三位妻子是宋慶齡女士。早年，孫中山和陸皓東兩人尋找上書李鴻章的道路時，在上海遇到了從美國回來的傳教士宋耀如。宋曜如有三女（宋靄齡、宋慶齡、宋美齡）一男（宋子文），四個子女在中國歷史上都留下了深刻的印記。二女兒宋慶齡在小的時候見過孫中山這位「革命叔叔」。宋家大姐宋靄齡是孫中山在日本時的機要祕書，後來因為要與孔祥熙結婚而去職，就介紹剛從美國學成歸來的二妹來代替自己。宋慶齡抵達日本不久，孫中山就向她求婚。孫中山身上的革命光環、成熟氣質和總統經歷，讓年輕的宋慶齡對求婚難以抗拒。兩人私訂了終身。結婚要父母的同意和祝福，宋慶齡返回上海稟報父母後，宋耀如勃然大怒，堅絕不同意二女兒嫁給年長二十六歲的孫中山。宋慶齡一咬牙，返回日本，一九一四年十月與孫中山結婚。孫宋兩人的婚姻，掀起了軒然大波（絲毫不亞於日後蔣介石與宋美齡的婚姻）。日籍好友頭山滿得知孫中山婚訊後驚訝地說：「不是要和姐姐結婚嗎？怎麼換了個妹妹呢？」可見，這段婚姻幾乎超出了所有人的意料。

宋慶齡陪伴孫中山走完了之後的歲月，此後以孫夫人的身分活躍在近代政壇上。

孫中山的三位妻子，盧、陳二人與宋慶齡沒有任何接觸。孫氏家族上下對三位都尊敬有加，孫輩統一稱盧慕貞為「澳門婆」，陳粹芬為「南洋婆」，宋慶齡為「上海婆」。盧慕貞由女婿奉養，住在澳門；陳粹芬晚年由孫中山的姪子孫乾奉養，住在中山縣的石歧；宋慶齡居住在上海的孫中山故居內。

<h2 style="text-align:center">四</h2>

孫中山的政治生涯沒有以大勝利的輝煌收尾，主要因為他身處大動盪、大變革的亂世。武夫、政客，甚至流氓、土匪，最適合亂世。在亂世中崛起的也往往是這些人。而孫中山是西方環境下成長起來的知識分子。知識分子在亂世掌權崛起是很困難的，更何況是從西方歸來的知識分子。（這兩點相結合，能解釋孫中山的許多言行。）孫中山不成功的另一大原因是，他身處的亂世不是一般的亂世，而是中國告別數千年君主專制統治、在民主共和道路上蹣跚試行的「千年未有之大變局」。在大變局中，不要說孫中山這個書生，就是袁世凱、曹錕那樣的武夫，也無可適從。孫中山的探索和奮鬥都是前所未有的，他一生想辦許多事情，但絕大多數事情都失敗了。可他辦成了一件事情，推翻了中國的君主專制統治，草創了民主共和國的雛形。僅憑這一件事情，孫中山就足以名垂青史了。

一九四〇年，國民政府通令全國，讚頌孫中山「倡導國民革命，手創中華民國，更新政體，永奠邦基，謀世界之大同，求國際之平等」，尊稱他為「中華民國國父」。中華民國成立後，孫中山先生被尊稱為「革命先行者」，每年的三月十二日（孫中山忌辰）被定為「植樹節」 —— 孫中山生前關心國家建設，號召綠化西部。

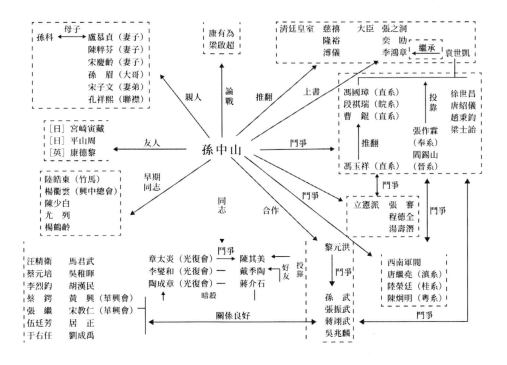

第二章

袁世凱：一失足成千古恨

　　袁世凱是個能臣，更是名幹吏，為中國的近代化作出了重要貢獻。但他又是民國各個總統中名聲最差的人物，差到可以用「遺臭萬年」來形容。身為橫跨在清朝和民國初期的主角，袁世凱心中欣賞西學和近代化器物，但根基是傳統的，是舊官場的。他判斷錯了時局，為權力所誘惑，認為共和制不適合國情，中國需要一個新的帝國，結果釀成了悲劇──無論是對於他個人，還是對於時代，這都是一個悲劇。

戊戌變法：告密者還是自首者

──────────── 一 ────────────

　　光緒二十一年（西元一八九五年）八月初五下午三點鐘，一輛從北京駛來的蒸汽火車轟隆著在天津站停下。月臺上頓時歡欣鼓舞，等候多時的天津文軍官員來了精神，紛紛向一位下車的大人物湧去。

　　這位大人物就是進京陛見歸來的三品按察使銜、督練小站新軍的袁世凱。他剛剛被光緒皇帝擢升為二品頂戴、候補兵部侍郎──這就是滿城文軍官員熱臉相迎的原因。

　　袁世凱高興地和大小官員一一打著招呼，走進早已籌備好的盛大的歡迎會現場。似乎天津全城的官員都來了，場面頗為熱鬧。袁世凱一如既往地親切、熱情，不慌不忙，入座同大家行禮如儀，再激動地轉述陛見盛況，表態說「天恩浩蕩」「效忠皇上」云云。最後，袁世凱與各位告別，離開天津站，奔赴直隸督署。

　　時任直隸總督、北洋大臣的是榮祿。身為老袁的直接上級，榮祿一直認為袁世凱是不可多得的人才，多次舉薦、籠絡他。如今袁世凱榮升了，眾人想當然地認為榮祿肯定會準備盛大的宴會給愛將接風。

　　誰知，袁世凱一入督府就被榮祿「扣」住了，而且這一「扣」就是數日之久。

　　就在第二天，北京城發生了可怕的政變，改變了中國歷史發展的方向。在歷史關鍵時期，天津督府內到底發生了什麼事情？袁世凱風風光光、風平浪靜的背後有什麼祕密呢？

　　袁世凱並不屬於榮祿他們的圈子。他發跡於朝鮮，最開始是李鴻章的人。甲午戰爭戰敗後，李鴻章的勢力元氣大傷，袁世凱也從朝鮮撤了回來，成為官場的散兵游勇。他開始上下走動，結交各種人物，圖謀東山再起。當時朝野對舊式軍隊失去了信心，袁世凱就撰寫編練新式軍隊的書籍，向各方呈送，最後被榮祿等人看中，去天津小站訓練新軍了。

　　這個時期的袁世凱，在思想上傾向於維新，他是強學會的發起人之一，還曾親自向光緒上書，建議變法。袁世凱和康有為的關係很好，西元一八九五年夏，康有為的第四次上書，面臨遞不上去的困難，都察院和工部都不肯傳遞，最後還是袁世凱透過督辦軍務處代遞的。

　　除了思想上的親近外，從個人的實際利益角度出發，袁世凱也需要接近康有為等人。因為當時光緒皇帝支持變法、維新派能為袁世凱升遷出力，無論是忠君報國還是謀求個人發展，袁世凱和維新派混到一起去都是自然而然的選擇。再說，康有為和袁世凱兩者之間也有許多相同之處，比如他們權力欲就相當。袁世凱出身政治世家，為權力亂世投軍；康有為為了造勢，為了成為變法領袖，四處奔走，結黨營私。自己草擬了一本奏摺，還沒遞上去，就宣傳是「公車上書」。這樣的人一旦成了維新變法的領袖，就會結黨營私，急躁冒進。果然，在變法開始後，一會兒有禮部六堂官被革職，一會兒又是譚嗣同等軍機章京頂替舊人上任，弄得朝野紛紛擾擾。這些魯莽的舉措招致了以慈禧太后為首的保守勢力的厭惡。

康有為

在這樣的情況下，康有為等人「針鋒相對」，尋求軍事外援。這個外援就是天津的袁世凱。於是在七月底就有了光緒皇帝召見袁世凱、越級提拔他為兵部侍郎、賦予專管練兵大權的事，也就是本文一開始提到的袁世凱進京陛見的事。

不僅如此，維新派魯莽冒進的勢頭愈發強烈，他們緊接著決定開懋勤殿，專預新政，企圖踢開軍機處，成立新的施政機關；八月初又召見伊藤博文，鼓吹要任用甲午戰爭的仇敵為大清的客卿。維新派的手伸得太長、胃口太大了，保守勢力被逼得忍無可忍。既然維新派不客氣，保守勢力也要不客氣，要「刺刀見紅」了。

八月初三，御史楊崇伊密奏慈禧太后，請求太后重新訓政，同時正式準備政變。有所預感的光緒皇帝在前一天（八月初二），給康有為密詔：「汝可迅速出外，不可遲延。」康有為、梁啟超、譚嗣同等維新分子接到詔書，痛哭失聲。最後，他們沒有躲避，而是決定孤注一擲，透過軍事政變，包圍頤和園，迫使慈禧太后交權。

那麼找誰的軍隊發動政變呢？康有為記得袁世凱曾寫信願意為維新「赴湯蹈火，亦所不辭」。所以就在當日夜裡，一身豪氣的譚嗣同緊急夜訪袁世凱住的法華寺，假傳聖旨，要求老袁出兵殺榮祿，圍頤和園，廢黜慈禧。這個驚天大膽的計畫讓袁世凱頓時出了一身冷汗。他心裡明白自己的新軍雖強，但遠水救不了近火。小站離北京三百里路，長途奔襲頤和園無異於異想天開。再加上北京周圍本來就部署著其他強有力的

部隊，康有為等人的政變機會就像小孩子在做白日夢。袁世凱明知不可為，但譚嗣同慷慨激昂，逼他表態，袁世凱不得不表態效忠光緒，擁護政變。當晚，譚嗣同和袁世凱沒有商定政變細節。八月初四，康有為離京而去，留在北京的譚嗣同、梁啟超和袁世凱還是沒商定政變細節。就在同一天，慈禧太后從頤和園回到紫禁城，宣布將光緒由大內移駐瀛臺。保守勢力提前開始政變了！

天津的榮祿擁護慈禧太后，一直關注維新發展。他看到袁世凱突然受召入京，又毫無理由地晉升兵部侍郎，深感疑惑重重，於是調動軍隊，增兵天津、加強防守，同時調兵到長辛店牽制小站新軍。最後，榮祿再以列強出兵大沽口為由，急信袁世凱，要他迅速回防。袁世凱就是在這種情況下，在八月五日乘車趕回天津的。

接著文章一開始說的袁世凱離開天津火車站後，就坐轎子去見了榮祿。此時太陽已經落山，天色已晚。榮祿還是接見了他。榮祿和袁世凱兩人都心懷鬼胎，可誰也沒有談及政變一事。榮祿沒向袁世凱談及保守勢力的政變計畫，也沒問袁世凱和維新勢力的勾結。

袁世凱雖然心急如焚，卻不知道如何談起。前兩日加授侍郎銜後，袁世凱按規矩到頤和園去向慈禧太后謝恩。袁世凱跪在地上，瞥見慈禧太后臉拉得很長。她指著袁世凱問：「皇上問你『倘令汝統帶軍隊，汝肯忠心事朕？』你怎麼答的？」袁世凱愣住了，一時忘了自己怎麼回答的。慈禧冷笑一聲：「猴崽子，你說的是『一息尚存，必思圖效』，對吧？」袁世凱頓覺毛骨悚然。慈禧最後警告說：「要圖效大清朝廷，整陸軍，原是要緊，但皇上也太覺匆忙，我疑他別有深意，你須小心謹慎方好。下去吧！」袁世凱為此後怕了多日，深感保守勢力的強大，所以在此時極想把維新派要他出兵政變的事告訴榮祿，可又苦於不知如何開口。

一五一十地說吧，自己和維新派關係太深，難以洗清罪名；而且光緒皇帝似乎給了維新派密詔，這可是一把尚方寶劍啊！總之，袁世凱顧慮重重。他知道榮祿肯定不是維新派，但內心又有點捉摸不定維新派和保守派孰勝孰負。

袁世凱一方面故作鎮定，猶猶豫豫，而榮祿一方面此時又訪客不斷。當時就有一位葉姓官員在場，袁世凱沒有示意榮祿要面對面密談。一直到了夜裡二更天，袁世凱和榮祿無從得知實質內容的會談才結束。榮祿「留」袁世凱在府上住下，不讓他返回小站軍營。

所以其實在八月初五這天，袁世凱什麼都沒和榮祿說。但是事後盛傳袁世凱當晚就將維新派的政變計畫向榮祿全盤托出，邀功請賞；發現情況的榮祿連夜乘坐專用列車，進京向慈禧太后報告；而慈禧太后這才發動政變，鎮壓變法，血洗維新力量。這個說法越傳越廣，連教科書都如此記載。按照這種說法，袁世凱就是個可恥的告密者。

但是，真實的情況是，袁世凱當夜根本沒想好怎麼述說情況，也沒找到機會告密 —— 內心可能也有那麼一點猶豫要不要告密。除去袁世凱不說，還有四大證據可以反駁主流說法。

首先，主流說法高估了清朝鐵路交通的能力。當時天津到北京的蒸汽火車的運行要調動各個機關官署，沿途需要各站配合。就算榮祿深夜知道了政變計畫，也不可能在幾個小時內調配好整條鐵路線的人員和物資，並開出專用列車、在天亮前趕到北京。另外，這還沒考慮進北京城宵禁的因素呢！

第二，宮廷制度的規定讓榮祿不可能深夜闖宮求見太后。慈禧太后當時已經歸政光緒，退居後宮了。她不能隨時隨地、直接無礙地接見朝廷大臣 —— 更不用說深夜在後宮接見了。慈禧太后甚至失去了直接接收

大臣上奏的權力。幾天前，楊崇伊要求鎮壓維新的奏摺就是密奏，是透過慶親王奕劻帶入後宮才轉呈的。所以即使榮祿一定要深夜闖宮，也一定要拉上奕劻。這又要大費周折，消耗時間。

第三，袁世凱回天津的第二天（八月初六），慈禧太后在早朝宣布重新訓政、囚禁光緒帝、捉拿康有為、康廣仁兄弟。當天早晨的上諭給康有為安的罪名是「結黨營私，莠言亂政」，其中並沒有「軍事政變」的罪名。前兩項罪名只能讓康有為「交刑部按律治罪」，而軍事政變的罪名則可以一招置康有為等維新勢力於死地。保守勢力為什麼不用呢？因為他們還不知道維新黨人有政變計畫。

最後，推翻袁世凱在五號告密的最有力的證據是，楊崇伊上奏後，保守勢力就計劃政變了。榮祿身為保守勢力的核心成員，深知政變計畫已經在四號開始。那麼，即使袁世凱將維新派的政變計畫全盤托出，也不會改變已經射出的政變利箭。因此並不存在袁世凱告密引起保守勢力連夜政變的說法。

那麼，難道袁世凱始終保守維新派的政變計畫嗎？不是的。他在第二天將計畫完全報告給了榮祿。

八月初六，楊崇伊奉命趕到天津宣讀北京政變、太后重新訓政的通告。榮祿從他那知道了袁世凱在北京的這幾天和維新派交往甚密的情況，疑心大起，立刻下令傳喚「留」在府上的袁世凱來見，同時「令衛兵夾道羅列」，務必要探清楚袁世凱的虛實。袁世凱已經知道慈禧太后提前下手、維新力量徹底失敗的消息，又見榮祿重兵羅列的架勢，內心恐懼，主動將三天前（初三夜裡）譚嗣同在法華寺的計畫完整道來。榮祿的幕僚在筆記裡有「袁大哭失聲」，「跪求榮為作主」的記載。透過此等細節，後人可以想像當日的情景。

第二章
袁世凱：一失足成千古恨

　　到最後，袁世凱還是背叛了維新派，告密了。但是他在初五告密還是在初六告密，是有重大區別的。關鍵是在初六的早朝，慈禧太后公開走回檯面，鎮壓維新派，宣告戊戌變法的正式終結。袁世凱如果在之前告密，是賣友求榮、邀功請賞，是主動的；在之後告密，是已不可為、坦白自保，是被動的。「這樣看來，袁世凱的告密並非積極、主動，而是在他已聽到西太后訓政消息之後，怕受連累被懲罰，被動告密。」

　　八月初七，楊崇伊攜帶榮祿寫好的、包含袁世凱告密內容的密摺返京。慈禧太后大驚，在初九日再頒上諭逮捕譚嗣同等七人，大肆搜捕維新派，血腥屠殺。

　　袁世凱其實也算是維新分子，在告密之後卻得到保全，原因有二。第一，榮祿很欣賞袁世凱，認定他是不可多得的人才。雖然袁世凱在維新一事上有「罪」，但猶可造就，瑕不掩瑜。第二，袁世凱事後的告密給保守勢力提供了打擊維新派的重大武器。

　　對於慈禧太后突然宣布重新訓政，朝野上下出現了一陣騷動。多數官員想不通，太后老佛爺先前已經宣布「放權」了，而且皇上做得好好的，怎麼突然說訓政就訓政了啊？同時譚嗣同、楊旭等維新分子依然逍遙自在，保守分子找不到剷除他們的重磅炸藥。在袁世凱出首告發政變計畫之前，許多人認為康有為、譚嗣同等人就是書生干政，胡來而已。李鴻章在初六之後還認為維新分子是一群不懂政治的小孩子，責打幾下就可以了。而在袁世凱告發政變計畫之後，包括李鴻章在內的朝野上下都認為康梁等人該殺了。

　　既然維新派有「圍園劫后」的政變陰謀，那麼給他們戴上「大逆不道」的「謀逆」帽子就一點都不為過了。現在，袁世凱把炸藥遞了過來，殺了維新分子，還遏制了朝野的情緒波動。

　　所以，袁世凱將功折罪，得到了好處、受到重用。他的小站新軍得到賞銀四千兩。榮祿進京辦事期間，袁世凱還奉命護理直隸總督。此後，袁世凱更是步步高升，青雲直上。

　　人們習慣於從結果來推測過程，所以容易相信袁世凱在戊戌年先與維新派圖謀兵變再主動告密作為晉升之道。據說光緒皇帝本人也對此深信不疑，將戊戌變法的失敗怪在袁世凱頭上，對他恨之入骨，臨終還留下「必殺袁世凱」的手諭。（其實戊戌變法的失敗主要還要怪康有為等人的策略失當，袁世凱是傾向變法維新的。）面對紛紛擾擾的傳言，發達後的袁世凱專門寫了《戊戌日記》，說八月五日在榮祿府上因為座上有客人，「久候至將二鼓，不得間，只好先告退晚餐，約以明早再談」，到次早才「以詳細情形備述」，以此說明自己並未主動告密。可惜袁世凱公布日記之時，當事人都已作古，死無對證了，反而給人留下此地無銀三百兩的感覺。人們多不相信。

　　「戊戌告密者」的帽子，袁世凱戴到今天。其中有正確的一面，但「自首」兩個字可能更能準確地概括袁世凱的表現。

晚清重臣：練兵與辦新政

一

一九〇八年，美國《民主與法制時報》（*Democracy and Legal System Times*）的托馬斯‧密勒（Thomas Millard）走入袁世凱的官邸，記錄下了一百年前袁世凱的形象。

官邸中的會客廳呈歐洲風格，密勒在這裡見到了畢業於耶魯大學的中國翻譯童凱生。兩人曾在上海見過面，當時童凱生是上海《南華日報》的編輯，穿著西服。這一次，童凱生穿著中式的長袍馬褂。密勒好奇地詢問他衣著的變化，童凱生笑著說：「是啊，你知道，北京可不像上海那麼開明，這裡的人們總是比較保守一些。」

袁世凱隨後邁進會客廳。當時的袁世凱在西方的知名度相當高，一九〇三年他在朝堂上高呼：「事已至此，不施行新政，更待何時！」後來又在一九〇五年七月奏請朝廷實行立憲，接連激起西方的好感。加上袁世凱在直隸的新政卓有成效，《泰晤士報》發表文章稱讚：「中國出現了改革的轉機，大清帝國一個握有實權的改革家，他的名字叫袁世凱」。但西方人對袁世凱的形象很模糊，有人說他是標準的東方野蠻小個子，有人說袁世凱沉溺於艱苦的工作，體力和精力耗損極大，已經病入膏肓

了。但密勒見到的袁世凱相貌端正，精力充沛。

「讓我驚訝和感到滿意的是，袁看上去比我上次見到時好許多。實際上，現在的袁就是健康和精壯的化身。他目光炯炯，敏銳的眼神顯示出了他身體的健康和心情的安定。在接下來的交談中，袁說他每天清晨五點鐘起床工作，一直到晚上九點鐘才休息，期間只有短暫的用餐和休息時間，除非偶爾有別的任務讓他離開日常工作。大清帝國缺乏能幹的官員，這是清國政治中一個最大的缺陷，也使得大清官員中有限的幾位先進人物都被委以重任，並不得不過度起勞。袁自己也承認了這點，然而他似乎不以為苦，倒更像是樂在其中。」

寒暄開始了，袁世凱問密勒是從哪裡來北京的？密勒回答是從東北來到北京的。袁世凱隨即問起東北的情況。密勒就把在東北發現的問題告訴了袁世凱。兩人的距離很快就拉近了。袁世凱在正式採訪中主要談了中美關係和中國改革兩大內容。這兩個內容至今仍是熱門話題。

袁世凱先和密勒談起了正在進行的美國總統選舉。他說自己是兩個候選人小狄奧多·羅斯福（Theodore Roosevelt）和塔夫脫（William Taft）的崇拜者。但是，袁世凱希望塔夫脫能夠獲勝，成為新的美國總統。因為塔夫脫對華友好。「去年秋天，塔夫脫先生在上海發表了對大清帝國很友好的講話，這給清國上下都留下了深刻的印象……我一直期待著訪問美國。並且真誠地倡導要尊重大清帝國的主權和領土完整。」

話題隨後轉移到中國國政，密勒詢問到中國「最需要改革的是什麼」。袁世凱侃侃道來：「我們的財政制度、貨幣流通體系以及法律結構。只有做好了這些事，大清帝國才能恢復完整的主權。而且，也只有等她徹底恢復了主權，才能真正理順國家正常的經濟和政治生活。這三項改革中的任何一項，都與其他兩項有著密不可分的依賴關係。」他清

醒地指出：「在評估我們的發展進程的時候，應該充分考慮到，大清帝國政府所面臨的問題和困難是巨大的。我們正處在現代化進程的潮流中，而假如我們一時沒有掌好舵，西方世界也不應該對我們的批評過於嚴厲和苛刻……」

　　密勒的採訪稿最後刊登在了《紐約時報》（*The New York Times*）上。袁世凱的談話很符合西方人的口味，更有許多需要讀者用心理解的地方，可謂相當成功。和西方媒體的良好互動讓袁世凱儼然成了來自中國的政治明星和民主希望。身為晚清重臣，袁世凱雖然對民國產生了巨大影響，但一生中只有四年半時間生活在民國（一九一二年二月至一九一六年六月），他主要的悲歡起伏和政績都是在晚清時期完成的。如果要深刻地了解袁世凱，我們就不能忽略他在晚清政局下的作為。

二

　　袁世凱一八五九年（咸豐九年）出生於河南項城。袁家從道光年間開始，多有子弟為官。尤其是袁世凱的叔祖父袁甲三，曾任欽差大臣，與曾國藩、李鴻章等中興名臣一起征剿過太平軍和捻軍。袁世凱是袁甲三的姪子袁保中六個兒子中的第四子。他出生時，剛好前線傳來袁家子弟勝利的消息，所以取名「世凱」。

　　袁世凱早年過得很不愉快，可以算得上是多災多難。首先，因為是庶出的小兒子，他在大家族裡地位低下。袁世凱當直隸總督時，生母劉氏去世。袁世凱想把生母葬入祖墳的正墳，卻遭到了正室所生的二哥袁世敦的斷然拒絕。封建宗法大如山，權勢如袁世凱者也無可奈何，只能發誓永生不回項城。

其次，袁世凱的父親袁保中死得早，死時僅是個秀才，沒留給袁世凱多少遺產。叔叔袁保慶有一個和袁世凱同歲、死於襁褓中的兒子。當時因為袁世凱生母劉氏奶水不足，袁保慶就將姪子袁世凱抱過來讓夫人牛氏哺乳，後來正式過繼袁世凱為自己的兒子。

袁世凱小時候頑劣蠻橫，不肯讀書，整天不務正業，承受著家族要求他科舉做官的巨大壓力。十幾歲時，貪玩的袁世凱在馴馬過程中被拋墜落地，傷到了腿骨。因為怕大人訓斥，也不敢聲張，諱疾忌醫，耽誤了治療，落下殘疾，成了小瘸子。當然了，沒有沉溺於科舉反而讓袁世凱成長為了一個思想健全、勇敢大度的青年。養父袁保慶曾帶著袁世凱宦居山東、江蘇等地，袁世凱一路遊玩，眼界開闊。據說他在南京還曾拜和尚為師習武，練就驚人臂力，常常拳擊石獅為樂。

養父袁保慶壽命也不長，留下了袁世凱一人。回到家鄉之後的袁世凱，沒有大人的管束，過了幾年無拘無束、花天酒地的日子。父輩臨終前囑咐袁世凱要博取功名，袁世凱也去參加過兩次鄉試，但都名落孫山，連個秀才也沒考上。既然考不上功名，就去買一個功名吧。袁世凱拿了一筆款子去北京捐官，結果官沒捐上錢財卻在賭場揮霍一空，幸虧在京城為官的拜拜把兄弟徐世昌資助，袁世凱才得以溜回老家。袁世凱回到項城後，對賭博深惡痛絕，發誓絕不再賭。他還把所作詩文付之一炬，決心不再走進科舉考場。

不當官了，那要做什麼呢？袁世凱想到了去上海經商。上海是迅速發展起來的大商埠，十里洋場，燈紅酒綠。二十歲出頭的袁世凱闖蕩上海灘不久就迷失了自己，經常流連娼寮。他結識了一個蘇州來的妓女沈氏。兩人相遇後，沈小姐慧眼識人，認定袁世凱不是池中之物，日後必會發達。因此她非但沒有勾引袁世凱光顧妓院，反而鼓勵袁世凱出去奮

鬥一番。袁世凱本來就有從軍報國的想法，沈小姐知道後大為讚賞，說動他北上從軍。臨行前，沈小姐設宴相送，表示今生跟定袁世凱，要自贖其身，等愛人功成名就歸來。袁世凱大為感動，慷慨北上投軍。

歷史的細節如此有趣，一代梟雄竟然是被一名痴情妓女說動投軍的，雖然匪夷所思，卻是千真萬確的事情。

這裡順帶說一下袁世凱的妻室。袁世凱年少時，與當地女子於氏結婚，生下了長子袁克定。於氏是鄉間舊式女子，袁世凱並不喜歡。但他對髮妻仁至義盡，即使日後登基當了皇帝也將於氏供養在老家，沒有廢立之事。而上海的沈小姐就成了袁世凱的大姨太太。沈氏雖然是姨太太，卻是實質上的妻子。家裡大小事務都由沈氏處理，所有孩子都叫她「親媽」，其他姨太太都要聽從她的指揮。袁世凱基本將家事放手給沈氏，所以她在家中權力很大。

袁世凱立志從軍的消息被養父袁保慶的生前好友、慶軍統領吳長慶知道了。吳長慶得知晚輩的坎坷遭遇後，立刻在軍中給袁世凱安排了職位。袁世凱從此邁入軍界。

誰料，吳長慶僅僅是想暫時收留袁世凱，還是希望袁世凱能在軍中潛心讀書，去走科舉「正途」。所以，他讓袁世凱只領錢不用幹活，還安排了勤務兵伺候袁世凱讀書，讓幕僚張謇督導袁世凱的功課。張謇比袁世凱大六歲，出身不好，混得也差，就以秀才身分在慶軍中抄抄寫寫。張謇日後考中了狀元，學問是很高的，但袁世凱的學問實在是太糟糕了。張謇常常把袁世凱的文章改得面目全非，雙方都感到頭痛得很。袁世凱失望極了，哪裡學得進去，乾脆將滿腔苦水告訴了張謇。張謇很開明，立刻轉告吳長慶。吳長慶了解情況後，也很開明，隨即委任袁世凱為營務處幫辦，干預軍事。營務處類似於辦公室，管理軍中行政雜事。營務處幫辦一職很

適合袁世凱的個性，讓他有天高任鳥飛、海闊憑魚躍的感覺。一年春節，慶軍中幾十個士兵因賭博生惡，拔槍互射。騷亂發生時，將校們都在家過年，只有年輕的袁世凱在軍中當職。他當機立斷，假傳吳長慶的命令，帶兵鎮壓了騷亂，砍了幾個人的腦袋。事後，袁世凱向吳長慶請罪。吳長慶非但不怪罪，反而將袁世凱視為精明的親信。

　　慶軍不久奉調前往朝鮮，穩定朝鮮局勢。入朝之初，清軍軍紀敗壞，姦淫擄掠的事情屢發不止。袁世凱又一次先斬後奏，將首惡的七人就地正法。事後，吳長慶再一次肯定了袁世凱的做法，還提升他總理營務處事務，專門整肅軍紀。在袁世凱的鐵腕整頓之後，慶軍軍紀肅然。袁世凱在朝鮮有句口頭禪「別讓他們小看咱們大清」。他協助朝鮮國王編練新軍、抵抗日本勢力，逐漸開始獨當一面，成了朝鮮王朝末代亂世中的穩定支柱。漢城騷亂時，袁世凱得到情報說有豪門子弟負傷，躲藏在稅務司家裡。袁世凱率兵趕過去一看，發現有個人意氣凜然，持槍堵在門口。這個人就是清朝駐漢城的稅務委員唐紹儀。袁世凱頗能識人，知道唐紹儀不是常人，告知來意。唐紹儀這才放下武器。兩人一見如故，結為兄弟。唐紹儀是耶魯大學的高材生，跑到兵荒馬亂的漢城，可算是不務正業。袁世凱出生於科舉發家的政治世家，竟然在異域從軍打仗，也算是不務正業。但處在大變革中的中國，需要的就是袁世凱和唐紹儀這樣不務正業的異類。

三

　　甲午戰爭後，舊式清軍一敗塗地。一場軍事改革呼之欲出。

　　從朝鮮敗退回國的袁世凱，雖然位居官職道員，卻失業了。他不甘心默默無聞，憑藉在朝鮮編練新軍的經歷，敏銳意識到機會來了。當

時，李鴻章的淮軍勢力因為戰敗元氣大傷。屬於淮系的袁世凱斷然另找高枝，尋求在結黨營私的官場復出。為此，袁世凱找了亂七八糟的人。他先是對劉坤一、盛宣懷、胡燏棻等人大談在朝鮮的經歷，還草擬了〈練兵要則十三條〉、〈新建陸軍營制餉章〉等練兵文獻，主張仿照德國軍制，編練新軍。袁世凱又經徐世昌引見，聯絡了李鴻藻、翁同龢等清議派；透過阮忠樞的關係見到了李蓮英，並認識了榮祿。最後，榮祿對年輕的袁世凱非常看重，力主讓袁世凱去編練一支新軍。原先在一八九四年冬，清朝政府曾任命長蘆鹽運使胡燏棻在天津小站招募丁壯，訓練新軍，番號「定武軍」。次年，胡燏棻被派去督辦津蘆鐵路了，小站練兵的事務就由袁世凱接任。

十二月十六日，袁世凱抵達天津小站，正式接管軍營。此時的十營定武軍不足五千人。袁世凱便派人四處招兵，在豫、魯、皖、蘇各省招募青壯步兵，在奉天招募騎兵。不久，定武軍湊足七千人，有步兵、騎兵、砲兵和工程兵各個兵種。袁世凱奏請改名為「新建陸軍」。這七千人新軍就是日後遍布中國的北洋軍隊的最初力量。

早期新式陸軍照片

袁世凱將新軍看做是政治生命。新軍強壯之時，就是自己的晉升之日。所以，袁世凱在小站勤奮工作，以身作則。他除了總結練兵經驗外，還常常研讀西方軍事理論到深夜；部隊出起或者演習，他都隨隊觀看。當然，新軍的「新」不只在此，更在於它的近代化、高標準和高待遇。袁世凱將德國的起典和軍事理論移植到小站來。為此，小站不僅購進了大量西方軍械來裝備部隊，連日常訓練和管理也借鑑西方理論。練兵初始，袁世凱就選聘德國軍官十餘人擔任教習，又從學成歸來的留學生和天津軍備學堂中挑選百餘人擔任各級軍官。因為和日本人有深仇大恨，袁世凱始終沒有任用日本教官和留學日本的中國學生。小站新軍接受了當時中國最現代、最嚴苛的訓練。袁世凱募兵的時候，要求應募者寫清家世和親屬，同時要求四肢健壯、沒有惡習（尤其是禁止吸食鴉片）。新軍士兵主要來自農村，因為袁世凱看重農村子弟純樸、社會關係簡單的特點。青壯加入新軍後，待遇優厚。小站規定在營士兵每月的薪水是四兩五錢，軍官為五兩以上 —— 當時七品縣令的法定月薪也只有四兩。發薪時由餉局按名冊事先包好，直接發給士兵，營員不得插手，並派人監督。對於絕大多數青年來說，去小站當兵是相當不錯的選擇。

嚴格編練的結果是，小站新軍的戰鬥力遠遠高於其他軍隊。首先，北洋軍的裝備水準就讓其他軍隊望塵莫及。北洋軍由朝廷直接撥款，士兵普遍使用德國九八式步槍，還配備了相當數量的馬克沁重機槍、麥德森輕機槍和克魯伯野砲。武昌首義時，北洋軍僅用一天就能攻克漢口的重要原因就是革命軍根本抵擋不住機槍與火炮的猛烈攻擊。而且北洋軍軍官多數都是正規軍校畢業，士兵全部接受了系統的嚴格訓練。其他中國軍隊基本上是就地招募，不加訓練就拉上戰場。辛亥革命時，革命軍中極少有老兵，能射擊的就全數提為班長；新兵們白天招募，晚上就跑

散了，打仗時亂成一團，哪能和北洋新軍作戰？

這些都不算厲害，袁世凱最厲害之處，在於把一支政府軍編成了「袁家軍」，把精兵強將們馴服得「只知項城，不知朝廷」。

軍閥軍隊的主要特點就是主帥對部隊的控制，部隊成為了唯主帥馬首是瞻的私家軍隊。近代軍閥部隊起源於曾國藩的湘軍和李鴻章的淮軍。湘軍和淮軍規定，能招募若干人入伍者為班長，能招募到一個排士兵的人為排長，依此類推，所有人都聚集在曾國藩和李鴻章周邊。結果軍隊內部由此具有了濃厚的血緣或者地域色彩。小站新軍是公開招募、嚴格挑選的，實行西方軍事組織，不可能再像淮軍那樣組織。那麼，袁世凱是如何超越血緣和地域，組成軍閥軍隊的呢？

首先，袁世凱透過「思想政治工作」改造新軍的頭腦，讓近代化的軍隊照樣成為了「袁家軍」。他找到的思想武器還是古代軍閥教育部隊的那一套。袁世凱把「經史大義」和「道德文章」編成歌訣，讓官兵背誦，並時常考問。新軍經費全部由中央直撥，袁世凱卻向官兵們灌輸「袁大人是我們的衣食父母，我們要為袁大人賣命」的思想。各個營房都供奉著袁世凱的「長生祿位」牌，官兵們要定期磕頭跪拜。

其次，袁世凱籠絡人才，培植親信。新軍需要大批有真才實學的青年才俊，而不是馬屁精和庸才，籠絡住他們需要高超的政治手腕。比如阮忠樞投入新軍後，逛妓院的陋習難以改變，而且變本加厲和一個妓女好上了。阮忠樞向袁世凱提出，要給那女子贖身，作為女眷隨營。這樣的過分要求自然遭到了袁世凱的拒絕。阮忠樞就對袁世凱有意見了，工作時無精打采的。一次，阮忠樞隨袁世凱去天津辦事，事畢後被袁世凱拉到一座宅院中。他正納悶，突然驚喜地發現自己心愛的女人正裝打扮，從宅院中走出來相迎。原來袁世凱偷偷將該妓女贖身，並給阮忠樞

置辦了宅院，成全他的好事。阮忠樞從此感恩戴德，「不知有天只知袁長官」，對袁世凱唯命是從。

日後民國叱吒風雲的北洋軍閥，多數是貧苦人家出身，若不是袁世凱把他們從年輕學員、下級軍官和普通士兵中提拔起來，哪裡有他們日後的榮華富貴。這些人自然鞍前馬後奮力報效。他們中有「北洋三傑」王士珍、段祺瑞、馮國璋，分別被稱為袁世凱的「龍虎狗」。民國政要徐世昌、靳雲鵬、

王士珍

段芝貴、倪嗣沖、龍濟光、張勳、阮忠樞、李純、傅良佐、吳光新、曲同豐、趙倜、陳宧、王占元、陸建章、張懷芝、盧永祥、齊燮元、田文烈、曹錕等數十人也都是小站的一員。從長長的名單中，我們可以看到袁世凱吸納人才的超強能力。

結果，北洋新軍雖然沒有靠血緣或者地域形成派系，卻因為袁世凱的灌輸和籠絡，集合在了袁世凱周圍。

北洋軍隊的發展大致經歷了五個階段。小站練兵算是北洋軍發展的第一個階段。當時為數不到一萬的小站新軍隸屬於直隸總督，是若干支拱衛京師的部隊之一。戊戌變法後，袁世凱率小站新軍去山東代理巡撫，鎮壓義和團。北洋軍發展到了第二個階段，收編了部分山東部隊，同時開始投入與義和團的實戰。

山東是義和團的發源地和主要活動場所，袁世凱初到山東，不清楚義和團的真相，尚保持觀望態度。北洋軍中有人帶了一位義和團的「大師」來見袁世凱。這個大師很厲害，幾支長槍對他齊射，他都安然無

恙。袁世凱一時興起，拔出配槍就朝大師開了一槍。不料，大師立刻斃命。原來齊射的時候，士兵的子彈都被抽走了彈頭。透過此事，袁世凱意識到了義和團騙人的本質。他命令各部占據省內要害，分割限制義和團，任其自生自滅。義和團被迫遷往直隸。

八國聯軍初期，朝廷有旨扶持義和團，殺盡外國人。袁世凱反其道而行，藉口山東已無義和團，對境內的團員大肆清剿，暗中保護外國人，接納華北外國人來山東避難。袁世凱的表現讓他得到了西方列強的好感。

戰後，袁世凱的新軍成為了清朝僅存的新式軍隊，迎來了大發展的第三個階段。 一九〇一年袁世凱又代理直隸總督兼北洋大臣，第二年實授。北洋軍跟隨袁世凱浩浩蕩蕩回到直隸，隨著袁世凱權勢的上升，大規模擴軍，組建了北洋軍六鎮。因為北洋六鎮基本上是在北洋大臣的指揮下，由此正式被稱為「北洋軍」。這個階段是北洋軍最輝煌的時期。

第四個階段是袁世凱死後，北洋軍雖然顯赫，但逐漸分裂，並衍化出新派系。直系、皖系、新直系等勢力內戰不斷，張作霖的奉系、宋慶的毅軍等勢力時而依附、時而兵戎相見。北洋系開始走向沒落。

第五個階段是北洋政府被推翻後，北洋軍繼續分化組合，產生了國民軍各派。國民軍後來又分散為國民政府軍隊的各個雜牌部隊，著名的有楊虎城、韓復榘等部。解放戰爭中，從北洋軍衍化而來的國民黨雜牌部隊或起義、或投降、或被殲，最後的殘部在解放上海時被華東野戰軍殲滅。從西元一八九五年的小站到一九四九年的上海郊區，北洋軍縱橫中國政壇超過了半個世紀。

四

一九〇一年，李鴻章病逝時，出於公心，推薦袁世凱接替自己。他的遺疏說：「環顧宇內人才，無出袁世凱之右者。」袁世凱繼任直隸總督兼北洋大臣，成為天下群督之首，成了晚清統治階層中最大的實權人物。

袁世凱接手的是被八國聯軍剛剛蹂躪的地區。《辛丑條約》規定清朝不能在天津各縣和山海關以南的多處地方駐軍。袁世凱上任後面臨的緊要問題就是如何在這些地區重建政權，穩定統治。直隸總督駐地就在天津，袁世凱總不至於赤手空拳、單槍匹馬去外國人的刺刀下辦公吧？於是，他挑出《辛丑條約》的漏洞，從武衛右軍中選拔三千士兵，脫去軍裝，換上警服，用西方標準加以訓練，組成了中國的警察隊伍。這批拿著警棍的新鮮部隊開進天津，接管各地，讓國人驚嘆、外國人無法反對（警察不算軍隊）。接著，袁世凱透過外交手段迫使列強撤軍，又憑藉警察部隊很快肅清了境內的團民殘匪，把各地治理得比戰前還要安全有序。列強對天津警察的進駐靜觀其變，最後交口稱讚。袁世凱旗開得勝，他的這個創舉被其他地方效仿，中國的警察制度也由此誕生。

站穩腳跟後，袁世凱在直隸大刀闊斧地開展新政。許多當代人覺得平淡無常的社會制度和器物都可以追溯到袁世凱主政直隸的時期。比如袁世凱整頓吏治，改革用人制度。傳統的清官用人無非是做到用人唯賢，不偏不倚；袁世凱則引進西方的培訓制度，規定舉人甚至是進士如果要在直隸為官還得「回爐」改造——進「官吏培訓所」學習，合格後再量才使用。又比如袁世凱為了發展直隸經濟，興辦了國有銀行，還從外國人手中回收或者自己開採礦山，並支持詹天佑修了京張鐵路。直隸在袁世凱主政之前，近代工業資本不過區區數十萬元，等他離任後超過

了兩千萬元。再比如，袁世凱對科舉主導的教育制度反對至極，就拉上張之洞（袁世凱沒有科舉功名，張之洞是儒學大家、清議領袖，更具代表性）一起奏請廢除科舉，推動清朝在一九〇五年廢除了科舉。直隸隨後廣興新式教育，中小學校在全省迅速鋪開。

　　袁世凱所駐的天津在清末取得了長足的發展，成了新政的中心。袁世凱上任第一年興辦了天津自來水公司，第二年建立了天津發電廠，第三年設立了天津電話局。一九〇五年，天津 - 北京電話交換局成立，北京和天津可以長途通話了。同年天津無線電報學堂成立。一九〇六年，袁世凱創辦了北洋女子師範學堂，中國有了女子大學。袁世凱還籌辦了全國大學生運動會，運動會在北京召開，五千多運動員和外籍教練參加了賽跑、跳高、跳遠、投鉛球等項目的比賽。會上，天津警察樂隊第一次在中國進行了西洋軍樂隊和器樂演奏，為運動會添彩。一九〇七年，天津還舉行了市政選舉，這是中國歷史上第一次地方選舉。此時的天津，市民可以乘坐黃藍白三色電車往來於天津城區和租界。六條公交線路將官署、學校、洋房、商店、教堂、電影院連成一體。

　　天津成為了北方重鎮，蜚聲中外，張謇到天津參觀，感慨：「慰亭（袁世凱的字）要是不凡，維氣稍粗曠耳！」國際社會則稱天津是「萬國博覽會」。清朝末年和民國早期，天津非常「宜居」，包括退位後的溥儀、隱居的北洋各派將領和其他許多政客以及西方人都以天津為家，他們所依賴的都是袁世凱時期打下的基礎。

張謇

袁世凱本身對西方科技和經濟，知之甚少，之所以能在短期內取得巨大的成功，得益於他用人得當，人盡其才。不論是從封建王朝的標準，還是從近代政治標準來衡量，袁世凱都是傑出的領導者。北洋軍雖然是「不知有朝廷，只知有項城」的袁家軍，但將領中除了袁世凱沒有其他袁家的人。河南項城老家的七大姑八大姨在袁世凱發達後，也曾紛紛跑到天津，有的求官，有的要求接濟。袁世凱對的確有才華、有能力的親戚，安排其力所能的工作；對於其他人則拿出俸祿和積蓄，接濟生活。袁世凱倡辦了許多企業，也幫助許多企業辦過事情。灤州煤礦、啟新洋灰公司等近代企業都歡迎袁世凱入股。

袁世凱卻回答說：「無諸己而後非諸人，若我為一省長官而趨此利，將何以領導別人呢？」袁世凱能夠自律到這種程度，相當不易。另外，新政也帶來了政治思想的活躍，天津出現了革命和追求自由的身影，一些歸國的留學生也向袁世凱高談民主自由。袁世凱表現得很寬容，沒有壓制活躍的思想，對有革命思想的留學生照樣委以重任。

《劍橋中華民國史》稱：「沒有一個晚清官吏能在同樣短暫的時間內比袁世凱取得更多的改革成就。」

如果袁世凱的生命在天津結束，說不定他會以晚清開明重臣的形象留芳史冊。

這裡就有一個問題，袁世凱練新軍、辦洋務，有沒有私心在裡面？他是為了清朝鞏固統治還是為社會造福，或者就是為了個人的權位？

有一件事也許可以作為佐證。

當年，袁世凱軍力的坐大引起了清朝皇室的憂慮。袁世凱乾脆順水推舟，在一九〇三年，奏請設立練兵處，督練全國新軍。此舉從表面上看，似乎可以被視為韜光養晦的避禍之舉，但是實際上卻成了袁世凱擴

第二章
袁世凱：一失足成千古恨

大權利、假公濟私的捷徑。朝廷將袁世凱的「讓權」看做是回收權力、加強軍隊集權的良機，成立了以慶親王奕劻為總理練兵大臣、袁世凱為會辦練兵大臣的練兵處。然而並不是說機構設立了，權力就收回了。從平定太平天國開始，朝廷的權力就開始向地方分散，漢族督撫掌握了越來越大的權利。朝廷手中並沒有多少兵可以練，相反練兵處在財政、人力、經驗等各方向都需要仰仗地方督撫。何況朝廷派的奕劻這個人昏庸貪財，又和袁世凱關係密切。所以對新軍事務一無所知的奕劻，乾脆做起甩手掌櫃，拜託袁世凱實際管事。於是乎，有了督練全國新軍的假象，袁世凱乘機安插親信和北洋軍軍官進入練兵處，中飽私囊，將全國每年數百萬練兵費用幾乎全部撥付給了北洋軍。北洋軍得到了快速發展，最終成為一個碩大無比的軍事政治派系。袁世凱有沒有私心呢？有。無論是練兵還是辦新政，袁世凱都是最大的受益者。他既博取了維新實幹之名，又壯大了軍事實力。

中國歷史表明，在中央集權鞏固、皇權高漲的情況下，抓權抓軍是危險的，是大臣自取毀滅之路。可在中央權力分散、政局動盪不寧的環境下，掌握軍隊和地盤，對大臣的好處遠遠大於壞處。這兩樣是最實在的政治資源。二十世紀初的中國就處在後一種環境下，袁世凱也顯然明白這條政治規律。如果形勢朝著中央集權的方向發展，他可以主動放棄軍隊和地盤，入朝做個「中興名臣」；如果天下朝著分崩離析的方向發展，軍隊和地盤是他博取更大權勢的籌碼。所以說，袁世凱不僅有私心，而且還不小。

當然，走上了仕途這條路，在袁世凱這樣的位置上，人極難沒有私心。

東山再起：「養病」與逼宮

一

　　袁世凱崛起後：聲望日隆，功高震主。這就犯了大忌。你一個漢族大臣聞名海內外，手握兵權，臥於京畿，滿族親貴怎麼可能不對你猜忌、防範呢？

　　最先對袁世凱感到憂慮、決定抑制袁世凱的人是慈禧太后。

　　不過，至死摀著權力不放的慈禧太后只是想抑制袁世凱而已，並沒有採取進一步的舉措。她採取的方法是中國式的：調袁世凱任軍機大臣兼外務部尚書，明升暗降。

　　雖然袁世凱還能遙控北洋軍，但不再是直隸總督兼北洋大臣，實權被奪。好在袁世凱是一個積極進取的人，在軍機大臣兼外務部尚書的位置上做得也不賴，繼續鼓吹新政，繼續聞名海內外。滿族親貴對他恨得牙癢癢。其中就有極端仇視袁世凱的醇親王載灃，發誓要為哥哥光緒報仇。一九〇八年，載灃的兒子溥儀被抱進宮當了末代皇帝，載灃成了攝政王，袁世凱的日子就不好過了。載灃集合滿族親貴、組成攝政王集團排斥權臣，迫不及待地要殺袁世凱。

　　殺袁世凱的詔書都已經擬好了，其中有「跋扈不臣，萬難姑容」的

字樣，甚至連殺袁世凱的凶器都選好了：一把白虹刀。但是大學士世續和張之洞極力為之開脫，才迫使載灃暫時把詔書壓了下去。學部侍郎嚴修，冒著極大的危險，要求載灃收回成命，不被採納後，憤而辭職回籍。這說明袁世凱在朝野還是擁有一批鐵桿支持者的。最後是張之洞半勸半嚇地拉住了載灃：殺了袁世凱，朝廷控制得住北洋軍嗎，萬一軍隊叛亂了怎麼辦？的確，袁世凱被攝政王斥退時，「北洋陸軍，皆袁舊部，聞之譁然，各個摩拳擦掌，慷慨急難，幾將肇絕大風潮」。載灃乳臭未乾，還真控制不住豺狼虎豹一般的北洋新軍，這才把殺袁世凱改為罷官。

袁世凱的腳不是殘疾嗎，那就回家養傷去吧。用詔書的話說是：「開缺回籍養疴。」

詔書下達當天，袁世凱正在宮中為光緒帝值宿守靈。凶訊傳來，袁世凱驚恐萬分。權臣被罷官，往往緊隨其後的就是抄家、流放甚至被殺。袁世凱方寸大亂，慌不擇路，連夜帶著全家人逃往經營多年的天津，投靠老部下、現任直隸總督楊士驤。誰知後者怕受牽連，躲著不見。袁世凱頓時絕望，在黑夜中坐以待斃。突然，他接到一個救命電話。原來，大學士世續本想連夜去安慰袁世凱，得知袁家逃亡天津後，趕緊給天津掛了長途電話，說：你逃亡是自尋死路，趕緊回來。世續還擔保朝廷不會嚴懲袁世凱，沒有後續的迫害。a 英國公使朱爾典也派人來傳遞消息，擔保袁世凱的安全。袁世凱這才又連夜返回北京，進宮「謝恩」，然後匆忙南下河南「養病」。第五天，袁世凱一大家子人就回到了河南，輾轉汲縣、輝縣，最後選定彰德洹上村定居。

載灃的這步棋下得很差，不僅沒有殺死袁世凱，反而把滿族親貴排斥異己和攬權貪權的面目暴露無遺，寒了漢族士人和有作為者的心。對

於袁世凱來說，也許在受載灃迫害之前尚且是清朝的忠臣，而僥倖存命後就逐漸與清朝離心離德了。

話說，彰德洹上村的地理位置很有政治深意。它位於河南的最北端，既符合「回籍」的要求，又在北洋軍的勢力範圍內——袁世凱緊急時刻可以找到擁戴自己的軍隊。當地交通發展，前往北京、天津都很便利。袁世凱在洹上村有一座大莊園，是天津鹽商何炳瑩低價轉讓給他的。

「養病」的袁世凱閉門謝客，表現得誠惶誠恐，與世無爭。他不主動與官場中人聯繫，不問政治。有老朋友來信，袁回信反覆表示：「將與田夫野老講求農桑種植之學，優遊林下，以終餘年，皆出天家所賜也」，「杜門養痾，不干外事」。有老朋友覺得老袁罷官養病挺可憐的，送他金錢厚禮，袁世凱一概退回，解釋說鄉間生活節儉，用錢不多。上海《東方雜誌》刊登了袁世凱頭戴鬥笠、身披蓑衣在舟上垂釣的照片。這是中國歷史上第一次由媒體公開報導罷官權臣的退休生活，也是表明袁世凱親近田園、看透紅塵的最著名的證據。

過分的表現和反覆的聲明，往往正是欲蓋彌彰的掩飾。袁世凱曾致信時任川漢、粵漢鐵路大臣的端方說：「兄（袁世凱）衰病日增，行將就木，牛眠之區，去冬已卜取一段，志氣頹靡，此可概見，不足再言功名事業。」袁世凱自稱來日不多，實際上他的日子還長著呢。在洹上村的第一年，袁世凱常對著慈禧太后的畫像痛哭，表示自己擁戴朝廷；第二年，袁世凱開始怡然自得；第三年洹上村的來客日增，袁世凱明顯活躍起來。當時電報還不普及，但袁世凱卻多次透過彰德電報局和北京、天津等地直接聯絡。一個與世無爭的人多次動用高精尖設備聯絡外地，意圖何在？袁世凱的一首小詩可能是最好的註解：

樓小能容膝，檐高老樹齊。

開軒平北，翻覺太行低！

「從袁氏出京回籍到武昌起義爆發，袁在彰德養病的兩年零八個月的時間內，僅據天津《大公報》與奉天《盛京時報》兩家報紙的統計，關於袁氏的消息報導就有一百零六則，其中涉及『出山』問題的有六十四則之多。在消息中，保薦或敦勸袁復出的有皇族、皇族內閣成員、軍機大臣、大學士、地方封疆大吏、立憲派首領、北洋將領等。」面對敦促，袁世凱依然重複自己「精力已衰，遺大投艱，斷難勝任」，「不復作出山之想矣」。這顯然不是剛過五十歲、雄心勃勃的袁世凱的真實想法。他的推辭說明他不接受一般的「酌情起用」或者「官復原職」。袁世凱有更大的目標，希望獲取更高的權力。

但是只要仇恨袁世凱的攝政王集團依然掌權，袁世凱的希望似乎只是奢望。

歷史走到一九一一年時，清朝的統治看似穩定。《泰晤士報》記者莫理循是如此描述自己眼中的北京的：「在北京，我發現這個城市正在變樣。到處都在鋪石子路，重要的宅第，家家都點上了電燈，街道也用電燈照明，電話通暢，郵局每天投遞八次信件。巡警簡直叫人讚揚不盡，這是一隻待遇優厚、裝備精良、紀律嚴明的隊伍……自來水供應良好，我敢斷定，不需要多久，我們就能乘上電車……老百姓的物質生活正在日趨豐富，這是不成問題的。再沒有比這更使我深信不疑的了。你在全國無論走到哪裡，都會有財富增長的跡象映入眼簾……興修鐵路正取得真正的進展……無論哪裡修築起一條鐵路，那鐵路穿過的省分就會得到難以置信的好處。」如果沒有突發情況，看來袁世凱就只能老死洹上村了。

上有敵視的統治者，下有穩定的社會，袁世凱會有機會嗎？

二

袁世凱的五十三歲生日，是在洹上村大擺宴席慶祝的。他收到的最大禮物就是武昌起義的消息。

戰報傳來，親朋好友興高采烈，認為清朝大廈將傾，該袁世凱出山了。果不其然，三天後，朝廷起用袁世凱為湖廣總督的詔書就送到洹上村了。袁世凱隨即上書拒絕，理由是腳傷還沒有好。朝野都知道，袁世凱是嫌官職太小。袁世凱擔任過軍機大臣、直隸總督，出任湖廣總督著實是委屈了。許多大臣也覺得載灃太「小氣」了，不能怪袁世凱不來。

載灃心裡還不想袁世凱來呢。沒有袁世凱，載灃就挑選陸軍大臣蔭昌率領北洋軍馮國璋部南下鎮壓革命軍。戰前，馮國璋跑到洹上村問袁世凱怎麼辦。袁世凱給了六個字：慢慢走，等等看。結果，蔭昌根本指揮不動北洋軍。磨蹭了多日，北洋軍連湖北地界的影子還沒看到呢。北洋官兵普遍反對替滿族親貴去打同為漢族人的革命軍。如此一來，革命軍是肯定鎮壓不了了，就連能否保證新軍不倒戈、站到革命軍一邊都很難說了。

攝政王集團挽救不了惡局。列強為了保持中國穩定，呼籲重用袁世凱，鼓吹「非袁莫屬」。此前清朝已經建立內閣，袁世凱想要的是內閣總理的職位。隨著南方革命的擴展，獨立省分越來越多。中外聲音紛紛要求清朝滿足袁世凱的要求。內閣總理奕劻、協理徐世昌和那桐主動辭職，奏請讓袁世凱出山主政：「其才勝臣等十倍，若蒙特予起用，必可宏濟艱難。」這一下，載灃在內外逼迫之下，無路可走了。最終，袁世凱如願以償，接到了內閣總理的任命。袁世凱接到任命，不去北京，先去軍中督戰。原先躊躇不前的北洋軍迅猛前進，很快就收復了漢口和漢陽，

沉重打擊了湖北革命軍。從前線凱旋回京後，袁世凱逼迫載灃向內閣交權、閒居在家。

袁世凱戲劇性地重返政壇，而且奇蹟般地掌握了王朝大權。

革命洪流衝擊下的清朝政府搖搖欲墜，這讓在中國擁有巨大利益的列強膽顫心驚。他們對華政策的目標是「求穩定於一時」。袁世凱是他們穩定既得利益的最大希望，所以列強基本上是支持袁世凱的。一九一一年十一月十五日，英國外交大臣格雷指示朱爾典說：「我們對袁世凱懷有很友好的感情和敬意。我們希望看到，作為革命的一個結果，有一個強有力的政府，能夠與各國公正交往，並維持內部秩序和有利條件，使在中國建立起來的貿易獲得進展。這樣一個政府將得到我們能夠提供的一切外交上的支持。」支持歸支持，具體怎麼處理中國事務，列強都沒有成熟的想法。有的列強嚷嚷著清朝繼續存在「才是對我們最為有利的」，但日本宣稱中國的穩定「在於建立能維持國家統一與安寧秩序之君主制」，英國則認為應該換掉愛新覺羅家族，「冊立當代孔子後裔，擁為皇帝」。列強寬泛的支持給袁世凱提供了發揮的巨大空間。

袁世凱知道革命如烈火，會越燒越旺；清朝如朽木，不可中興了。他對清朝已經沒有效忠之心，但表面上還需要高唱忠君報國的高調，宣稱「擁護君主到底，絕對不能贊成共和，不過世界既有共和學說，亦不妨研究」。實際上，袁世凱對共和制度「研究」得很深。當刺殺載灃的革命黨人汪精衛被袁世凱放出來之後，每天晚飯後，袁世凱都找他來詢問共和、革命等情況。汪精衛一般是七八點進入袁府，和袁世凱談到十一二點才出去。後來汪精衛又推薦了魏宸組。他們討論的內容已經包括君主制和共和制，以及哪種制度更適合中國。魏宸組大談共和制的好處。袁世凱起初還說官話，後來漸漸不堅持君主制，只說在中國實行共

和很不容易。汪精衛和魏宸組都說：「中國非共和不可，共和非公促成不可，且非公擔任不可。」袁世凱半推半就，默許了。他的真實心思是，君主制正在被國民拋棄：「然而彼眾若狂，醉心民主，兵力所能平定者土地，所不能平定者人心，人心煥散，如決江河，己莫能御，爵祿不足以懷，刀兵莫知所畏。似此億萬之所趨，豈一二革命黨所能煽惑。」君主專制政體即將被拋棄，中國將改為民主共和國。

既然要改，別人改還不如我袁世凱來改。改好了，對國家有利，對自己更有利。所以，武昌起義起義發生不到一個月，袁世凱就在十月底與十一月初數次派人向武昌方面試探「和談」。十一月二十六日，袁世凱與英國公使朱爾典密商，決定由英國駐漢口的總領事葛福出面，採用非正式的口頭傳話方式，向剛到漢口籌劃組織臨時政府的各省都督府代表提出：停戰、清帝退位、選舉袁世凱為總統的三項議和條件。當時，北洋軍隊正在猛攻革命軍，並在第二天攻陷了漢陽。袁世凱深諳軟硬兼施之道，意在逼革命黨人接受條件。

南方各地普遍接受了袁世凱的條件，答應只要袁世凱能夠推翻清朝就擁戴他為總統。袁世凱以為總統已是囊中之物，沒想到孫中山突然歸國，憑藉巨大聲望和同盟會組織搶了他的總統職位。

儘管孫中山當選的是臨時總統，袁世凱也極為惱火。當孫中山繼續希望袁世凱推翻清廷，發電報向袁世凱表示「虛位以待」，上款為「北京袁總理」時，袁世凱不冷不熱地回電，稱「孫逸仙君」而不是「南京孫總統」。孫中山針鋒相對，再發電就改稱「袁慰亭君」了。

袁世凱情緒出現了酸溜溜的波動，在立場上退步了。他聲稱之前贊成共和的事情是北方和談代表唐紹儀擅權答應的，沒有經過自己同意；現在南方選舉大總統，組織政府，沒有和談誠意，因此招回唐紹儀。孫中山在

第二章
袁世凱：一失足成千古恨

一九一二年一月一日宣誓就職，袁世凱唆使段祺瑞、馮國璋、段芝貴等北洋將領四十多人在二日通電，主張君主立憲，極力反對共和。袁世凱轉告南方和談代表伍廷芳，聲稱誓死反對少數人在中國推行共和制。

袁世凱還搞了許多小動作。比如，北洋軍攻陷漢陽後，袁世凱讓英國漢口領事找到逃出武昌的黎元洪，並轉告黎元洪，自己停止軍事行動的決定。黎元洪這才悄悄回城，欠了袁世凱一個人情。後來在武漢，黎元洪與北洋軍實現了事實上的停火，幫助了袁世凱得以抽調主力軍隊威脅南京方向。再比如，袁世凱大力籠絡汪精衛，讓長子袁克定和他結為異姓兄弟。袁克定的年紀比汪精衛大，袁世凱卻要兒子稱汪精衛汪為兄。汪精衛從死牢逃生，知恩圖報，在京津與楊度等人發起國事共進會，倡導南北妥協實現和平，後來又成功南下，打入了臨時政府內部，鼓吹擁戴袁世凱。

在袁世凱的努力下，加上臨時政府舉步維艱，擁戴袁世凱出任總統、收拾局勢的聲音重新成為主流。黃興致信袁世凱說：「明公之才，高出興等萬萬。以拿破崙、華盛頓之資格出而建拿破崙、華盛頓之事功，直搗黃龍，滅此虜而朝食，非但湘鄂人民戴明公為拿破崙、華盛頓，即南北各省當局亦無不有拱手而聽命者。蒼生霖雨，群仰明公。千載一時，祈毋坐失。」在現實困難面前，黃興開始主張與北方妥協。孫中山最終同意，在一九一二年十月對上海國民黨演說「在前清官場中項城有真實能力，勇於幹事，迥異常庸，其在北洋練兵，卓著成效，故此人而入民國，亦必為重要人物」。

汪精衛

袁世凱辛苦了好半天，讓總統寶座這只煮熟的鴨子又飛了回來。剩下要做的就是逼紫禁城裡的孤兒寡母退位了。

四

與讓南方革命黨人接受自己相比，袁世凱在逼清朝退位這件事情上花費了更多的時間。由於袁世凱遲遲沒能讓宣統小皇帝宣布退位，南方一度都懷疑他的革命誠意了。

袁世凱原本可以快刀斬亂麻，將清朝皇室和北京城的王公貴族都給一網打盡，在南北雙方（南方同盟會為主的革命勢力和北方北洋軍為主的軍事力量）的支持下，搶在孫中山回國之前成為中華民國第一位總統。但是「袁世凱究竟還不是個心狠手辣的屠夫，他的恕道，和他的婆婆媽媽的行為，累得革命黨對他失去了耐性」。袁世凱做不了武則天或者趙匡胤，磨蹭了很長時間，讓孫中山成了黑馬總統。

袁世凱不是沒有能力逼宮奪印，而是不希望這麼硬幹。

項城袁家多少也算是「世受皇恩」的官宦人家，袁世凱雖然從軍成為武夫，可也讀過幾年書，知道「君臣父子」那一套說法的影響力，不想被套上在王朝末世對孤兒寡母不忠不義的惡名。袁世凱畢竟是從傳統政治中走出來的舊官僚，權力欲是有的，但名節思想和畏懼心理也有。溥儀長大了，曾回憶起辛亥革命期間袁世凱覲見自己和隆裕太后的情景。幾十年後，他還記得太后在大哭。跪在他面前的一個老頭子，也淚流滿面。不管袁世凱的淚水是真是假，他沒有採取血腥政變的方式將清朝趕下歷史舞臺，多少給服務了大半生的老主子留了面子。但是，宣統不退位不行了。溥儀記得那個老頭子反覆告訴太后，革命軍無孔不入，

是如何的厲害；孫文三頭六臂，是如何的有錢，光從海外就募集到捐款
數千百萬。隆裕太后不辨真假，全無主意，任由袁世凱與南方接觸，只
求能為皇室爭得優待條件。對於退位，以隆裕太后為首的皇室遲遲下不
了決心。袁世凱先是在一月十六日透過內閣正告清廷：「讀法蘭西革命之
史，如能應順輿情，何至路易之子孫靡有孑遺也。」露出了威脅的意思。
十天之後（二十六日），堅決拒絕退位的年輕宗室親貴一派的首領良弼
遭到革命黨刺殺，兩天後慘死。袁世凱趁機授意湖廣總督段祺瑞領銜、
四十二名將領在當天通電全國，逼清帝退位。

隆裕

　　一九一二年二月十二日，大清帝國皇室終於發布退位詔書。十六日，袁世凱在覆電南京參議院接受臨時大總統之後，通令自二月十八日（陰曆正月初一日）所有軍官、官吏一律剪髮。袁世凱本人並沒有剪一個時下流行、代表共和革命的「文明頭」，而是在外務部大樓剃了一個大光頭。從此，大禿頭、留小鬍子、身體發福的形象成了袁世凱的標準歷史像。

　　象徵袁世凱政治生涯邁上新臺階的臨時大總統宣誓就職大典，於一九一二年三月十日在京舉行。袁世凱以河南腔的北京官話宣讀誓詞。兩天前，袁世凱電傳給臨時參議院的誓詞說道：「深願竭其能力，發揚共和之精神，滌盪專制之瑕穢」，並表示：「謹守憲法，依國民之願望」。但在正式宣誓時，袁世凱把後一句改為了「速定憲法，副國民之願望」。（張憲文主編：《中華民國史綱》）三字之差，難道是口誤嗎？

　　典禮結束後，袁世凱一行在院外走廊處與紛至沓來的記者交臂而過。《民國報》記者梁漱溟觀察近在咫尺的袁世凱：「矮墩墩的個頭，光著禿腦袋（帽子拿在手裡），留著短鬚，已有幾根花白，鬍鬚周圍及兩頰都沒有修刮乾淨，一套軍服也是皺皺巴巴的，與大總統就職的莊重典禮很不相稱，尤其是那副漫不經心的模樣，分明是很不鄭重。」梁漱溟沒有看出來的是：袁世凱那套皺巴巴的軍服是清朝的陸軍將領軍裝，上面還佩戴著一年前清政府剛頒布的肩章與領章。

　　無數革命者為之奮鬥、志士仁人夢想幾十年的共和國在統一之初，迎來了出身舊官僚的第二任總統袁世凱。「清朝的滅亡當然是在革命黨人的衝擊下崩潰的，但革命黨人並不是唯一的導致清朝崩潰的力量。事實上，決定性的力量來源於王朝體制的內部，結果，也只是袁世凱的北洋系作為體制內的力量，以形式和權力的更新，繼承了清朝的遺產，而辛

亥革命黨人作為體制外的力量，很快被排除出政權之外。」（朱宗震著：《大視野下清末民初變革》）當時的許多人和後來的許多人，都痛苦地接受了這麼一個現實：一個來自要推翻掉的階層的人占據了新政權的元首寶座。

「袁在登上總理寶座，獲得總統桂冠的過程中，利己的權力欲始終是他活動的重要動機，但是，在人們的社會實踐中，效果比較動機更具實質性意義，實行半君主制的克倫威爾，實行帝制的拿破崙，誰沒有利己的權力欲呢？我們不能據此便抹殺他們在資產階級革命中的巨大作用，偉大才能。」（姜新：《重評辛亥革命前期的袁世凱》）誠如所言，袁世凱的出身和品行都不重要，關鍵是看他的貢獻，看他的未來，看他能不能為一片空白的共和國創造理想的未來？

宋教仁案：幕後主使？庇護兇嫌？

一

民國二年（一九一三年）三月二十日晚上十時左右，上海滬寧火車站。

沿津浦路北上北京的列車即將開車。一身西服、身材消瘦的國民黨領袖宋教仁，在黃興、於右任、廖仲愷等人的陪同下，走出候車室，前往剪票口準備進站上車。

深夜趕來給宋教仁送行的人很多。因為在年初的全國大選中，國民黨獲得了國會多數席位，宋教仁到處鼓吹建立議會——內閣政體，實行政黨政治，引起了極大反響。現在國會開幕在即，國民黨當選議員紛紛北上赴任。總統袁世凱更是電催宋教仁北上共商國是。很多人認為宋此行極可能入閣拜相。宋教仁平素民主作風濃厚，加上如今尚是一介平民，因此身邊並無警衛人員護駕。毫無阻攔的送行者都湧向剪票口，與宋告別，場面出現了混亂。

剪票口對面的一個小吃攤上，一個黑影拍拍旁邊已經半醉的一個壯漢，指著宋教仁的身影嘀咕了幾句。於是，那個醉漢慢慢向剪票口走去，擠進人群後突然拔出手槍，朝著宋教仁連開了三槍。

第二章
袁世凱：一失足成千古恨

犀利的槍聲撕裂夜幕，火車站內一片慌亂，人們四散而逃。兇手夾雜在人群中逃逸而去。

槍響後，黃興略為詫異，隨即轉向宋教仁，只見他倒在了地上，鮮血正從腰間汨汨溢出，染紅了剪票口前的土地。一旁的於右任急忙叫車把宋教仁送到附近的鐵路醫院搶救。

在醫院裡，宋教仁一度清醒過來，知道生命將逝，囑咐黃興代筆，致電袁世凱：「北京袁大總統鑒：仁本夜乘滬寧車赴京，敬謁鈞座。十時四十五分在車站突被奸人自背後施槍彈，由腰上部入腹下部，勢必至死。竊思仁自受教以來，及束身自愛，雖寡過之未獲，從未結怨於私人。清政不良，起任改革，亦重人道，守公理，不敢有一毫權利之見存。今國基未固，民福不增，遽爾撒手，死有餘恨。伏冀大總統開誠心，布公道，竭力保障民權，俾國家得確定不拔之憲法，則雖死之日，猶生之年。臨死哀言，尚祈鑒納。」至死，宋教仁都在思考著制定神聖憲法、保障民權，正如他在民國建立以後，一直思考如何建立責任內閣制度、實行議會政治一樣。他相信，西式的議會民主制能夠給蹣跚前行的民國帶來穩定和富強。就在全國普選圓滿結束、離組建清一色的國民黨內閣大展拳腳的目標近在咫尺的時候，暗殺奪走了宋教仁的生命，徹底終結了他的政治夢想。二十二日凌晨，宋教仁傷重而死。

宋教仁的死打亂了國民黨的政治布局，沉重打擊了南方革命力量。而且刺殺案發生在國民黨經營多年的上海，就發生在國民黨人的眼皮底下，這些都給了國民黨人極大的刺激。曾任滬軍都督的陳其美就在宋教仁遺體旁憤憤地反覆說：「此事真不甘心！」

國民黨人迅速行動起來，緝拿兇手。黃興在宋教仁遇刺和逝世時都致電報告總統袁世凱，並且請求江蘇都督程德全到上海親自處理此案。

袁世凱接報後，飭令程德全「目前總以購線緝凶、限期破案為第一要義」。宋教仁去世後，袁世凱當天即鄭重發布命令，下令從優撫卹，料理後事，同時譴責暗殺之風違背人道，宋教仁責成江蘇政府「迅緝兇犯，窮究主名，務得確情，按法嚴辦，以維國紀而慰英魂」。程德全則嚴令江蘇軍警緝拿兇手。黃興、陳其美還聯名分別緻信上海閘北巡警局和公共租界總巡捕卜羅斯，懸賞一萬銀元，緝拿兇手。

宋教仁

凶訊一經傳出，社會上就開始猜測幕後黑手是誰？北京政府判斷宋教仁死於國民黨內訌，比如袁世凱本人就在和章士釗的談話中，認為宋教仁遇刺是國民黨內黃興、宋教仁兩派爭奪內閣總理的結果。也有人認為宋教仁是被盤踞上海多年、與會黨關係密切的陳其美殺的。陳其美有暗殺陶成章的前科，難免不再犯一案。比如梁啟超就斷言：「真主使者，陳其美也。」但是梁啟超本人也被列為嫌疑人之一。因為鼓吹「開明專制」的梁啟超和堅持「責任內閣」的宋教仁存在巨大的政治分歧。而梁啟超一派在年初大選中落敗，難免不心懷怨恨。

陳其美

當然，國民黨內部絕大多數人懷疑袁世凱才是幕後主使。

這一切都得緝拿到兇手後才能一探究竟。

二

緝拿兇手的懸賞公告公布後，上海灘有個販賣古董的小商人王阿發突然回憶起一件事來。

多日前，王阿發曾去「玩政治」的應桂馨家兜售字畫。應桂馨拿出一張商務印書館印製的明信片，給王阿發看。王阿發看清楚，明信片上印著的宋教仁的照片。應桂馨就對王阿發說：「我要辦這個人，你要是能辦到，我就給你一千銀元。」王阿發沒有答應，回去後和在別人家幫傭的朋友鄧某談起了這件事情。鄧某對此事很有興趣，答應要接這活。王阿發就把他帶到了應桂馨的住處。面談細節的時候，鄧某卻又打了退堂鼓，說：「我是一個外鄉人，為什麼要無故殺人呢？」事情沒談成，王阿發也就把這件事淡忘了，繼續兜售他的古董字畫。

宋教仁被殺一事在十里洋場傳得沸沸揚揚後，鄧某回憶起了原先的事，趕緊把經過告訴了主人張秀泉。張秀泉找到王阿發核實。王阿發這才意識到問題嚴重，找到與會黨關係密切的何海鳴討教對策。何海鳴將一干人等都帶到了陳其美那裡。

國民黨人不敢怠慢，帶了王阿發到租界巡捕房報案。

總巡捕卜羅斯核實案情後，和國民黨人陸惠生、王金發，帶人直撲應桂馨家。應桂馨不在家，去妓女胡翡雲家抽鴉片煙去了。於是，巡捕和國民黨人又趕到胡家，又撲了個空。應桂馨抽完鴉片，去妓女李桂玉家喝酒去了。一行人再次衝到李家。到了李家，陸惠生、王金發兩人先

上樓問：「應桂馨在嗎？」應桂馨毫無防備，應聲答道：「是我。」陸、王就說：「有人在樓下等你，要和你說話，請你下來一下。」應桂馨跟著二人下樓，立刻被等候多時的巡捕逮住。

這是二十四日，宋教仁死後第三天，凌晨零點三十分的事情。

巡捕馬不停蹄押著應桂馨到他在法租界的家中搜查，只見應家門口掛著兩塊牌子，一塊是：江蘇巡查長公署，一塊是：中華民國共進會機關部。原來，應桂馨還是江蘇省巡查長和共進會的負責人。在應家查獲了一批公文信件和一隻鐵箱。巡捕還守株待兔，扣留來訪人員。巡捕扣留了一個身材短矮、神色可疑的人，恰好與兇案目擊證人描述的兇手特徵相符。經目擊證人辨認後，確定此人就是刺殺宋教仁的兇手。法租界巡捕立即逮捕此人。

此人名叫武士英，對刺殺宋教仁一事供認不諱，並簽字畫押。宋教仁刺殺案就此告破。

根據相關人等的供述和從應加搜出來的資料，整個案子的過程如下：

應桂馨（即應夔臣、應夔丞），浙江寧波人，父輩在上海從事地產起家。應桂馨參加過辛亥革命，曾在南京臨時政府擔任庶務科長，負責機關伙食，因為貪汙機關伙食費而被革職。回到上海後，應桂馨組織了帶有會黨性質的共進會，一度得到陳其美的支持。共進會曾參與策劃武漢馬隊暴動，為此應桂馨的名字上了黎元洪的通緝令；會黨的落後性，讓共進會在江浙一帶逐漸轉到革命的對立面，對社會秩序多有擾亂。為了處理共進會問題，北京內務部讓祕書洪述祖南下彈壓。

洪述祖，江蘇常州人，秀才出身，在前清當過多年幕僚，是袁世凱六姨太的近親。唐紹儀出任總理時，一度屬意洪述祖為祕書長。但深入接觸後，唐紹儀發覺洪述祖趨炎附勢，人品不好，棄而不用。內務總長

趙秉鈞卻喜歡洪述祖，讓他在內務部掛職祕書。南下時，洪述祖年近六十，仕途似乎要就此止步了，但是他還想謀求進步。與應桂馨打交道後，意識到應桂馨和共進會勢力可以為己所用。於是，洪述祖表示願意為應桂馨除罪，但應桂馨要安撫共進會，聽命中央。應桂馨答應了。一九一二年十月十六日，洪述祖將應桂馨引見給江蘇都督程德全。會面後，程德全向袁世凱報告了安撫共進會的措施：任命應桂馨為駐滬江蘇巡查長，控制共進會成員遵守法律，不許滋事；每月給予共進會三千元活動經費（江蘇財政緊張，要求中央每月承擔二千元）。袁世凱表示同意。十二月，洪述祖安排應桂馨進京。應桂馨在北京先後受到總理趙秉鈞、總統袁世凱的召見。袁世凱在財政極為緊張、連軍餉都發不出的情況下，親自發給應桂馨活動經費五萬元。一個區區會黨頭目，受到總統如此器重，令人生疑。應桂馨小人得志，頓時輕狂起來，在北京出入酒館妓院，舉止異常闊綽，引起了革命黨人的側目。

一九一三年一月二十三日，洪述祖和應桂馨一起返回南京。二月六日，應桂馨在南京又一次見到了程德全。令程德全驚訝的是，第一次見到的那個言辭謙恭、誠惶誠恐、有問必答的應桂馨，現在變成了趾高氣揚、說話閃爍的模樣。應桂馨還拿出自己與中央的來往電文給程德全看，程德全莫辨真偽。對應桂馨的狂妄和炫耀，程德全很不高興，趕緊打電報給總統府祕書張一麐，提請中樞注意：「應夔臣……萬不可靠，從前電請大總統赦免，令其戴罪圖功，乃是當時一種政策。近來頗有招搖僭妄情形……請中央注意。」事實上，洪述祖和應桂馨此行攜帶巨款，行動隱祕。一個陰謀已經展開了。

回到上海，應桂馨四處物色刺殺宋教仁的兇手，最後透過一個叫陳玉生的人，找到了武士英。武士英曾在雲南新軍中擔任過營長，革命勝

利後遭到裁撤，正在上海灘遊蕩，生活窘迫。陳玉生欺騙武士英加入共進會，並鼓動他「辦一個無政府黨的人，替四億同胞除害」。武士英身陷困境又利令智昏，滿口答應下來。陳玉生就將他帶到應桂馨家，應桂馨向武出示了宋教仁的照片，並給了他一千元錢和一支手槍。

三月二十日夜，陳玉生陪武士英來到滬寧車站，等宋教仁在眾人簇擁下準備進站時，向武士英指名宋教仁，武士英隨即上前開槍行兇，並趁人群慌亂之際逃逸。四天後，武士英到應家送信，不想自投羅網。

三

案情明晰了，接下去的問題是：誰是幕後主使？

洪述祖是趙秉鈞的屬下，而趙秉鈞是袁世凱的親信。考慮到宋教仁的責任內閣制度和國民黨的選舉大勝，最大的受害者都是現任總統袁世凱，袁世凱是幕後主使的嫌疑大大增加。而從應桂馨家中搜出來的書信和電報，很多也指向袁世凱和趙秉鈞。其中最關鍵的是三份資料：

一、二月二十二日洪述祖給應桂馨的信。內容是：「（一）來函已面陳總理、總統閱過；（二）以後勿通電國務院，除巡緝長公事不計。因趙智老（趙秉鈞）已將密電本交來，恐程君（內務部祕書程經世）不機密，純全飭兄一人經理……（三）請款總要在物件到後，國會成立之時，不宜太早太遲。為數不可過三十萬，因不怕緊，只怕窮也。」

二、三月十三日洪述祖給應桂馨的密電。內容是敦促應桂馨趕緊下手：「毀宋酬勳位，相度機宜妥籌辦理。」

三、三月二十一日九點三十分應桂馨給洪述祖的電報。「匪魁已滅，我軍一無傷亡，堪慰。望轉呈報。」

由資料一可以知道，應桂馨刺殺宋教仁是與洪述祖單線聯繫，由洪述祖下令的。那麼，洪述祖是傳遞更高層意思（趙秉鈞、袁世凱）的中間人，還是本身就是幕後主使呢？根據資料一，洪述祖似乎只是個中間人。一、洪述祖說，應桂馨的「來函已面陳總理、總統閱過」。二、是趙秉鈞讓洪述祖和應桂馨保持單線聯繫的。四、洪述祖嚮應桂馨許下的許多諾言，不是他這個級別（內務部祕書）的人能夠籌備的，比如賞錢三十萬元（資料一）、授予應桂馨勛位（資料二）。沒有更高層人的點頭，洪述祖的諾言只能是空頭支票。由資料三可知，應桂馨認為自己是在為更高層的人辦事，所以要求洪述祖將「戰果」「望轉呈報」。

假設，應桂馨知道刺殺宋教仁僅僅是洪述祖的意思，借他膽子他也不敢下手 —— 因為他辦完事後還要保命，沒了命怎麼去享受洪述祖的承諾呢？好在洪述祖將他引見給了趙總理和袁總統，應桂馨有理由相信是在為總統和總理辦事 —— 出了事上面有人罩著。

三月三十日，北京國民黨本部召開宋教仁追悼大會。趙秉鈞派北京警察總監王治馨出席。王治馨在會上發言，為袁趙二人辯解。他認為洪述祖是刺殺宋教仁的主謀，與趙秉鈞、袁世凱無關。但「袁總統不免疑趙，而趙以洪時往袁府，亦疑袁授意」。總統和總理之前都以為是對方授意洪述祖殺害宋教仁，但是前日趙秉鈞和袁世凱面談宋教仁案，雙方才知道對方都沒下令刺殺宋教仁。那麼洪述祖為什麼要痛下殺手呢？王治馨提供了一個解釋：洪述祖見袁世凱受到行政權力的諸多掣肘，認為總統不能管理好國家全都因為反對黨政見不同。他曾建議袁世凱「何不收拾一二人」，殺幾個反對黨人威懾其餘。袁世凱沒有答應：「反對者既為政黨，則非一二人，故如此辦法，實屬不合云。」現在洪述祖刺殺反對黨領袖宋教仁，「難保非洪藉此為迎合意旨之媒」。王治馨這個看法是私

人觀點。但身為政府高官，他的發言透露了一點：袁世凱事先知道洪述祖有刺殺宋教仁的念頭。

如此一來，袁世凱成了殺害宋教仁的最大兇嫌。這也是輿論普遍的看法。黃興在四月十三日給宋教仁寫的輓聯就很有代表性：

前年殺吳祿貞，去年殺張振武，今年又殺宋教仁；

你說是應桂馨，他說是洪述祖，我說確是袁世凱。

案件偵破後，袁世凱為案件的審判設置了種種障礙，更讓人覺得他做賊心虛，坐實了幕後主使的懷疑。江蘇都督程德全指出，宋教仁案引起社會非議，暗潮洶湧，最好的解決方法就是進行公正的審判。但袁世凱政府在程序上「高度重視」的表現是，司法總長許世英說此案件關係重大，要求將人犯和證據提京交大理院公開審判。總統府祕書張一麐也致電程德全，希望迅速向上海方面索要證據，送入北京。袁政府的這種「提京審理」的要求遭到了國民黨的強烈反對。既然袁世凱和趙秉鈞都有重大嫌疑，怎麼能將證據和人犯交給他們呢？而審判一旦轉移到北京，袁世凱政府就掌握了主導權。所以，國民黨堅持案子要在上海審判。

四月十三日晨，程德全即電袁世凱及內務、司法兩部，要求組建特別法庭，提議由伍廷芳為主任。袁世凱回電：「所擬組織特別法庭，望速籌辦。」但許世英認為特別法庭與約法和政府編制不符，強烈反對組建。袁世凱於是覆電程德全，說司法總長許世英拒絕副署組織特別法庭的命令，他無法下令組建。而許世英和司法部提出了一個折中方案，就是由伍廷芳暫時署理上海地方審判廳廳長，負責審理宋案。但是國民黨方面沒有接受這個方案。

四月二十四日，監獄裡的武士英暴斃。這讓懷疑袁世凱的人們情緒激動，對袁世凱政府阻撓案件審判更加不滿。江蘇都督程德全、民政長

應德閎在強大輿論壓力下，不得不公布了應桂馨和洪述祖的來往密電。輿論更加不利於袁世凱。

面對越來越不利的局面，趙秉鈞和洪述祖分別公開為自己辯護。

四月二十八日，趙秉鈞公開通電，逐一洗刷自己和應桂馨家中證據的關係。

趙秉鈞的說法主要是兩點：第一，自己的確認識應桂馨，但都是處理共進會的公事；第二，洪述祖干的事情自己完全不知道，洪述祖沒有將任何電文呈送自己看過。洪述祖答應給應桂馨的酬勞（勛位和巨款），都是洪述祖私自承諾的，與趙秉鈞無關。至於巨款，那是國務院提供給共進會的經費，用來「由日本購買孫黃宋劣史，警廳供抄宋犯騙案刑事提票」。（應桂馨的確在日本印刷了許多攻擊孫中山和宋教仁等人的資料，運回中國散發。）所以，趙秉鈞發誓：政府絕沒有暗殺宋教仁之心，一切都是洪述祖個人「假政府名義，誑誘應犯，決非受政府之囑託，以其毫無政府委任之憑證故也」。在將自己洗刷乾淨後，趙秉鈞根據公布的三月十三日應桂馨致洪述祖的密電，為洪述祖說情。應桂馨在那天的電報中有「若不去宋」四個字，「系屬反挑之筆，尤見去宋之動機起於應之自動，而非別有主動之人，文理解釋，皎然明白。此證明中央政府於宋案無涉者也」。據此判斷，暗殺之心起於應桂馨。趙秉鈞最後說，雖然宋教仁遇刺出乎政府意料，但是洪述祖畢竟是內務部祕書，內務部總長是他的上級，即便沒有「代為受過之理由」，也有「怠於監督之責任」。

趙秉鈞的電文表面上看起來合情合理，把自己洗得乾乾淨淨，但是透露出了政府早有反宋仇宋的行為，承認了應桂馨的「過激」行為多少是受政府反宋情緒的引導。

五月三日，逃到青島租界躲藏的洪述祖也發出公開電報，自我辯護。

　　洪述祖在電報中猛烈抨擊宋教仁鼓吹議會民主、實行責任內閣是植黨營私、黨派專制，比晚清腐朽權貴還要壞，對社會破壞極大，說宋教仁的主張會讓中國亡國滅種。所以，他要讓國民看到宋教仁的真實面目，不要被他的主張所「迷惑」。洪述祖承認利用了應桂馨，但是怕自己「人微言輕，不得不假托中央名義，以期達此目的」。一切都是自己的意思，沒有牽涉趙秉鈞或者袁世凱。他稱，利用應桂馨是為了「暴宋劣跡，毀宋名譽」，並沒有要殺害宋教仁的意思。至於被輿論認為是殺人證據的來往電函，洪述祖也說是要應桂馨抓緊購買宋教仁「劣跡證據」，詆毀孫宋等人。對於關鍵的「毀宋」二字，洪述祖說：「毀人二字系北京習慣語，人人通用，並無殺字意義在內，久居京中者無不知之，豈能借此附會周內。」

　　也就是說，趙秉鈞把所有事情推到了洪述祖頭上，洪述祖把全部責任推到了應桂馨頭上。

　　輿論熱議，指責和自辯交叉進行，審判工作也一拖再拖。五月三十日，上海審判廳決定進行缺席審理。但開庭後，原告和被告雙方律師都表示反對，要求緩期開庭公判。原告律師強烈要求拘傳趙秉鈞、程經世、洪述祖等人到案。被告律師指出法庭沒有獲得大總統和司法總長的任命，沒有開庭的資格。法官不得不宣布退庭。從此，宋案陷入了「公判不成，律師抗告，法庭冰閣，政府抵制，不但事實不進行，連新聞都沒有」的尷尬局面。

　　趙秉鈞政府為了抵制南方的審判，炮製了所謂的「血光團事件」來混淆視聽。事件起因是宋教仁案遲遲得不到公正審判，宋教仁祕書周予覺和革命黨人黃復生、謝持一起，攜帶炸藥和黃興資助的三千元錢，來到北京企圖暗殺袁世凱。不想事機不密，被政府偵破、遭逮捕入獄，周予覺叛變。在政府的策劃下，周予覺的妹妹周予儆出面，謊稱黃興組織

第二章
袁世凱：一失足成千古恨

了血光團，其中給了她四萬元錢，潛入北京實行暗殺。北京方面對「血光團事件」大肆渲染，京師檢查廳還向黃興發出傳票，企圖在輿論上與宋教仁案相抗衡。黃興毅然前往上海租界法院，表示願意赴京對質。最後租界當局以北京方面證據不足，沒讓黃興到案。

如此一拖，等到七月十二日二次革命爆發後，宋案的審判工作也就不了了之了。宋教仁案就成了一個「定案」，進入了歷史。

二次革命中，應桂馨越獄逃往青島，年底還公開進京要向袁世凱邀功領賞，要求「平反」。他還以為刺殺宋教仁是一件特「光榮」的事情，為政府「幫」了大忙呢？一九一四年一月二十九日，人們在火車上發現了應桂馨的屍體。在宋教仁案鬧得沸沸揚揚之時，趙秉鈞不得不去醫院「養病」。袁世凱派人轉告他「放心住醫院就是了」，並在五月一日任命段祺瑞代理內閣總理，取代趙秉鈞。出院後，趙秉鈞出任直隸都督。聽到應桂馨的死訊後，趙秉鈞喃喃自語：「以後誰肯為總統作事。」二十九天後（二月二十七日），趙秉鈞在督署中毒身亡。人們普遍相信應桂馨、趙秉鈞都是被袁世凱暗殺的。殺害關鍵證人，袁世凱似乎是「此地無銀三百兩」，更被人認定是刺殺宋教仁的幕後主使了。

洪述祖年紀最大，閱歷最深，一直隱姓埋名，可還是在一九一七年四月三十日被革命黨人在上海誘捕，一九一八年九月七日被公審。當時袁世凱、趙秉鈞都已經死了。洪述祖在法庭上堅稱沒有授意刺殺宋教仁，更不是袁世凱或者趙秉鈞讓他幹的。他還提到一個細節。案發後趙秉鈞對他說：「你在京恐怕毀了。」他心中不甘，求見了袁世凱。袁世凱問他，宋教仁到底是什麼人暗殺的？洪述祖說：「還不是我們的人替總統出力！」袁世凱聽了，臉一下子拉了下來。洪述祖見狀，趕緊從總統府跑了出來，溜出京城四處躲藏。一九一九年四月五日，洪述祖被絞死。

四

宋教仁案的一個問題永遠成了謎：刺殺宋教仁的幕後主使到底是誰？

袁世凱是頭號嫌疑人。雖然沒有直接的有利證據證明，但宋教仁之死的最大的受益者就是袁世凱。當時袁世凱正一心想當正式大總統，擴充權力，但宋教仁率領著議會最大黨派卻要組成清一色的政黨責任內閣。之前，袁世凱曾用巨款賄賂宋教仁，希望為己所用，但遭到宋教仁堅決拒絕。現在，宋教仁一旦進京建立內閣、限制總統權力，袁世凱即便當選了正式大總統也只是一個橡皮圖章而已。更何況宋教仁堅決反袁，還去勸說黎元洪出面競選總統，想徹底終結袁世凱的政治生命。這是嗜權的袁世凱萬萬不能容忍的。蔡元培為宋教仁日記《我之歷史》作序說：宋教仁組織國民黨，以為多數黨足以起縱袁世凱，後來又覺得很難，就想放棄袁世凱，推舉黎元洪，結果觸犯了袁世凱，導致被殺。所以說，袁世凱有殺人的強烈動機。

然而，袁世凱對付宋教仁，必須採取肉體消滅的手段嗎？這種手段顯得那麼原始、笨拙，而且會觸犯眾怒，置自己於千夫所指的困境。

事實上，袁世凱的政治手腕高超，手段很多。之前，臨時參議院要他到南京就職，他輕鬆一「兵變」，就不僅在北京就了職，還把參議院也一塊兒搬到了北京。至於要對付宋教仁尚在醞釀中的國民黨內閣，他可以使用的手段很多。他可以運用議會中傾向自己的統一民主黨，拉攏議會中的官僚和士紳議員，阻撓國民黨清一色內閣的成立；如果不行，還可以像他日後那樣派軍隊包圍議會，要是議員不答應要求就不准他們吃飯，不准回家；實在不行，強大的北洋軍也始終是他的權力基礎和政治依靠。袁世凱沒必要去刺殺宋教仁，沒必要徹底激化和革命勢力的矛

盾。這麼做的結果就是，雙方兵戎相見，爆發了二次革命。相比之下，刺殺宋教仁絕非是袁世凱的最佳選擇。

那個京師警察總監王治馨曾對國民黨元老張繼說過：「洪述祖南行之先，見總統（袁世凱）一次，說現在國事艱難，總統種種為難，不過二三人反對所致，如能設法剪除，豈不甚好。」袁世凱笑著說：「一面搗亂尚不了，況兩面搗亂乎？」當時袁世凱正被財政問題、列強承認問題、沙俄入侵問題、西藏和外蒙古問題攪得昏天黑地，政令不通，不想再和革命黨人撕破臉皮、大戰一場。所以，袁世凱並不想刺殺宋教仁。

袁世凱無意，部下卻有心。不要忘記了，趙秉鈞也好，洪述祖也好，都是從前清政壇的大染缸中走出來的，「權心權意」，學會了一身的陰招損招。為了榮華富貴，他們做得出刺殺宋教仁的事情來。宋教仁組織清一色國民黨內閣，第一個失業的就是趙秉鈞；洪述祖年近六十了，人生還有幾回搏？個人利益讓他們沒有袁世凱那樣的大局眼光，以為刺殺了宋教仁就能保持或者博取榮華富貴了。像他們這樣投機取巧、邀功領賞的宵小在中國歷史上太多了。袁世凱察覺底下宵小之輩有刺殺宋教仁的念頭，卻不加制止，並且在事發後護短，庇護兇嫌，也可算是殺害宋教仁的間接兇手。

這可苦了醉心議會民主，渾身散發理想光芒的宋教仁了。與許多革命黨人醉心純粹的革命不同，宋教仁留學日本時，專門沉下心思去研究西方政治理論，認定議會民主是解決中國政局、謀求富強的良藥。回國後，他一心推行理想。為了大選，宋教仁在南方到處演說，抨擊袁世凱政府，進行「光天化日下的政客競爭」。他的批判毫不留情，演講激情澎湃，勢力之猛為沉悶千年的中國政壇所未見。政治熱情和書生脾氣（比如對自己的「總理夢想」半遮半掩，讓他人猜疑），讓他對政治的潛流暗

潮視而不見。在武漢時，革命黨人譚人鳳曾轉告宋教仁一件事：譚的部下陳猶龍一九一二年十二月曾去北京，正好與應桂馨同住在西河沿中西旅館。陳猶龍發現應桂馨從中央政府領到了巨額經費在京城揮霍。譚人鳳因此告誡宋教仁：高明的人家，鬼是要盯著他的；現在會黨分子和中央政府勾結，是很不好的現象；你在社會上很有聲望，袁世凱必然忌恨你，你還是低調隱蔽一點，還是要做一些戒備。宋教仁沒放在心上。就在遇刺的當天，宋教仁還愉快地去《民立報》社話別。民立報社編輯徐血兒囑咐宋教仁要慎重防衛。宋教仁卻說：「無妨，吾此行統一全局，調和南北，正正堂堂，何足畏懼。國家之事，雖有危害，仍當併力赴之。」

　　理想主義的宋教仁，就這樣坦然地前往火車站，被黑暗的中國現實所吞噬了。

　　宋教仁臨終前曾感嘆：「我調和南北之苦心，世人不諒，死不瞑目矣！」可悲的是，不僅是他調和革命和保守勢力的苦心世人理解不了，他的議會民主和責任內閣的雄心壯志，在中國也實現不了。

艱難抵抗：袁世凱與「二十一條」

一

民國四年（一九一五年）一月十八日下午三時，袁世凱在中南海懷仁堂接見了日本駐華公使日置益。

第一次世界大戰爆發，日本對德國宣戰，進攻德國的山東勢力範圍。民國政府仿照晚清日俄戰爭舊例，宣布「局部中立」。一九一四年底，日本軍隊占領膠州灣和東膠鐵路，拒絕撤軍。袁世凱以為主動求見自己的日置益是來討論山東問題的。沒想到，日置益拿出厚厚的一疊文件，宣稱日本政府對民國政府提出了一些新要求，希望袁世凱承認。說完，日置益簡要地介紹起來，日本對華新要求一共分五號，共計二十一條。

第一號要求共四條，是有關山東問題的，內容是：日本繼承德國在山東的一切權益，並且要求建造由煙臺或龍口任大總統時的袁世凱連接膠濟路的鐵路；中國從速自動開放山東省內各主要城市作為商埠。第二號要求共七條，要求將東北南部（日本所謂「南滿」地區）和內蒙古東部地區劃為日本勢力範圍：將旅順、大連租借期限及南滿、安奉兩鐵路期限均展至九十九年；日本人在南滿及內蒙古東部地區自由居住、經商、開辦產業；日本壟斷該地區的礦產等。第三號是有關漢冶萍公司的兩條

要求：兩國「合辦」該公司；壟斷該公司所屬各礦及附近礦山。第四號要求只有一條：中國沿岸所有港灣及島嶼，只能割讓給或者租與日本。

日置益說完第四號要求，看到袁世凱和在場的祕書夏壽田等人都面帶怒色，又拿出第五號文件，介紹起更聳人聽聞的七條要求：中國中央政府聘用日本人充當政治、財政、軍事顧問；中日合辦中國警察、軍工等事業；將長江流域的鐵路建造權許與日本，日本壟斷福建交通；日本在華所設醫院、寺院、學校等擁有土地所有權；日本在中國有布教權。如果說前面的四號要求都是在具體領域將中國捆綁起來，侵害中國主權，那麼這第五號文件則是赤裸裸地向中國軀體上捅刀子，無疑是要變中國為日本的保護國。

介紹完畢，日置益不顧袁世凱等人面紅耳赤、神色激憤，繼續說道，如果中國政府承認這二十一條要求，日本將歸還膠州灣，同時「敝國向以萬世一系為宗旨，中國如欲改國體為復辟，則敝國必贊成」。

袁世凱壓住怒火，宣布將由外交部和日本方面具體商議，要日置益等候消息。

等日本人走後，袁世凱臉色鐵青，咬牙切齒地和左右說，日本這二十一條要求是要滅亡中國，就是日軍打到新華門了也不能同意。他對於日置益最後以支持自己稱帝為誘餌，引誘自己承認「二十一條」尤其感到憤怒。此前，袁世凱已經動了稱帝的心思，並開始製造輿論開展準備工作。現在，他厲聲命令祕書夏壽田，所有關於帝制之事一概停止。「我要做皇帝，也不做日本的皇帝。」當務之急，是如何應對日本咄咄逼人的二十一條要求。

儘管已經是傍晚時分，袁世凱還是命令召集外交總長孫寶琦、外交次長曹汝霖、總統府祕書長梁士詒等人緊急來總統府密議對策。當晚，

民國政府的外交決策層整整磋商了一夜。大家一致認為，要想方設法拒絕日本的過分要求。

現存於天津市歷史檔案館的袁世凱資料中，有一份袁世凱在「二十一條」最初文本上所作的硃筆批註。袁世凱逐行逐字，對日本的要求進行了批駁，讓後人直觀地看到了袁世凱對於「二十一條」最真實的看法。

比如在第二號開頭，日本人寫道：「日本國政府及中國政府，因中國向認日本國在南滿洲及東部內蒙古享有優越地位。」袁世凱批道：「無此『向認』。」在「日本國臣民得在南滿洲及東部內蒙古任便居住往來，並經營商工業等各項生意」這條要求旁邊，袁世凱批道：「漫無限制，各國援引，尤不可行。」在「中國政府允准，所有中國沿岸港灣及島嶼概不讓與或租與他國」這條要求上面，袁世凱直接將「他國」改為「外國」，然後認為「此當然之事」。在「所有在中中國地所設日本病院、寺院、學校等，概允其土地所有權」這條要求上面，袁世凱把「所有權」三字重筆點出，表示異議。在日本有關內蒙古東部地區借款、課稅、開埠、合辦農工業等方面的要求，袁世凱乾脆直接批道：「辦不到。」

整份文件的末尾，袁世凱批道：「各條內多有干涉內政侵犯主權之處，實難同意。」

第二天（一月十九日），袁世凱召見軍事顧問日本人坂西利八郎，憤慨宣布：「日本竟以亡國奴視中國，中國絕不作朝鮮第二。」

二

據說，袁世凱臨死的時候曾感嘆：「日本去一大敵矣。」誠如所言，袁世凱一生以日本為敵，日本也始終視袁世凱為大敵。

日本是近代侵略中國最多、危害中國最深的國家，愛國之人無不視日本侵略勢力為敵。袁世凱仇視日本，完全是出於愛國義憤。袁世凱生父和養父雙亡後，曾由叔父袁保恆撫養。袁保恆在西北任職，就將袁世凱帶到了西北。當時新疆發生阿古柏叛亂，西北全民動員，軍民踴躍奔赴前線。左宗棠率領清軍，深入不毛之地，清除分裂勢力殘餘，逼迫沙俄勢力退出侵占的中國領土。少年時期的袁世凱親身感受了愛國抗敵的熱情，在性格形成的關鍵時刻烙下了愛國印跡。

袁世凱從軍後的第一次大行動，就是入朝抗日。西元一八八二年，日本人利用朝鮮高宗李熙生父、大院君李罡應和明成皇后閔氏之間的矛盾煽動了「壬午兵變」。朝鮮向清朝求援。袁世凱所在的慶軍被派遣入朝平亂。在朝鮮，青年袁世凱與日本勢力死纏惡鬥了十二年，彼此結下了深仇大恨。

袁世凱在朝鮮，先是參與設置鴻門宴，將大院君逮捕，押送到中國保定關押，後又馬不停蹄返回朝鮮，隨軍將日本人趕出朝鮮。事畢，袁世凱留駐漢城，主動向高宗提出要幫朝鮮練兵自強。袁世凱用英德近代方法幫助朝鮮組建了幾千人的禁衛軍，軍容整齊、戰鬥力強，受到了高宗李熙的讚揚。兩年後，袁世凱指揮慶軍一半人馬留駐朝鮮，成為了清朝勢力在朝鮮的實質代表。袁世凱的主要敵人就是日本勢力。日本人一直都處心積慮要吞併朝鮮。一八八四年十二月，日本人趁中法戰爭爆發之際，慫恿部分朝鮮官員叛亂和日本軍隊一起發動「甲申政變」，入宮劫持高宗，又矯詔殺害了許多大臣。局勢不明，敵我力量懸殊，袁世凱當機立斷，認為事情的關鍵是高宗皇帝被日本勢力劫持，首先要奪回皇帝。袁世凱不顧部下反對，先斬後奏，集合所有清軍攻進皇宮，迅速擊潰日軍，救出高宗，粉碎了政變。為了有效控制朝鮮，袁世凱捲起鋪蓋

第二章
袁世凱：一失足成千古恨

住到高宗皇帝的隔壁，和皇帝一起聽取大臣的匯報，處理朝鮮政務，指揮文軍官員，成為了事實上的「監國」。日本人對袁世凱恨得牙癢，「憾之刺骨，百般排陷之」，多次照會清廷，指責袁世凱挑釁多事，要求清朝查辦。西元一八八五年，伊藤博文親自與李鴻章交涉，要求懲辦袁世凱。袁世凱一度心灰意冷，離開朝鮮。半年後，袁世凱再次受命護送大院君回朝鮮主政，第二次踏上朝鮮的土地，出任駐朝商務委員。袁世凱入朝後強力恢復「監國」地位。而此次，朝鮮局勢更加複雜，親日勢力高漲，部分勢力則借助西方列強力量希望制約清朝。袁世凱在清朝投入極其有限的情況下，只能在禮儀、外交等方面勉力維持中國和朝鮮傳統的宗藩關係。一八九四年，日軍藉口鎮壓東學黨起義增兵朝鮮與清軍對峙。中日戰爭一觸即發，袁世凱處境惡化。一方面是朝鮮的反清勢力敵視他，一方面是日本人到處揚言要殺掉他。日軍甚至把大砲瞄准了袁世凱的官署。袁世凱依然盡職地拜訪日本公使，奉勸日本撤軍，遭到日本拒絕。未幾，朝鮮在日軍的逼迫下宣布為獨立國。袁世凱的工作正式失敗，悲壯地致電李鴻章：「倘若朝廷決定對日作戰，則請先撤回在朝鮮的使署人員，世凱以一身報國，無所畏懼，但恐有辱使命，有損國威。」一八九四年六月十五日，袁世凱黯然回國。六天後，日軍擄去高宗，朝鮮停止向中國進貢。朝鮮局勢滑向了戰爭。

袁世凱編練北洋新軍時，明確不招收日本軍校畢業生，寧願捨近求遠進口德國武器裝備和軍事技術，也對低廉方便的日本軍火不屑一顧。看著袁世凱在晚清和民國政壇的崛起，仇視袁世凱的日本政府如鯁在喉。袁世凱出任清朝內閣總理時，日本人策劃了截車炸車、襲擊官邸的計畫，企圖暗殺袁世凱，沒有成功。辛亥革命時，日本又夥同沙俄趁火打劫，出兵滿蒙，一個要殖民東北，一個策劃蒙古獨立。袁世凱派人去

蒙古查辦，鎮壓叛亂，還查獲了日本向喀喇沁王提供的軍火。民國初年，北京政府缺錢缺人，但袁世凱四處向英國、法國等歐洲列強尋求援助，就是不對躍躍欲試的日本伸出橄欖枝。

日本政府此次要求一貫仇日的袁世凱承認二十一條的過分要求，實在是居心叵測。如果袁世凱接受了，日本可以全面控制北京政府，掠奪中國的資源，而袁世凱將承擔賣國的千古罪名；如果袁世凱不接受，日本可以把破壞和談的罪名貼在袁世凱身上，繼續賴在膠州灣不走。日本人就等著看袁世凱處理「二十一條」這個燙手山芋時，手忙腳亂的樣子了。

一月二十七日，為了迎戰即將到來的中日談判，袁世凱改任外交總長孫寶琦為審計院院長，以外交經驗豐富的陸征祥為外長。二月二日，中日代表舉行第一次二十一條交涉會議，中方代表為外交總長陸征祥、次長曹汝霖、祕書施履本，日本方面是日置益公使、小幡參事、高尾參事。曠日持久的中日「二十一條」交涉正式開始。交涉一開始，袁世凱就正色告訴日本代表：「可讓者自可談判，不可讓者，如第五號諸條，則絕不能讓。」外交次長曹汝霖是著名親日分子，「平素喜怒不形諸顏色」，在會談時「激憤之情溢於言表」、「竟亦吐露慷慨的言辭」。日本公使日置益認為「對中國尤其袁政府立場而言，卻頗感嚴峻」，向中國報告稱，要袁世凱全盤接受要求非常困難。

曹汝霖

第二章
袁世凱：一失足成千古恨

　　日本代表於是在會談中拋出了一系列的「誘餌」，希望中國代表能夠接受要求。這些引誘除了歸還膠州灣外，主要是支持袁世凱政府、保障袁世凱的個人安全（這從反面證明了日本之前不支持袁世凱政府，一心謀害袁世凱）。二次革命後，許多革命黨人流亡日本，集合留日學生和部分日本人，進行反袁活動。日本代表承諾一旦袁世凱接受「二十一條」，日本政府將嚴格取締在日本的反袁活動（這也反證了日本政府之前支持反袁勢力）。

　　在談判桌上，陸征祥遵從袁世凱的指示，一味周旋，就做一件事：拖。

　　日本人也知道「二十一條」所要求的內容是狼子野心見不得光，因此希望儘快結束交涉，以免夜長夢多，引起國際干預。在談判時間上，日置益要求雙方天天談判，全天不停地談。陸征祥藉口自己事務繁忙、身體不好，堅持每週就「二十一條」商談三次，談判時間為下午二時至五時，每次三個小時。日置益被迫答應。每次談判開始時，陸征祥先請雙方代表入座寒暄，說些天氣、吃飯等無關話題，同時讓侍從們上茶獻煙，然後就桌子上的茶和煙再發一番評論。他安排的那些侍從們也特意穩步慢走，慢慢地點煙，又是鞠躬又是作揖，拖延時間。等寒暄品茶完畢，談判時間已經過去了一個小時。在剩下的兩個小時談判過程中，不管日方代表如何危言屬色，陸征祥都和顏悅色，對提問未置可否，常常抓住一些細節發表鴻篇大論。陸征祥在外交界摸爬滾打幾十年，外交技巧高超。他的外文說得比中文好，加上是上海人，說的官話中夾著上海口音和外國語法，讓人聽來特別彆扭。最神奇的是，陸征祥的說話拖沓是出名的。比如，袁世凱曾一度提名陸征祥繼唐紹儀後出任內閣總理，陸征祥去參議院發表見面演說時，竟然就家常話題和客套話講了一

個小時，讓參議員們大跌眼鏡，竟然因此沒有通過提名。可以想像，日置益遇到這樣的對手，既要費力理解，思索語句，感覺不對勁的時候又抓不到陸徵祥的把柄，不好發作。

對日置益來說，談判是件苦差使。對陸徵祥來說，這何嘗不是一件苦差使。他這是在示弱，是在苦撐待變、以拖待變，實屬萬般無奈之舉。但凡有強大的後盾，外交官是不會在談判桌上不著邊際地拖延的。袁世凱也很無奈，國家貧弱多事，強敵逼上門來。怎麼辦呢？

三

袁世凱不能直接拒絕「二十一條」，他必須借助外力來抵抗日本的壓力，進而擊退日本的侵略。橫在他面前的首要障礙是，日本要求「二十一條」談判祕密進行，絕對保密，不能向外界泄露隻言片語。日本政府之前推測袁世凱可能的對策就是中國傳統的以夷制夷，借助西方列強的力量遏制日本獨霸中國的野心，所以他們一開始就提出了「絕密」的談判要求。

可是在一月十九日，日本人自己就在中國辦的《順天時報》刊登了日本公使與袁世凱談話並提交重要文件的消息。二十二日，日本《朝日新聞》又印發號外，刊載了日本對華四條要求：一是關東租借期限和南滿鐵路期限均延至九十九年；二是德國在山東省的全部利益悉讓與日本；三是開放中國最重要的一些地點作為商埠；四是日本在華享有建築鐵路和內河航行之權利。雖然日本政府立刻就以「有害兩國國交」為由，禁止日文報紙轉載和評論此等消息，禁止《朝日新聞》發行號外。然而同日，中文的《亞細亞日報》、英文的《北京日報》均以《日本又向外交部

提新要求》為題報導了中日正在進行談判。此後，零零星星的刊登上，中日新談判消息的報紙越來越多。消息又是怎麼洩露的呢？

消息是袁世凱政府有意洩露的。困守祕密外交的要求無異於作繭自縛，袁世凱自然不會迂腐地遵從日本要求。只有讓外人知道了日本的強盜要求，中國才有可能爭取到援助、抗擊日本。時任袁世凱祕書的顧維鈞回憶外交總長每次與日使會晤後，都要化妝去見美國公使芮恩施和英國公使朱爾典，祕密通報談判內容。北京城裡最早獲悉「二十一條」談判的外國人之一芮恩施也回憶說：「中國的一些高級官員幾乎每天都來跟我就他們的困難進行商談」，磋商「對付日本提出的這些要求的最好的辦法」。《芝加哥日報》、《紐約時報》就從美國駐華公使館輾轉獲悉了部分談判內容，分別在一月二十五日、二十七日介紹給了美國輿論。

日本方面見狀，藉口報紙登載了日本公使與中國外長的談論內容，消息「係來自北京通訊」，強烈譴責中國方面洩露消息。袁世凱政府自然是矢口否認，並在交涉正式開始的二月二日發出關於嚴禁外交人員向新聞媒體洩漏消息的通告。

暗地裡，袁世凱則採取了進一步行動。二月五日下午，他邀請政治顧問、英國人莫理循來談話。袁世凱將日本的要求和盤托出。他首先向莫理循介紹了第五號文件的內容。袁世凱特別提到了日本要壟斷中國沿海和島嶼；日本有權修造四條從南昌起始的鐵路，袁世凱強調造的是日本人的鐵路，而不是日本人為中國人建造的鐵路；有關合辦漢冶萍公司的要求，意味著所有長江流域煤礦、鐵礦的開採都受制於日本。這些要求都強烈侵犯了以長江流域為勢力範圍的英國利益。袁世凱認為日本要控制中國政府，最後說日本公使日置益在談判過程中態度傲慢，堅持要中國政府全盤接受「二十一條」。

「總統向我保證，絕不同意那些條款，即使日軍打到新華門也不同意。」曾長期擔任《泰晤士報》駐華記者的莫理循意識到巨大的新聞價值，回去後立即整理了一份與袁世凱的談話的備忘錄。他認為，將資料公之於眾、讓西方對日本施加壓力是中國免除日本要求壓迫的主要辦法。二月九日，莫理循主動與老東家《泰晤士報》駐北京記者端納聯絡。第二天，端納趕來了。莫理循把整理出來的消息給他、託付他在《泰晤士報》上發表。二月十一日，《泰晤士報》收到了端納拍發的長達三百一十八個字的電訊。

不想，日本方面早就預料到了袁世凱會走媒體渠道、爭取外援，事先讓日本駐英大使出面向《泰晤士報》「解釋」了日本政府的要求。而西方政府知道中日開始新的祕密談判後，美、俄、英各國紛紛向日本外務部要求獲知具體內容，尤其是日方的條款。日本政府已經選擇其中最為平緩的十一條以正式文書通知各國（沒有一條涉及關鍵的第五號文件）。由於日本公布的十一條要求都是對日本原有權益的必然擴大，並沒有直接損害西方列強的在華利益，所以並沒有引起西方政府和媒體的關注。於是，二月十二日《泰晤士報》只是以《二十一條要求大綱》為題刊發了特稿，談了東北局勢和與英國有關的長江流域的情況，並沒有報導日本第五號要求有關內容。雖然莫理循在十一日還把消息告訴了美聯社駐北京通訊員摩爾，後者轉告了美聯社，但美聯社把摩爾的消息扣了下來，要求告知消息來源，因為摩爾的消息和日本使館「證實」的消息不符。

清末民初時期，來自中國的消息魚龍混雜，夾雜著擴大和渲染的成分，所以西方媒體對披露「二十一條」內容的消息持懷疑態度。而對日本公布的「十一條」要求，許多媒體（包括《泰晤士報》）甚至認為是合理的，中國應該接受。

新聞戰的第一回合，袁世凱政府出師不利，期望中的列強干預並沒有出現。北京政府還「深恐公眾輿論默然同意這個受到較少譴責的文本，從而鼓勵日本更強硬地迫使中國接受全部要求」。莫理循和端納等人意識到，日本政府在有目的地矇蔽世界輿論，於是建議中國政府公布日本要求的全文譯本。二月十五日，莫理循終於得到了官方拍照複製的「二十一條」全文英文譯本。袁世凱終於決定公開日本的要求。

一石激起千層浪，「二十一條」曝光後，各國新聞譁然。列強政府紛紛抗議日本的有意矇蔽。日本中國部分報刊也表示不滿。迫於輿論和國際壓力，日本政府不得不在二月底將「二十一條」全文祕密通告了美英法俄各國。不過，它辯稱第五號要求是對中國提出的「希望」，目的是增加中日友好。

惱羞成怒的日本政府在二月五日、二十二日、二十八日三次由日置益專門提出交涉內容「泄密」的問題，指責中國政府「大用新聞策略」，「如每次會議後外國記者即將內容通告英美」，以致「群言尤雜，人心搖動」。日本要求中國嚴禁媒體報導中日交涉，甚至要求中國取締報導相關新聞的報紙。北京政府反覆聲明「本國政府絕無利用報紙之事」。那麼消息是怎麼傳出去的呢？袁世凱就指責日本自己沒有做好保密工作，把內容泄漏給了日本報紙，「致中外報章紛紛注意，時為祖中祖日之論，以惹世界之揣測」！

四

袁世凱披露日本無理要求的目的達到了，然而期望中的外力援助能夠適時到來嗎？

　　借力打力，力從何來呢？袁世凱期望的外力首先是列強的同情和向日本施加壓力。日本在列強忙於歐洲廝殺的時候，趁火打劫，想排擠列強、獨霸中國，侵犯了各國的既得利益。所以袁世凱對於列強的干預寄予了很高的期望，讓顧維鈞等人與美英政府保持密切聯繫。可他也沒把所有期望都寄託在列強身上，同時也積極開始對日外交，希望利用日本內部分歧化解中國外交壓力，如果能夠釜底抽薪，讓「二十一條」消失於無形就更好了。為此，袁世凱向日本派出密使，甚至還向日本專家請教日本的政治體制問題，看日本政府是否能獨立發動對華戰爭、天皇能否約束內閣的強硬要求。

　　袁世凱沒有想到的是：消息披露後，中國民眾救亡抗日的情緒高漲，成了期望之外的依靠力量。

　　中日交涉消息一經披露，中國各地一片憤慨之聲，中國反日浪潮迭起。上海、北京、天津、杭州各地，商家、學生和華僑各界，一致要求抗日──這在政治紛爭的民國初年極少見。十九省將軍由馮國璋、段芝貴領銜致電政府，表示強烈反日，「有圖破壞中國之完全者，必以死力拒之」；販夫走卒、挑水賣茶的，閒暇時也聚集在街頭巷尾，「聚議中日交涉中之是非及華人如何救國之道，其狀亦極迫切」。全國上下「茶坊酒肆公共會集之處皆有華人團坐桌間，攢首聚議最近之談判消息，並懸擬日本將有何舉動，聲雖不揚，然頗激昂」。從二月二日到二十一日，總統府接到數百起有關中日談判的文書，其中總統府顧問廳二十一件，洋務處十四件，外交部二十三件；部員以個人名義遞呈者一百一十七件，巡按使六件，將軍四十三件，道尹三十件，縣知事二百多件，普通百姓遞呈者七十五件。

　　一開始，政府方面遮遮掩掩，對「二十一條」披露的消息很少，眾

說紛紜。民眾要求政府立即披露消息，「國乃民有，非政府諸公所得私之也」，要求讓國民都知道交涉內容。各政黨、北京報界公會、商務總會紛紛上書或推舉代表，請求政府儘快宣布如何答覆日本要求。參政院就中日交涉問題祕密開會，質詢外交當局，要求政府詳細解釋中日交涉。「二十一條」被詳細披露後，民眾紛紛表示願為國御辱，比如署名「浙江全體公民」的文章指出對於日本的無理要求「雖在婦人孺子無不髮指眥裂，願與一戰而死」。人們紛紛採取實際行動抵抗日本，最主要的就是抵制日貨。日本在華商品傾銷遭遇了極大困難。

反袁勢力在抵抗日本問題上空前一致。二次革命後，黃興一派沒有加入孫中山組織的中華革命黨，另立鬆散的歐事研究會。其成員李根源認為革命黨應該暫緩革命，以便政府集中全力對付日本。一九一五年二月二十五日，黃興、陳炯明、柏文蔚、鈕永建、李烈鈞五位二次革命的領袖通電，除譴責袁世凱獨裁專制外，表示要顧全大局，在國難當頭之際停止反政府行動。日本代表在交涉中專門提出，如果袁世凱接受「二十一條」，日本政府將驅逐革命黨人，不允許反袁勢力在日本活動。許多革命黨人獲悉情況後，憤慨為日本所利用，紛紛離開日本。二次革命期間堅守南京與北洋軍作戰、遭到通緝流亡日本的何海鳴，冒著生命危險毅然回國，也不願意繼續呆在日本。

四月底，中國報紙披露日本提出修正案和最後通牒的消息，抗日救國的輿論熱潮達到頂峰。人們一致要求拒絕日本，表示願意毀家捐軀報國抗日。比如對日戰友會稱：「日本無禮要求，竟以通牒迫我，國恥民仇，無可再忍，務乞堅持抗拒，人民誓犧牲一切以為後盾。」

袁世凱對於出乎意料而起的全民抵抗熱潮既想借助又要壓制。北京各大報紙天天登載中日交涉新聞，言詞激烈，情緒高漲，袁世凱並沒有

下令干涉。但他在給各省的電文中既表示「萬難接受」日本要求，同時也要求各省軍政長官穩定大局，防止社會動盪。袁世凱把外交視為政府行為，擔心中國輿論會左右政府決策，也擔心民眾過激行為落人口實。好在，北京新聞記者俱樂部開會表示要以穩健的態度、光明正大的言論報導中日交涉，引導民眾。

袁世凱的主要希望還是在西方列強身上。在統率辦事處致各地方當局的密電中，袁世凱期望的結果是「歐美輿論一致反對」，日本「受無數牽制，計不得逞」。

日本耍橫，袁世凱是無力硬擋的。可日本這樣做也是虎口奪食，趁歐美國家注意力都在歐洲戰場的時候圖謀獨霸中國。引虎驅狼，引歐美力量遏制日本就是袁世凱最大的對策了。他透過管道表達了對日強硬態度。如俄國駐華公使庫朋斯齊向中國報告：「總統派人來告訴我，……他已毅然決定，對那些他認為蓄意侵犯中國主權的日本要求，在任何情況下，即使日本訴諸武力，他亦絕不讓步。」袁世凱得到的結果多少符合了他自己的預期。首先是日本的盟國英國對日本覬覦長江流域英國勢力範圍表示「關心」，然後是美國重申了門戶開放的精神。在遏制日本擴張問題上，歐美國家和中國站在了一邊，但在更大範圍中歐美各國則需要仰仗日本。在第一次世界大戰問題上，在維持東亞秩序問題上，列強和日本的立場是一致的。而且列強被戰爭拖累，無力也不想對日本採取強硬態度。他們除了關切的詢問交涉內容外，主要是「勸告」日本的擴張步伐不要邁得太大。芮恩施把歐美的做法形象地比作「等於在人家已經把門砰的一聲關起來之後，我們才透過門上的鑰匙孔悄悄地說上幾句規勸的話」。歐美各國的外交微風，遠遠不足以讓日本放棄「二十一條」。

相反，承受國際壓力的日本則指責袁世凱「仍襲以夷制夷故智，求

助於英美法俄，乃四國以日本代管東方利益故，咸有所顧忌，卒無以應，不得已擬利用各國新聞之鼓吹，藉以時論維制於萬一」。為此，日本採取更強硬、更急迫的態度，加緊了對中方代表的催逼。

袁世凱派日本人有賀長雄祕密回國展開外交說服，取得了不錯的成效。日本中國，明治維新的部分勛臣舊將還在，他們和退位的內閣大臣們組成了影響力不容小覷的元老勢力。有賀長雄祕密聯繫了各位元老。他在給總統府參議曾彝進的電文中建議中國「宜以內政有種種困難為理由」，在東北和內蒙古問題上讓步，但「聲明第五號毫無讓步之餘地」。「日本若欲加以強制手段，諸元老必制止之。」袁世凱覺得這個要求還是太高了。隨著「二十一條」內容全部公開，日本承受的壓力也逐漸增大。尤其是中國抵制日貨的運動，給日本工業重創。日本元老們普遍重視日本的國際形象和地位，重視對華貿易。為扭轉「二十一條」交涉給日本帶來的負面影響，元老們紛紛出面，要求內閣做必要的讓步，早日結束僵持不決的中日交涉。袁世凱在中國壓制排日，傳遞「經濟提攜」的訊息，也讓日本元老派多少產生了共鳴。

五

四月二十六日，日本政府權衡利弊後，提出修正案，在「二十一條」要求上主動做了讓步。

原來第一號第二款要求：「中國政府允諾，凡山東省內並其沿海一帶土地及各島嶼，無論何項名目，概不讓與或租與他國。」現在第二款改為換文，中國政府的「允諾」也改為了「聲明」。第三款原為：「中國政府允准日本國建造由煙臺或龍口接連膠濟路線之鐵路。」現在改為：「中

國政府允准，自行建造由煙臺或龍口接連膠濟路線之鐵路，如德國願拋棄煙濰鐵路借款權之時，可向日本資本家商議借款。」原來第四款要求中國政府允諾從速自開山東省內「各主要城市」作為商埠，現在是從速自開山東省內「合宜地方」為商埠，同時加了一個附加說明：「所有應開地點及章程，由中國政府自擬，與日本國公使預先妥商協定。」

　　第二號原本要求中國「向認」日本在南滿洲及東部內蒙古享有優越地位，現在改為：「為發展彼此在南滿洲及東部內蒙古之經濟關係起見。」其中的具體條款改動較多，比如第三款原來是：「日本國臣民得在南滿洲及東部內蒙古任便居住往來並經營商工業等各項生意。」修正案中的第三款刪除了「東部內蒙古」。又比如第四款原來是：「中國政府允將在南滿洲及東部內蒙古各礦開採權許與日本國臣民。至於擬開各礦，另行商訂。」現在整款改為換文：「中國政府允諾，日本國臣民在南滿洲左開各礦，除業已探勘或開採各礦區外，速行調查選定，即准其探勘或開採，在礦業條例確定以前，仿照現行辦法辦理。」修正案下面列明了日本在東北南部的九處礦地（石灰五，石炭二，鐵一，金一）。再比如第六款原來是：「中國政府允諾，如中國政府在南滿洲及東部內蒙古聘用政治、財政、軍事各顧問、教習，必須先向日本國政府商議。」現在改為換文，由中國政府聲明以後如果在東北南部聘用外國顧問或教官，「儘先聘用日本人」。

　　第四號要求徹底改為：「按左開（註：條約是從右到左豎寫的）要領中國自行宣布所有中國沿岸、港灣及島嶼，概不讓與或租與他國。」

　　對於關鍵的第五號要求，日本的修正案用換文和雙方代表的「言明」來代替。

　　有關南方鐵路問題，日本在換文中提供了兩個選擇方案：「對於由武

昌聯絡九江、南昌路線之鐵路，又南昌至杭州及南昌至潮州之各鐵路之借款權，如經明悉他外國毫無異議，應將此權許與日本國」或「對於由武昌聯絡九江、南昌路線之鐵路及南昌至杭州、南昌至潮州各鐵路之借款權，由日本國與向有關係此項借款權之他外國直接商妥以前，中國政府應允將此權不許與何外國。」有關福建沿海島嶼問題，修正案以換文形式要求中國政府允諾，「無論何國」都不許在福建沿岸建設造船廠、軍用蓄煤所、海軍根據地和其他一切軍事設施，中國政府不能以外資在該地建造上述設施。

另外，修正案要求中國外交總長「言明」：中國政府認為必要時，應徵請多數日本人顧問；中國政府「允准」日後日本國臣民在中國為設立學校、醫院而租賃或購買地畝；中國政府派遣陸軍軍官到日本，與日本軍事當局協商採買軍械或設立合辦軍械廠之事。日置益則代表日本「言明」：「關於布教權問題，日後應再行協議。」中國接受修正案後，日本歸還膠東港。

這個修正案雖然做了有限的讓步，但依然嚴重侵犯了中國主權和利益，亡中之心不死。

經過五天的考慮後，中國外交部在五月一日回絕了修正案，提出了「反修正案」，並且聲明這個方案是中方的最後決定。中國政府對第五號有關的所有內容，全部拒絕，對其他四號中的要求也提出了修改。中國政府允許日本人在東北南部居住、經營、租地，但不許永租，並要求日本人服從中國法律，和中國人一樣交稅，一旦出現爭訟歸中國官吏審判；拒絕在內蒙古東部地區和日本合辦農業及工業；要求日本無條件歸還膠州灣，中國要參加日德和談，更要求日本政府承擔日德山東戰爭對中國產生的損失。在反修正案中，中國也作了有限的讓步。

六

中日雙方的底線都暴露給對方後，交涉進入了簡單的、是與否的「問答階段」。

為了繼續給袁世凱施加壓力，日軍以換防為名向大連、青島及塘沽等地增派軍隊，進行武力威脅。但到五月四、五日，袁世凱堅持「凡屬中國能夠讓步者，均已作了讓步，但慮及中國主權和與其他外國條約之關係以及中國輿論沸騰等，終不能再作更多之讓步」。中國中國的反日情緒和國際輿論壓力也到達了巔峰。日本元老派對內閣的「二十一條」嚴重惡化中日關係、導致日本在華經濟損失強烈不滿。他們對內閣失望之餘向天皇施加壓力，於是五月六日的日本御前會議由天皇「聖裁」，決定削除最關鍵、讓中國反應最激烈的第五號要求。「二十一條」中最有殺傷力的第五號要求，因為日本的主動撤除，最終消失。

第二天（五月七日）下午三時，日本駐華公使日置益在整整交涉了一百一十天無果以後，主動造訪外交總長陸征祥，拿出了檔案名《覺書》的最後通牒。

《覺書》要求除第五號各項「日後另行協商」外，限中國在四十八小時內完全接受四月二十六日日本修正案的其他所有內容。日置益警告說，日本在華軍隊已經蓄勢待發，「如到期不受到滿意之答覆，帝國政府將執認為必要之手段」。此前，日本政府頒布關東戒嚴令，命令山東、奉天（遼寧）日軍備戰。日本軍艦游弋在渤海，對中國政府進行赤裸裸的武力威脅。

接到日本的最後通牒後，袁世凱在五月八日午後召集國事會議，商議對策。在開會之前，被袁世凱政府寄予厚望的英國駐華公使朱爾典緊

第二章
袁世凱：一失足成千古恨

急會見了陸徵祥。他帶來了英國政府的正式意見：建議中國政府接受日本的最後通牒。袁世凱期望的外援在最後關頭拋棄了他。所以，在由總統袁世凱、副總統黎元洪、國務卿徐世昌、左右丞、參謀總長、各部總長、各院院長、參政院議長、外交次長、參政院次長、祕書長等人參加的國事會議上，朱爾典的意見沉重打擊了眾人繼續抵抗的信心。

袁世凱在會上發言，「我國雖弱，苟侵及我主權，束縛我內政，如第五號所列者，我必誓死力拒」，現在中國外交困，「不得已接受日本通牒之要求，是何等痛心！何等恥辱！語曰：無敵國外患國恆亡。經此大難以後，大家務要認此次接受日本要求為奇恥大辱，本臥薪嘗膽之精神，做奮發有為之事業」；「若事過境遷，因循忘恥，則不特今日之屈服奇恥無報復之時，恐十年以後，中國之危險更甚於今日，亡國之痛，即在目前。我負國民託付之重，絕不為亡國之民。但國之興，諸君與有責，國之亡，諸君亦與有責也。」

一九一五年五月九日，袁世凱政府通知日本公使館，宣布接受最後通牒。消息一經傳出，舉國譁然。各地和各團體奔走呼號，集會遊行，誓不承認二十一條要求，並要求懲辦賣國賊陸徵祥和曹汝霖。抵制日貨運動非但沒有減弱，聲勢越發高漲。更有全國教育聯合會決定將接受最後通牒的五月九日定為「國恥紀念日」。

二十五日，中國與日本簽訂了《關於南滿洲及東部內蒙古之條約》、《關於山東之條約》及另附的十三件換文，共同組成了《民四條約》。這個條約雖然以二十一條要求為基礎，但對一月十八日的最初要求作了重大修正。「吾人如把日本提出的『二十一條要求』原件和簽訂後的新約相比，可見二者有霄壤之別。當然我們不能否認，這部新約也是一部喪權辱國的條約。例如延長率順、大連租期至九十九年，直至二十一世紀，

又默許日人無限制向東北移民等，都是喪權辱國的。但是中國卻始終沒有變成日本的印度，所以日本雖費盡心機，提出滅亡中國的『二十一條要求』，弄得臭名昭著，後來也只落得個雷聲大、雨點小的收場，為天下笑。」（唐德剛著：《袁氏當國》。）

此舉是「雷聲大雨點小」，一方面是日本把獨霸中國的野心暴露在陽光之下，另一層意思是日本人把動靜鬧得很大，實際收益卻寥寥無幾。《民四條約》在執行過程中遭到了中方的阻撓和各地五花八門的反對。比如條約規定日本人可以自由在東北南部買地從事經濟活動。東北軍界和民間則樹立了一條不成文的「懲治國賊條例」：未經政府許可將田地賣給外國的人以賣國賊論處，殺無赦。據說，這是袁世凱向當時占據東北的張作霖授意的對策。張作霖一九一五年時只有幾千土匪改編的部隊，千餘支長槍而已。《民四條約》簽訂後，袁世凱祕密資助張作霖槍械，幫助張作霖招兵買馬，擴充軍隊。張作霖在東北公開揚言：日本人如果敢走出附屬地一步，中國政府就不能保證他的安全。一直到袁世凱死後多年，有條約保護的日本人依然局限在東北少數據點中，形同軟禁，根本談不上什麼擴張。

至於那些被中國各機關「聘用」的日本顧問，感嘆：「我等名為顧問，其實絕無人顧，絕無人問。」

洪憲帝夢：中國還得有皇帝？

一

　　民國初年的種種混亂景象，尤其是因為國家貧弱混亂帶來的惡果（比如二十一條交涉），讓袁世凱陷入了沉思。人們原本以為民主共和制度能夠讓富強降臨中國，可是兩年多的翹首以待，連富強的影子都沒有看到，國家反而在貧弱混亂的道路上越走越遠了。為什麼？

　　袁世凱腦子裡的歷史知識和傳統政治讓他得出結論：亂象起因於缺乏一個強有力的國家機器，缺乏一個強權人物帶領國家前進。中國歷史上的盛世都是國家機器極端強大、皇權鼎盛時期的產物。王朝對社會各方面進行強有力的控制，政令上下通暢，天下在賢臣名相的治理下四海昇平。袁世凱就認為：「國力之強否，視其內政外交之若何；而內政外交之善否，又視其政府之強固與否，而國體之為君主為民主不與焉。」（《袁大總統書牘彙編》卷首第二十八頁，轉引自《中華民國史綱》）從袁世凱登上歷史舞臺開始，他就為強固政權而奮鬥。清朝從太平天國運動開始逐漸失去對地方的有效控制，朝廷實權逐漸為漢臣和將領所分離。中興也好，變法也好，新政也好，其中都有理順上下關係、加強政權的考慮。可惜清朝做得不成功，被推翻了，給袁世凱留下一個活生

生的教訓。所以，袁世凱從清朝轟然倒塌的塵埃中疾步走出來，想的就是怎麼加強自己的統治，用強權凝聚國力謀求發展，避免重蹈舊政權的覆轍。

但是總統當上了，袁世凱並沒有獲得預想的與國家元首相對應的權力。民主共和的政治設計讓他很不適應，很不舒服。

革命黨人為袁世凱設計了一個「虛君」之位，將強大的國會凌駕在總統之上。國會不僅擁有立法權，而且擁有高級官吏的任免權，行政機構對國會負責而不是對總統負責。更重要的是，臨時約法規定國會永遠不被解散。在法律上，國會權力過大了。民國史家郭劍林說：「在國家機器運行的很大程度上，『約法』體制遠遠地超過了保證實現資產階級民主政治 —— 責任內閣制所必要的互相制約機制和措施。它不僅能夠限制袁世凱的個人政治權力和野心，也在很大的程度上影響了國家機器的正常運轉。」話說回來，如果國會能夠切實履行好職責，管理好國家，讓中國富強起來，國會權力過大也不會遭到多少質疑或非難。但殘酷的事實是，國會自身一團糟，根本沒運轉好。暫且不說進入國會的議員良莠不齊、議員之間結黨營私，也不說議員們給自己開五百元的月薪，單單就說對於國會這個新鮮事物怎麼運轉，絕大部分議員都搞不清楚。一九一三年全國大選產生國會後，議員們單單在選舉議長採取記名投票還是無記名投票這個問題上，就糾纏了一個月之久。國民黨要求記名投票，因為它占據議會多數，記名投票可以約束黨籍議員，奪取國會領導權。共和、民主、統一等黨主張無記名投票，這樣可以方便他們挖國民黨的牆角。在多次預備會議上，議員們哄鬧、辱罵、退場，或者乾脆就不出席會議。議會的低效和混亂，為袁世凱加強集權統治提供了反面論據。

第二章
袁世凱：一失足成千古恨

袁世凱把民國初年的混亂，歸咎為國會束縛行政，政府施政方針難以有效貫徹執行（潛臺詞是：政府的方針政策都是對的、好的）。他說：「國中待治極殷，而政府措施，不足以孚眾望，此不待國民督責，即返諸本大總統之良知，亦豈能一日即安者。……國家既采法治主義，庶政皆藉法律以行；而國會紛爭，議案叢脞，累日不能決一條，經月不能頒一律。律文既缺，何所遵依？而國家作用，一旦不能滯停，政府措施，觸處動成違法。以云責任，更安取裁？」最初和他搭團隊的行政首腦是南北方都能接受的唐紹儀。唐紹儀執行臨時約法，比較認真。袁世凱頒布命令，他都認真地副署，對於總統府的公文，如果覺得不行就駁回。在傳統政治觀念中，總理應該是總統的行政助手，是皇帝的宰相，但唐紹儀這個宰相不聽從皇帝的指揮，三天兩頭要袁世凱「收回成命」或者機械蓋章。袁世凱的隨從見到唐紹儀來找總統都說：「唐總理又來欺侮我們總統了。」到最後，袁世凱對有幾十年交情的唐紹儀說：「少川，我老了，你來當總統吧。」唐紹儀也很苦悶，說「多任總理一日，即多負罪一日」，終於在一九一二年六月十五日的清晨身穿便服，悄然坐上一輛人力車，來到前門車站登上了去天津的火車。在車廂裡，唐紹儀倒身就睡。中華民國的第一任責任內閣就這麼成為了歷史。

唐紹儀之後，袁世凱不允許強力內閣的出現。第二任內閣總理原本應該是外交總長陸征祥遞補。陸征祥是技術官僚出身，沒有根基，恰恰是袁世凱需要的新總理。可惜他在國會施政演說時，聊了半天家常，大談特談自己不會喝花酒因此不喜歡交際等事，遭到了國會彈劾，最後不得不以健康原因辭職。陸征祥固然有自己不成熟的地方，但議員們意氣用事，因為總理言語不當而將好不容易拼湊起來的第二屆內閣全盤推翻，比陸征祥更不成熟。換上來的新總理是袁世凱的親信趙秉鈞。趙總

理就職後，乾脆把國務會議搬進總統府召開，行政事宜唯總統袁世凱馬首是瞻。後來趙秉鈞因為宋教仁案辭職，袁世凱力捧熊希齡組閣，鼓吹成立「第一流人才」的內閣，進行專家治國，實際上還是想把行政大權從內閣轉移到總統手中。

袁世凱將行政權力收歸己手的同時，嘗試著把國會納入自身政治框架之中。國會擁有的人事任免權、立法權和對政務的審核權，無不被袁世凱看做是強權治國的障礙。在心裡，袁世凱希望國會能夠發揮治國功用，多次公開表示尊重國會。但這種尊重是建立在國會擁戴自己的基礎上。當國會既沒有發揮作用，反而處處掣肘行政、時時鼓吹責任內閣制度時，袁世凱和國會很快走到了對立面。一九一三年的正式大總統選舉，國會醞釀著倒袁風潮。在袁世凱看來，手無寸鐵的國會議員要透過一張紙推翻自己，是完全不可能的。在投票的當天早上，突然有上千名身著軍褲、皮靴，佩戴著短槍的軍警、地痞、流氓打著「公民團」的旗號，將國會團團包圍，叫囂：「今天不選出我們中意的大總統，休想出院。」他們中意的人就是袁世凱。這些暴徒沒有衝殺進入國會，而是採取「遊行示威」的合法方式，來向國會施加壓力，說明幕後指使的袁世凱多少接受了點議會民主的「新」思想，創造出了這種「新舊結合」的方式。遺憾的是，袁世凱在第一輪和第二輪投票中都落選了。示威者就堵著大門，不讓議員散會，還驅趕了給議員送餐的家人。議員們忍飢挨餓，堅持到晚上九時，終於堅持不住了。在第三次投票中，袁世凱以微弱多數當選為民國第一任正式大總統。醜聞傳出後，上海、天津等地報紙多有不滿表示。國務院即通電各省：「此次選舉並無軍警干涉情事，倘敢捏造蜚言，嚴懲不貸。」

一九一三年十月十日，中華民國正式大總統就職典禮舉行。典禮既

第二章
袁世凱：一失足成千古恨

不在總統府，也不在國會內舉行。袁世凱選擇在紫禁城太和殿宣誓就任民國總統，而太和殿正是明清兩代皇帝登基的地方。袁世凱此舉給人廣闊的聯想空間。既然民國了，「總統就職原係向全國國民代表、議長、議員宣誓」，應當是議長、議員坐北朝南，聽取總統宣誓，以示尊重民意。可是袁世凱恰恰相反，他坐北朝南，議長、議員們排在左右兩側，像君臣上朝一樣聽袁世凱的宣誓。很多人將此看作是袁世凱稱帝野心的暴露。袁世凱已經找出了國家貧弱的原因就是政府權力削弱，那麼強權統治是必然選擇。而強權統治往往會走向君主專制。同時，皇位對人的誘惑顯然易見，袁世凱極可能此時就有了稱帝野心。也許，典禮的安排表達了袁世凱對總統和國會地位的預期：總統起權天下，國會處於服從與輔佐地位。袁世凱要求議會制度為己所用，如果能協助治國當然最好，不然就強硬廢棄。

　　爭權鬥爭繼續。國民黨議員主持下的憲法起草委員會擬定了《天壇憲法草案》，堅持責任內閣，擴大議會權力抑制總統權力。袁世凱於一九一三年十一月藉口國民黨參與「叛亂」（二次革命），下令解散國民黨，並收繳國民黨籍議員證書和徽章。四百三十八名國會議員資格被取消，超過了參眾兩院總人數的一半以上。至此，國會因為召集不到開會的法定人數，名存實亡。一九一四年一月十日，袁世凱乾脆宣布解散國會，將議員遣送回籍。需要指出的是，袁世凱此舉獲得了地方行政長官的支持。他曾寫信給各地方長官，陳述自己的意見。各地行政長官，多數面臨和袁世凱同樣的麻煩：受不成熟的同級議會掣肘，覺得施展不開拳腳。和袁世凱一樣，他們多數人也是前清官僚出身，對新生的民主共和制度很不感冒。袁世凱集權和強權的作法也代表了他們的意見。甘肅、山東、安徽等省民政長官還指控本地議會，「平時把持財政，抵抗稅

捐，干預詞訟，妨礙行政」。二月二十八日，袁世凱下令解散各省議會，由地方長官負責一切行政事宜。

但袁世凱畢竟沐浴了民主共和的陽光，不敢悍然推翻民主共和制度，需要一個代議制工具做自己的橡皮圖章，於是指定了一個政治會議。在《政治會議開會訓詞》中，袁世凱抨擊議會制度「名曰平等，實以少數人壓制多數，名曰自由，實以少數人侵略多數，名曰共和，實以少數犧牲大多數之生命財產者也」。他再次強調國家的強大是政府追求的目標，國家強大與否和採取何種國體無關。在政治會議中，袁世凱又指定了六十人成立一個約法會議。袁世凱要求他們「力謀國權之統一」，制訂一部「以總攬統治權，屬之於國家元首，以重大總統之權」的新約法。這就是一九一四年五月一日由袁世凱公布、體現袁世凱意志的《中華民國約法》。《中華民國約法》明確實行總統制，總統總攬大權，設置國務卿輔助總統，成立參政院作為總統的諮詢和事後審議機構，而立法權又歸屬專門的立法院。整個制度設計，完全以總統為核心。袁世凱公布這一約法時樂觀地預測：「今者《約法》改訂，障礙已除，政治刷新，正在今日。苟國家之事計，無不猛進勵行。」之後，袁世凱大刀闊斧撤銷了國務院，在總統府內設立了政事堂，讓拜把兄弟徐世昌擔任國務卿，安排北洋系各人掌握各部。新成立的參政院炮製了《大總統選舉法》，由約法會議通過。這部法律規定大總統任期十年，連選連任，沒有限制，讓袁世凱成為事實上的終身總統。更要命的是，選舉法還規定袁世凱臨死前可以推薦新總統人選。它仿照清朝祕密立儲的方法，規定由舊總統親書候選人的名字密存金匱石室。如果說這個制度還有什麼民主成分的話，那就是候選人有三個，由臨時選舉會在三人中挑選一人為新總統。

至此，袁世凱徹底粉碎了民國元年的約法體制和宋教仁等人的議會

第二章
袁世凱：一失足成千古恨

民主的努力，在事實上和法律上都將自己置於無冕之皇的地位。和晚清的同治、光緒、宣統等皇帝相比，袁世凱的權威和實力比他們都要強。這種強權統治一度也取得了效果。他鎮壓了二次革命後，擊垮了革命黨人，將北洋勢力拓展到安徽、江西、江蘇三個重要省分。而湖南的譚延闓、浙江的朱瑞、雲南的蔡鍔、廣西的岑春煊等半獨立人物先後被解除了實權，歸順中央。其他重要人物，比如盤踞湖北的副總統黎元洪、占據徐州的張勳、在山西割據的閻錫山、雲南的唐繼堯和東北鬍子張作霖，在袁世凱的重壓下戰戰兢兢，不敢違抗中央政府命令。民初歷史進入了武裝重壓下最穩定的時期。袁世凱政府頗能依靠工商界，聽取商會和商人的意見，起用周學熙、張謇等專家主管財政和工商店政，建立健全經濟法規和財政稅收制度，國民經濟取得了重大發展。比如袁世凱政府鼓勵民營公司，由政府出資建立保息制度，簡化開辦廠礦的手續，免徵部分釐金。民國三四年間（一九一四、一九一五年），民國政府實現了財政收支平衡，統一了貨幣。「袁大頭」銀元成了民國最保值的貨幣。

但是袁世凱依然面臨很多問題。地方政府陽奉陰違的情況時有發展，中央政府的政令不能控制每一個地方；反袁勢力始終活躍，而北洋系內部的驕兵悍將也開始削弱袁世凱的權威。袁世凱困惑了，自己都已經實現獨裁統治了，為什麼統治還是不穩，治理國家還是不順呢？

重要關頭，他身上的陳舊思想和對現代政治的所知有限，產生了極為負面的作用。當時美國公使館在報告中評價民國初年的袁世凱「眼光短淺……他除了舊政權的極端主義外，有關政府的事什麼也不懂」。袁世凱把這些問題歸咎為中央政府（也就是自己）的權威還不夠，認為「再上一層樓」當皇帝就能解決問題。他不知道中國的貧弱和政令不通，說到底是因為民國接收的是清朝的爛攤子，中央政府的底子是清朝的行政

團隊，中國的問題是累積了近百年的大問題。把「總統」變為「皇帝」又怎麼能解決問題呢？當然，其中也有袁世凱極其自私的因素。種種問題威脅他的地位，他老想保全地位，擴大權勢。而皇帝無疑是最誘人的不二選擇。

「這是一切為保留權力而掙扎的首腦人物的通病。」（費正清著：《偉大的中國革命》）

二

袁世凱有復辟帝制的趨勢，當時的社會輿論怎麼看呢？

說到社會輿論，不得不提美國人古德諾（Frank Goodnow）和他的《共和與君主論》。古德諾和在「二十一條」交涉時為中國奔走的有賀長雄一樣，都是民國政府的政治顧問。他是美國哥倫比亞大學的法學院院長、美國政治學會的創立人、政治學和行政學的權威，是當時世界上第一流的政治理論家（注意：政治理論家，並非政治家）。據說袁世凱的祕書顧維鈞是古德諾的博士生；曾任外交總長和司法總長的王寵惠畢業於耶魯大學，是古德諾的崇拜者，經他們兩人推薦，民國政府聘請古德諾為顧問。還有一種說法是，宋教仁擔任南京臨時政府法制局長的時候，聘任了古德諾。但古德諾尚未赴任，宋教仁就被暗殺了。

古德諾來華純粹是擔任政府顧問，並非袁世凱拉攏過來，更不是為鼓吹帝制而來的。

事實上，古德諾在華時間很短。民國政府和他簽訂的聘任合約期是三年。古德諾一九一三年到北京上任，一九一四年八月因為被美國霍普金斯大學聘任為校長而回國，一九一五年第二次短暫來華六周，總共在

華時間不過一年半。

透過對中國局勢一年半的觀察，古德諾在一九一五年發表了《共和與君主論》。這是一篇討論國體與社會關係的學術文章。文章認為各種政體，不論是君主專制還是共和制度，本身沒有優劣高低之分，關鍵是要和社會相適應。君主專制曾給人們帶來痛苦，共和制度也能給人帶來痛苦，世界上惡質民主隨處可見。共和制度需要社會基礎，而且是較高的基礎。落後國家驟然實現共和，古德諾擔心會出現權力鬥爭。「元首既非世襲，大總統承繼之問題，必不能善為解決」，其結果是軍閥和野心家們為了爭奪權位，大動干戈，給社會帶來破壞。中國就是落後國家，「如用君主制，較共和製為宜，此殆無可疑者也」。

古德諾的純學術推演，得到了楊度的贊成和宣傳。楊度進一步認為多數中國人根本不知道共和是怎麼回事。共和制度不適宜中國。一方面是在民國體制下，野心家人人都想當大總統，甚至不惜用武力來爭奪；另一方面是現實證明，民國成立後「中央威信，遠不如前，遍地散沙，不可收拾」。楊度擔心權威喪失，政局紊亂，競爭總統的戰亂不可避免。「非先除此競爭元首之弊，國家永無寧日。計唯有易大總統為君主，使一國元首立於絕對不可競爭之地位，庶幾足以止亂。」恢復君主制度，斷了野心家的念想，再實現君主立憲，進行國家建設謀求社會進步。楊度對軍閥混戰的前景具有預測性，但是不能簡單地把民國初期的種種問題的責任都推到共和制度頭上（況且中國當時的民主與共和制度都是不成熟的）。楊度等人不明白，這些問題是千年王朝崩潰後社會劇烈變革產生的。

拿著國際權威的文章作大旗，楊度大肆宣傳復辟帝制、君主立憲。不知道者還以為是古德諾的意思，說古德諾在中國宣揚復辟帝制。古德

諾感到委屈，特意召開中外記者會，解釋文章的本意；並在《京報》英文版上刊登原文，以正視聽。但隨著中國帝制復辟進程甚囂塵上，古德諾百口莫辯，髒帽子戴上後摘不下來了。可憐他出任霍普金斯大學校長時，聲望與日後當選美國總統的普林斯頓大學校長威爾遜不相上下，共和黨也有意提名古德諾競選總統。不想古德諾在中國復辟君主的「醜聞」傳來，美國人對古德諾避猶不及。古德諾只能鬱悶餘生。

我們再說回楊度這個人。他和袁世凱長子袁克定的關係很好。在擁戴袁世凱稱帝問題上，兩人一拍即合。袁世凱本人也支持楊度帶頭成立一個鼓吹復辟帝制的組織。於是，楊度聯合孫毓筠、胡瑛、李燮和、劉師培、嚴復發起成立了「籌安會」。六個發起人當中，楊度是游離在各個政治派別間的書生，孫毓筠、胡瑛和李燮和是前革命黨人、曾任地方都督，劉師培和嚴復是著名知識分子，都是社會名流，被稱為「籌安六君子」。籌安會宗旨就是「籌一國之治安」，聲明共和政治不適合中國，只有恢復帝制。他們廣為散發《君憲救國論》的復辟綱領，還電請各地長官、團體派代表赴京，共同討論國體問題。各地覆電還很活躍，不少人贊同復辟。當然，也有許多人反對復辟，要求政府取締籌安會。袁世凱藉口籌安會是自由學術團體，表示不便干涉，還派兵荷槍實彈保護六人住宅。袁世凱公開支持籌安會後，全國復辟請願活動迅速升溫，擁戴袁世凱的活動五花八門。

復辟請願熱潮中，不乏投機取巧的宵小之輩，但這股潮流多少體現了當時社會渴望國家富強、呼喚強權人物的心理。辛亥革命帶來的社會變革，讓中國社會茫然之餘只看到國家貧弱。正如孫中山先生承認：「一般不明白的人以為從前革命成功，即立刻能享幸福。現在幸福未至，且內地也有亂過之地方，人民謀生，比從前稍難。故不明白的人，以為

現在共和政體，不及從前專制政體之善，因滿清時代尚不至於此。」上
海《時事新報》曾在一九一二年十二月二十八日刊載社論《內閣制果能
實行於中國否》，認為社會多數人沒有排斥袁世凱，在今日中國的情況
下袁世凱適合做強權總統。流亡歸來的梁啟超一派則直接鼓吹中國適合
走「開明專制」的道路，主張中國現在「宜以鞏固國權為主義」，呼喚一
個強大的、運行良好的政府。比如日本和德國的立憲君主就把國家治理
得挺好。梁啟超的學生、時任雲南都督的蔡鍔聯合八位對方都督通電支
持袁世凱建立總統集權制主張，要求賦予袁世凱否決立法和解散國會的
大權。

　　袁世凱走向強權統治之路，迎合了部分民眾的心理，「給期望社會
穩定、秩序和發展的人們帶來希望，因而能夠容忍著舊事物的存在和袁
世凱的獨裁」。（朱宗震著：《真假共和》）但袁世凱知道，並非所有人都
支持復辟帝制，呼籲強權統治的許多人思想止步於接受一個獨裁總統。
社會上曾傳聞北洋將領倪嗣沖、馮國璋等人向袁世凱祕密上表勸進，倪
說：「孫、黃失勢，已入英雄之彀中；黎、段盡心，可寄將軍於閫外。」
表示北洋將軍忠心支持袁世凱稱帝。後來在社會輿論的指責下，倪嗣
沖、馮國璋不得不通電闢謠，馮國璋甚至要和報館編輯打誹謗官司。袁
世凱看到即便是北洋內部也有不同意見，所以當一個湖北商人裘平治公
開上書，敦請袁世凱「暫改帝國立憲，緩圖共和」時，袁世凱下令將裘
平治查緝拿辦，重申「共和為最良之國體，治平之極軌」，「永不使帝制
再見於中國」的就職宣言。

袁世凱祭天

　　袁世凱本人對黃袍加身心存疑慮，但他身邊的人早已聞風而動。社會上還有一批傳統政治的踐行者，他們老想著要當開國元勳，隨著袁世凱稱帝去謀取榮華富貴。其中就有袁世凱的瘸子長子袁克定。袁克定曾自詡為李世民，意思是說讓老爹袁世凱開國，自己去創造盛世。結果他的能力全體現在了弄虛作假、蠱惑老爸稱帝上了。袁世凱很在意日本人對自己稱帝的意見，經常閱讀日本外務省在華官辦的中文報《順天時報》。復辟活動開始後，《順天時報》一改批評袁世凱的做派，天天刊登擁戴帝制的消息。有一天，袁世凱看到女兒包花生米的報紙，竟然是和自己看到的截然相反的《順天時報》。原來是袁克定偽造了一份讓袁世凱一個人看的假報紙。袁世凱雷霆大怒，重責了兒子。袁世凱還看到中南海居仁堂梁上纏繞了一條渾身赤色的蟒蛇，見人不但不怕還很溫順地慢慢爬走。這種中國傳統權謀中司空見慣的祥瑞，是袁克定從馬戲團借來的。此外，北海曾挖出一塊石碑，用篆書寫著：「（宣）統失綱，洪（憲）命歸。」袁氏祖塋守墳人報告袁世凱袁保中墳側，夜間不時有紅光出現，形同火炬，照耀四方，祖塋附近還長出一株紫藤樹，狀似盤龍，長逾丈

許。最離奇的是，祖墳附近突然出現了一塊大石頭，上寫：「天命攸歸。」不用說，全是袁克定的傑作。袁世凱的孫子、袁家騮教授認為祖父稱帝「實在是怪我的大伯父」，袁世凱死前也痛責袁克定「欺父誤國」。

廣東東莞人張伯禎看袁氏復辟轟轟烈烈，想獻媚牟利。他偽造了從漢代四世三公的袁安 —— 袁紹開始到袁世凱為止的《袁氏世系》，編造了明末民族英雄袁崇煥遇害後有一支子孫由東莞遷至項城的故事，宣稱袁世凱是袁崇煥的後裔。順德人羅敦曧也湊過來拍馬屁，在書前題言：「袁氏四世三公，振業關中，奄有河北，南移海隅，止於三水、東莞，清代北轉，項城今日正位燕京，食舊德也。名德之後，必有達人。」袁世凱的親信梁士詒是廣東三水人，很樂意把這本假族譜代呈袁世凱。中央政府各部的小人們，像見了寶一樣，立刻奏請尊祀袁崇煥為「肇祖原皇帝」，建「原廟」，大修北京城中崇文門外的袁崇煥墓。袁世凱也昏了頭，還派使節赴東莞致祭袁崇煥。一個拙劣的騙局經過眾人之手，變成了一場令人啼笑皆非的鬧劇。

顧維鈞當過袁世凱的祕書，認為袁世凱是個非常迷信的人。他的稱帝與袁家男子的壽命有關。袁家幾代人沒有活過五十八歲的。最長壽的袁甲三也才活了五十七歲。袁世凱已經五十五歲了，非常恐懼死亡，妄圖透過稱帝來逃過宿命。結果，袁世凱稱帝後還是在五十七歲時死於全民討伐聲中。

權力需要、治國考慮、自私心理、小人蠱惑和部分社會輿論，各方面因素綜合作用，讓袁世凱的復辟行動走向深入。一九一五年九月袁世凱下令召集國民會議，「討論」國體問題。原本應該曠日持久的政治討論，卻因為袁世凱強權控制，採取短平快的幕後起作方法，快速選舉、就地召集，投票表決是否贊成改變國體，取消了討論。十月起，各省選

舉出國民代表，地方政府設置專人招待接洽，向代表們打招呼，地方長官以談話宴飲為名再把代表們招到官署中，大談中國國情和君主制的特點，等於事先預定了投票結果。結果各地都贊成復辟帝制。十二月十一日，參政會作為國民總代表，舉行國體總投票。結果一千九百九十三名代表全部贊成君主立憲，沒有一人反對，沒有一人棄權，沒有一張廢票。投票後立即開始「擁戴表決」，工作人員說「應推戴袁世凱為中華帝國大皇帝，如贊成，應起立」。所有人全都起立贊成，並且簽署了「謹以國民公意，恭戴今大總統袁世凱為中華帝國皇帝，並以國家最上完全主權奉之於皇帝，奉天建極，傳之萬世」的擁戴書。如此鬧劇充分表現了袁世凱對政治的兩大理解：強權人物要強力控制局勢；要有「民意」的包裝。

不過袁世凱拒絕了參政會的擁戴──歷史上的權臣篡位都得退讓一番，以示謙虛，也烘托出眾望所歸勉力而為的意思。參政會深諳其中奧妙，趕緊再次上書擁戴。袁世凱這才擺出被逼上梁山的樣子，「被迫」接受擁戴。袁世凱接受帝位的日子是一九一五年十二月十二日。第二天，袁世凱在居仁堂接受百官朝賀，改國號為中華帝國，改元洪憲，並發表簡短演說：

大位在身，永無息肩之日。故皇帝實為憂勤惕若之地位，絕不可以安富尊榮視之。且歷代皇帝子孫鮮有善果，平時一切學問職業皆不得自由，故皇室難期發達，予為救國就民計，犧牲子民，亦不敢避。

後袁時代：民國從此成亂世

————　一　————

　　一九一六年元旦，正當「洪憲」元年粉墨登場、袁世凱皇帝接受百官朝賀的時候，昆明校場舉行了護國軍誓師大會。護國軍清算袁世凱「背食誓言」，「叛國稱帝」等十九條罪狀，出兵討袁。反對袁世凱復辟的護國戰爭正式爆發。

　　護國戰爭是反袁勢力匯合的平臺 —— 並非所有參加護國的勢力護的都是「民國」，許多人是衝著反對袁世凱來的。復辟前，袁世凱身邊就出現了許多反對的苗頭，可惜沒有引起他足夠的注意。比如一九一五年年初，鼓吹開明專制的梁啟超逃離了北京，躲進了天津租界。原因是袁克定拉梁啟超參與復辟。梁啟超贊成強權統治，但不贊成復辟帝制。人是同樣的人，國情是同樣的國情，難道換上一個皇帝就能解決種種問題嗎？梁啟超不這麼認為，並且擔心復辟帝制會再折騰中國一遍，打開潘多拉魔盒，禍害無窮。

　　不僅是外人，就連北洋系統內部的人，也對袁世凱稱帝保留意見。比如不贊成復辟的北洋重將馮國璋找到了梁啟超。他邀請梁啟超進京勸袁世凱停止復辟。身為袁世凱的老部下，馮國璋和袁世凱進行了一番誠

懇的對話。馮國璋直言南方有許多復辟帝制的「謠言」。袁世凱回答：「華甫，你我多年在一起，難道不懂得我的心事？我想謠言的產生，不外兩種原因：第一、許多人都說我國驟行共和制，國人程度不夠，要我多負點責任。第二、新約法規定大總統有頒賞爵位之權，遂有人認為改革國體之先聲，但滿、蒙、回族都可受爵，漢人中有功民國者豈可喪失此種權利？這些都是無風生浪的議論。」袁世凱接著說：「華甫，你我是自家人，我的心事不妨向你明說，我現有地位與皇帝有何分別，所貴乎為皇帝者，無非為子孫計耳。我的大兒身有殘疾，二兒想做名士，三兒不達時務，其餘則都年幼，豈能付以天下之重？何況帝王家從無善果，我即為子孫計，亦不能貽害他們。」馮國璋也推心置腹地說：「南方謠言四起，都是不明白總統的心跡。不過，中國將來轉弱為強，各界都擁戴總統稱帝，總統雖謙讓為懷，恐怕也推不掉。」袁勃然變色言：「什麼話，我有一個孩子在倫敦求學，我已叫他在那裡購置薄產，倘有人再逼我，我就把那裡做寓公，從此不問國事。」如果說袁世凱對梁啟超的躲避是無意忽視的話，那麼他對馮國璋就是故意欺騙了。馮國璋相信了，還轉告了梁啟超。兩人都以為熱鬧的復辟活動並非袁世凱的本意。當謊言被戳穿後，原本就反對復辟的受騙者會更加激烈地反對復辟。

　　復辟途中，拜把兄弟徐世昌勸袁世凱慎重：「凡事當熟計厲害，萬一半途而廢將何術以轉圜。」袁世凱說：「國中有權力者豈亦反對此舉乎？」徐世昌回答：「段祺瑞從公最久，已首先反對，他可弗論。」原來，掌握軍權的陸軍總長段祺瑞也反對復辟帝制。內史監阮忠樞曾拉攏段祺瑞共同擁戴勸進，遭到段祺瑞厲聲斥責。袁世凱親自出面接手段祺瑞的工作。段祺瑞說帝制已經被人民拋棄了，復辟帝制不得人心，而他當年領頭逼清朝退位，現在怎麼能擁戴復辟呢？袁世凱只問段祺瑞個人的真實心意。段祺

瑞說跟隨袁世凱二十多年了，不忍心看老領導成為千古罪人，請袁世凱取消復辟。袁世凱很不高興，像對待馮國璋一樣欺騙段祺瑞說沒有復辟之意，還解除了段祺瑞的陸軍總長職務。此後，眼看袁世凱復辟在即，段祺瑞兩次求見，袁世凱均稱病不見。稱帝後，袁世凱封爵超過百人，卻沒有段祺瑞，不知是不願強人所難還是對他耿耿於懷。副總統黎元洪明確反對帝制，張勳、唐繼堯、陸榮廷也沒有明確表示擁護袁世凱稱帝，而是模糊地贊同由參政會討論。而湯化龍、張謇等立憲派則離開北京，消極合作。袁世凱對這些情況都掉以輕心，只是在軍事上做了若干部署。比如將段芝貴調任奉天將軍，控制東北；由王占元署理湖北將軍，調任參謀次長陳宧為四川將軍，帶兵入川，監視兩湖和西南地區。

袁世凱與外國公使合影

護國戰爭爆發後，雲南獨立的消息出乎袁世凱的意料，但他還是自信能夠控制局勢。除了給蔡鍔、唐繼堯等人奪職定罪外，袁世凱使了一招很傳統的「釜底抽薪」術，任命滇軍師長張子貞、劉祖武代理雲南將

軍、巡按使，要求他倆押解蔡、唐到京治罪。他心想，即使張劉二人抵擋住了官位的誘惑，也能引起護國軍內訌。不想，張、劉藉機通電全國，揭露這是袁世凱一貫使用的「欲飴以利」的手段，表示「出萬死不顧一生之計，興斯義舉」。袁世凱出師不利，更不利的是日本公開大力資助反袁勢力。日本貸款給岑春煊一百萬元，使兩廣地區迅速宣告獨立；又資助中華革命軍在上海和山東起義反袁；並派駐上海軍官青木中將以及在越南的日本商人協助梁啟超潛入廣西轉赴雲南參加護國運動。隨著南方獨立省分越來越多，袁世凱感到恐懼，開始認真籌措鎮壓。

客觀地說，護國戰爭的聲勢很大，但實力非常有限。作為護國軍主力的滇軍討伐部隊也就幾千人，戰場僅僅局限在四川和湖南的南部。然而結果是，袁世凱不但沒能鎮壓住這次小範圍的叛亂，反而被護國軍推翻了，原因在於他已經指揮不動北洋軍了。

袁世凱先是讓段祺瑞掛帥征討護國軍，段祺瑞接口「宿疾未癒」拒絕任職。暗地裡，段祺瑞還和蔡鍔互通消息，蔡鍔潛出京城前就找段祺瑞商量過。段祺瑞在北洋系統內可不是普通的將領，而是能夠影響其他將領的關鍵人物。段祺瑞「對於統兵將帥，威信猶存」，袁世凱派往前線的曹錕、張敬堯等人都暗中聽從段祺瑞的意見，按兵不動。比如張敬堯表面上接受「洪憲皇帝」的封爵，私底下卻以戰備為名駐兵瀘州拒絕出戰。指揮不動段祺瑞了，袁世凱就希望駐紮在南京的馮國璋能夠進京，主持鎮壓護國運動。受過袁世凱一次騙的馮國璋在長江下游招兵買馬，儼然有割

蔡鍔

據之心，害怕被調虎離山，拒絕進京。三月，馮國璋還聯合江西將軍李純、山東將軍靳雲鵬、浙江將軍朱瑞和長江巡閱使張勳給袁世凱發去了「取消帝制，義安人心」的密電。這五個人都是北洋系統內的地方實力派，都是袁世凱一手提拔的。他們的聯手逼宮，宛如當年袁世凱對隆裕太后的逼宮，對袁世凱的打擊遠比護國軍要大。

當四川和湖南獨立的消息傳到北京，袁世凱徹底失去了抵抗的決心。因為這兩個省的將軍都是袁世凱擢升的心腹、寄予厚望的親信。四川將軍陳宧出京前，跪倒在袁世凱腳下，感激涕零地表示支持復辟之心矢志不渝。湖南將軍湯薌銘曾上表勸進，發誓「薌銘所部，為王前驅」，還公開率下屬官員和「國民代表」，北面長跪，高呼：「擁戴袁世凱為中華帝國皇帝！」現在連他們都宣布獨立、電催袁世凱退位了，袁世凱心裡怎麼能承受得了。

於是，袁世凱燒燬了收到的所有擁戴書和勸進表，被迫同意取消帝制。

袁世凱先把「退位」的消息告訴了徐世昌、段祺瑞、黎元洪三人，還邀請他們來中南海商議細節。散會後，取消帝制的電稿已經擬好，準備向全國發布了，袁世凱突然下令收回電稿。徐世昌、段祺瑞聞言，擔心袁世凱反悔，連忙返回中南海詢問袁世凱為什麼收回電文。袁世凱無可奈何，只好說：「我要改動裡頭幾個字。」隨後，取消帝制的通電由徐世昌副署，向全國發布。這天是三月二十二日，距離洪憲開國只有八十一天。通電留了一個小尾巴，就是袁世凱退位後還要做他的終身大總統，並且要求南北和談，南方各省取消獨立。結果，護國運動並沒有因為一紙通電而結束，反袁勢力也反感袁世凱貪戀權位的做法，一致要求袁世凱徹底引退。其中段祺瑞藉口恢復責任內閣，要求袁世凱向他交權。袁世凱走投無路，被恐懼感團團包裹。

二

一九一六年六月六日，袁世凱在眾叛親離中死去，時年五十七歲。

袁世凱小的時候，叔叔曾問他有什麼理想——就像所有長輩會問晚輩的那樣。小袁世凱思考後很認真地回答：「願留芳百世，毋遺臭萬年。」臨終時，袁世凱記起了兒時的志向，眼看自己必將遺臭萬年，對圍繞床前的家人坦承：「此是余自己不好，不能咎人。」

袁世凱的具體死因是什麼？袁世凱身材臃腫肥大，一百五十三公分的身高，體重竟然達八十三公斤，腰圍超過一百公分，「俯不能視雙足」。他妻妾眾多，時有縱慾，從光緒中期就患上了糖尿病、高血壓、前列腺肥大。為袁世凱臨終出診的德國醫生巴勒弟，記錄袁世凱死前症狀：「病人噁心、嘔吐和腹瀉，口中有氨味，齒齦也常發炎，口腔黏膜已經潰爛出血，且無法制止。患者嗜睡、抽搐、昏迷。腹脹痛、浮腫、不能平臥等，面部呈灰黃色。」可以說，一系列慢性病加上強烈的精神刺激，要了袁世凱的命。

袁世凱在一九一三年四月六日屏絕行人、大張旗鼓地從張自忠路遷入中南海，此後忙於中央集權和籌劃稱帝，又害怕刺客暗殺，幾乎沒有走出過中南海新華門。袁世凱女兒袁靜雪感嘆：「我父親是活著進的新華門，直到死後才被抬著出了這個門。」抬出中南海後，袁世凱的墓地成了大問題。首要選擇是入葬項城的祖墳。但是袁世凱兄長袁世敦主持家政，恪守封建倫理，因為袁世凱生母劉氏的入葬風波已經和袁世凱斷絕往來了。加上袁世凱是庶出幼子，袁世敦不同意袁世凱入葬祖墳。復辟前後，袁世凱的弟弟和妹妹都發表聲明，和袁世凱斷絕關係，不接受洪憲帝國的封賞，也不對復辟負任何責任。復辟讓袁世凱臭名遠揚，千夫

所指，老家的族人對他避猶不及，哪裡還會迎接袁世凱屍骨回鄉安葬？最後，袁世凱被安葬在離洹上村袁宅約一公里的太平莊。文化大革命期間，袁世凱的墓被挖，屍骨遭揚棄。如今安陽博物館保存有袁世凱部分遺骨。

袁世凱墓地

六月六日，馮國璋在第一時間於南京看到了國務院發來的「袁大總統薨逝」的急電。他捏著電報，放聲大哭：「大總統這麼一個英明人物，想不到會落到現在這樣的結果！」身為一步一步艱難往上爬的漢族庶族地主子弟，袁世凱在近代變革浪潮中，飽經歷練。「在幾十年政治實用主義和權力追逐的過程中，袁世凱最初的本意，一定是要建立一個強大的、中央集權的東方民族國家，以便能夠與西方抗衡。只不過，他所有的努力，最後皆被個人稱帝的貪欲所燒焚，落得身敗名裂的下場。」（梅毅著：《革命與宿命》）他為什麼會產生這麼大的錯誤判斷呢？祕書顧維鈞認為：「袁世凱是軍人出身，曾任駐朝鮮總理交涉通商事務官署和顧問，但完全屬於舊派。和頑固的保守派相比，他似乎相當維新，甚至

有些自由主義的思想，但對事物的看法則是舊派人物那一套。他以創新軍和首任直隸總督而聞名。他是個實業家，卓越的行政官吏、領袖人物。但不知為何他卻不喜歡旅行，從未到過長江以南，他長於應付各種人物，但是從未想把才能應用在治理國家，使之走上民主化道路這一方面。」顧維鈞把袁世凱的失敗歸咎於對西方共和民主制度的無知：「袁世凱不懂得共和國是個什麼樣子，也不知道共和國為什麼一定比其他形式的政體優越。他的統治越來越趨向帝制，保持舊的制度，使自己高高在上。他不只是不了解共和國需要什麼或民主如何發揮作用，看來他根本沒有實現共和或民主的願望。」

唐德剛在《袁氏當國》中評價袁世凱是近代大變革時代的「邊緣政客」：「袁世凱在近代中國歷史轉型期中，也算一個悲劇人物。兩千年帝王專制的政治傳統，絕然不能轉變於旦夕之間。因此他縱想做個真正的民主大總統，不但他本人無此智慧條件，他所處的時代也沒有實行民治的社會基礎。他如要回頭行帝王專制，甚或行君主立憲，這些形式在當時的中國也已失去了生存的土壤。客觀歷史早已注定他這個邊緣政客（marginal politician）不論前進或後退，都必然是個失敗的悲劇人物。」

三

話說段祺瑞、馮國璋等人反對袁世凱的帝制，並非出於維護民主共和的考慮或者針對袁世凱個人，而主要是覬覦袁世凱的權勢。他們都想取而代之。

袁世凱帶著段祺瑞、馮國璋等一幫小夥子打江山，好比是創業辦公司。現在公司上市了，事業發達了，袁世凱成了董事長，小夥子們都成

了董事小股東了。突然，董事長自己當皇帝了，要把公司交到子孫手裡代代相傳，那些等著袁世凱百年以後競爭董事長寶座的小股東們當然就不滿了。馮國璋的心理就是這樣，段祺瑞最後更是直接要求袁世凱交權。張勳、曹錕、張敬堯等人實力稍遜，卻也有著割據一方當地頭蛇的美夢。袁世凱稱帝之所以引起北洋系統內部的反對，很大原因在於「家天下」的做法堵塞了部屬們的權力之路。

袁世凱面臨的問題是中國開國史上的老問題：開國君主如何處理打江山的部將們？朱元璋的做法是大開殺戒，劉秀和趙匡胤的做法是用金銀珠寶和虛官高位養著，杯酒釋兵權。這兩種做法對袁世凱都不適用。因為他的創業只成功了一半，還要依靠段祺瑞、馮國璋、張勳等人去鎮壓反袁勢力，用武力推行強權統治。如何既讓日漸壯大的部將為己所用，又限制他們一味膨脹，是袁世凱面臨的難題。

民國建立後，袁世凱繼續用宗法關係加強對軍隊的控制。一份由總統府軍事參議處散發給北洋軍官的傳單，不厭其煩地說道：「北方各軍官源於小站，故袁總統為北軍之父母，今我北方軍訂互約三事，從者簽名，不從者用武力對付：（一）袁總統為北方各軍之父母，無論何人，有與袁總統反對者必出死力與之抵抗。（二）大總統有統轄海陸軍全權，凡我軍人，只知有總統，不知有其他。（三）凡我軍人當絕對的服從總統命令。」當時的北洋軍處於空前大發展時期，這份傳單從反面證明了膨脹的北洋軍並不像在小站時那樣聽從袁世凱的指揮了。鎮壓二次革命後，北洋軍占據了大半個中國，各個將軍盤踞一方，露出了驕兵悍將尾大不掉的徵兆。比如北洋第六師師長李純鎮壓了李烈鈞在江西的獨立，出任江西都督，居功自傲，擁兵自重。第二師師長王占元進據了湖北，要挾中央，抵制袁世凱任命的湖北都督段芝貴。而段祺瑞擔任陸軍總長多年，

結黨營私，勢力迅速膨脹，逐漸形成了皖系的雛形。段祺瑞「俟袁氏任滿而自代」，自信滿滿。而江蘇都督馮國璋控制東南膏腴之地，李純、王占元等以他為首，在長江流域擁有重兵，發展為後來的直系。袁世凱對這些人鞭長莫及，只能遷就。只是因為威望猶存，所以散布各地的部隊還勉強聽從袁世凱的指揮。

袁世凱自然看到了北洋軍分裂的徵兆，也下了一番工夫進行整頓。他強權統治的重要內容之一就是強化對北洋軍的控制。一九一四年六月八日，袁世凱成立了陸海軍大元帥統率辦事處，作為最高軍事指揮機關。辦事處以蔭昌、王士珍、段祺瑞等人為辦事員，各人輪流值日，由半隱退的王士珍實際主持事務。這就抽空了參謀總長和陸軍總長等人的權力，極大制約了段祺瑞勢力的膨脹。同時，袁世凱認為北洋軍暮氣已重，決定由統率辦事處編練新軍，取名模範團。組建模範團有兩大目的，第一是輪訓北洋各部軍官，抽調各師下級軍官為模範團士兵，中高級軍官為下級軍官；第二是計劃將模範團逐步擴大，直至最後改組乃至吞併舊的北洋各部。為此，袁世凱親任第一期模範團團長，任命長子袁克定為第二期團長，分別以袁克定的親信陳光遠、陸錦為副團長。如此人事安排，很有讓模範團成為袁家軍的意思。第一期模範團畢業後擴編為第十一師和第十二師，第二期畢業後編成第九師。段祺瑞眼看著袁世凱鞏固兵權，喜新厭舊，乾脆請假療養，激化與袁世凱的矛盾。袁世凱就勢以王士珍取代段祺瑞擔任陸軍總長。這是一九一五年初夏的事情。半年後，護國戰爭就爆發了。袁世凱整頓北洋軍的計畫沒完成，加上復辟激起內外反對，最終沒能指揮北洋大軍保住洪憲王朝。

袁世凱一死，北洋系統原先被遮掩著的內部矛盾決堤而出，再也沒有強權人物能夠維持北洋系統的表面團結了。事實上，袁世凱還沒嚥

氣，馮國璋就在南京召集沒有宣布獨立的各省將軍開會討論袁世凱的去
留問題了。會上，有人要求拋棄袁世凱，有人激烈反對，大家連續爭吵
了五天，不歡而散。之後，北洋系內訌頻發，直皖混戰、直奉戰爭，打
得不亦樂乎。

　　一九一六年六月後，直到一九二八年，民國成了軍閥混戰的大
戰場。

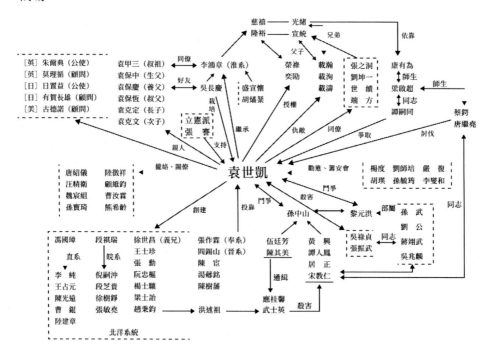

第三章

黎元洪：菩薩總統梅開二度

　　黎元洪曾經發表通電，把自己和當時的主要政治人物相比較：
「沈機默運，智深勇沈，洪不如袁項城（袁世凱）；明測事機，襟懷恬
曠，洪不如孫中山；艱苦卓絕，一意孤行，洪不如黃善化（黃興）。」
但就是這麼一個資質平庸、看似忠厚老實的人在大混亂時代兩次出任
總統，死後倍極哀榮。其中原因何在？是他擁有強大的軍事後盾嗎？
不是，黎元洪除短期執掌湖北政權外，無兵無卒，幾乎是光桿司令。
湖北話「黎」、「泥」發音相近，身寬體胖被稱為「黎菩薩」，暗諷他
身處高位、自身難保。要理解這個菩薩總統，我們必須把歷史回放到
一九一一年十月十日的晚上……

武昌首義：別無他選的都督

一

一九一一年（宣統三年）十月十日晚，時任湖北新軍第二十一混成協協統（相當於旅長）的黎元洪焦頭爛額。

第二十一混成協下屬的後勤隊士兵在當晚八點，槍殺軍官，衝出營房，起義了！

前一天，黎元洪還參加了湖廣總督瑞澂召集的會議，商議剛剛破獲的俄租界革命黨人據點案子，處決了三名首要分子，部署清查新軍中的革命官兵。本以為武昌的革命勢力遭到了重創，不想後勤隊的起義還是點燃了革命火種，各部新軍紛紛響應。更為嚴重的是，新軍官兵的行動雖然是倉促的，但既定的起義方案早已深入人心。起義官兵按計畫迅速占領了楚望臺軍械庫，壟斷了武器裝備，怎麼辦？

黎元洪

　　四十七歲的黎元洪是個很敬業的軍官，吃住都在軍營中。後勤隊起義發生時，他正在混成協四十一標軍營中，得知消息後慌忙召集本協將校開會。會上，黎元洪做出了兩項決策：第一、關閉所有還能控制的部隊的營門，收繳武器，禁止人員出入；第二、部隊遇到革命黨人進攻則還擊，革命黨人退去則不追擊，按兵不動，待天明再做計議。這兩項決策不失為穩妥幹練之舉，遠比瑞澂盲目的大範圍清查革命官兵致使人人自危、激起兵變要高明得多。儘管技術上有優劣之分，黎元洪和瑞澂二人反對革命、維持清朝統治的立場是相同的。

　　晚十一時半，就在黎元洪焦急地期待這僅是一場小小的、不難平定的兵變的時候，工程八營士兵周榮棠翻牆跳入大營，高喊革命已經成功，號召四十一標官兵一起去攻打總督官署。黎元洪氣急敗壞，抽出佩刀，當場將高聲呼喊的周榮棠殺死。

　　城內的情形雖然沒有如周榮棠所說的「革命已經成功」，但正顯露出革命勝利的曙光。起義官兵公推楚望臺當日值勤隊官吳兆麟為臨時指揮官，引導反抗的砲兵進城，步炮協同向總督官署發動猛攻。湖廣總督瑞澂聞風喪膽，在後院挖牆逃跑了。占領督署後，起義官兵開始進攻沒有響應起義的清軍軍營。午夜時分，四十一標營地接連落下重炮。起義官兵對該標發動了進攻。

　　遠近炮火印紅了武昌的黑夜，越來越近的喊殺聲讓四十一標官兵心驚膽顫。黎元洪知道勝負已定，長嘆一聲，下令打開軍營大門，允許官兵逃生。命令一出，早已喪失鬥志或者傾心革命的官兵們魚貫而出，一哄而散。黎元洪夾雜在亂軍中逃出營房，不敢回家，就躲入參謀劉文吉家中。

　　天亮後（十月十一日），起義官兵控制了整座武昌城，迅速展開善後。當天午後，工程營士兵馬榮發現了黎元洪的一個傭人，攔住盤問得

知了黎元洪的藏身之處，隨即帶領一隊士兵前往劉文吉家。後世盛傳黎元洪是躲在床下被起義官兵揪出來的，宣揚黎元洪的恐慌和懦弱。「床下說」最早見於反黎報紙《震旦日報》一九一二年春攻擊黎元洪的社評，並沒有切實的證據。最有可能的情況是這樣的：

當時黎元洪的確躲在劉家的臥室裡，見士兵們荷槍實彈湧進房間，以為是來殺自己的，顫巍巍地問道：「各位弟兄，黎某自問不曾虐待過大家，為何要取我性命？」不想，士兵們七嘴八舌道：「協統勿驚，我等是來迎接您出去領導革命的。」這一回答讓黎元洪更害怕了。他又搖頭來又擺手，連連說道：「不行，不行，造反是要殺頭的，莫害我，莫害我。」說著，他竭力和士兵們拉開距離，一會兒躲到蚊帳後面，一會兒繞著大床和士兵們玩躲貓貓遊戲。最後還是馬榮急了，拉響槍栓，威脅黎元洪：「你再不跟我們走，我就開槍了！」黎元洪這才極不情願地隨著眾人，前往湖北省諮議局。

諮議局裡的革命黨人和立憲派已經推舉黎元洪出任了湖北都督──這個革命首義領袖的頭銜是黎元洪一生最大的政治資源。問題是，人們為什麼甘心讓一個「反革命」的前清將領來做革命的領袖呢？

二

黎元洪能夠走上革命的風口浪尖，主要是由他個人作為和聲望決定的，同時也和當時革命黨人內部的派系之爭分不開，更拜倉促的起義形勢所賜。

首先，在天下烏鴉一般黑的晚清社會，文恬武嬉，滿目腐朽景象，黎元洪卻是另類。

　　黎元洪同治三年（西元一八六四年）出生於漢陽中等偏下人家。父親黎朝相投軍，一步步升到把總一職，但老實本分，並沒有多少收入。相反，由於常年行軍在外，家裡生活非常困難。黎元洪幼時，放過牛（別人家的），偷過菜（沒被抓住過），就是沒讀過書，也就走不了科舉做官的道路。之後父親黎朝相接黎元洪到駐所直隸北塘讀了幾年私塾，但是黎元洪讀書取仕的心思早沒了，卻立下了從軍的志向。西元一八八三年，黎元洪考進天津水師學堂，開始了軍旅生涯。

　　出身普通家庭、沒錢沒勢又老實做人的黎元洪之後在賄賂公行、賣官鬻爵的晚清官場能夠穩步高升、平步青雲，而沒有被壓死在體制之內、蹉跎一生，除了他選擇了能力要求比較高、考核比較透明的近代軍隊外，黎元洪本人的能力和品德起了主要作用。首先，天津水師學堂招考條件苛刻，學習要求嚴格，不是紈絝子弟和懶散之徒能夠容身的。水師學堂學制五年，其中海上實習一年，每年考試淘汰不及格的學生。黎元洪在學校裡學得了困難的輪機駕駛和修理技術，而且為人忠厚，尊敬師友，常常為同學承擔過錯，得到了嚴復、薩鎮冰等老師的賞識，順利畢業。水師學生生涯正是黎元洪個人品性養成的關鍵時刻。入學不滿月，父親黎朝相病故，黎家斷了經濟來源。黎元洪身為長子，上有母親下有弟弟妹妹，毅然挑起了全家生活的重擔。他的收入，只有每月四兩銀子的學校補貼而已。用這四兩銀子，黎元洪養活了全家。在學校裡，他生活儉樸，埋頭讀書；每次回家探親，他都徒步走完從天津學校到北塘家裡的百里路程。當時水師內部的風氣極差，賭博、吸毒、嫖妓成風，黎元洪潔身自好，獲得了上下一致讚賞。

　　為什麼「不合群」的黎元洪能夠被上下接受，脫穎而出呢？即便是再黑暗腐朽不過的體制，也需要黎元洪這樣出汙泥而不染的另類。清

第三章
黎元洪：菩薩總統梅開二度

廉正直的另類的存在，恰恰證明了黑暗體制的「光明」和「正義」的一面。它需要樹立典型作為宣傳榜樣，越黑暗就越需要樹立正面典型。黎元洪的勤奮好學、正直清廉，說明他對所處的體制抱有希望，真心擁護現有體制。黑暗體制的光明另類，往往是黑暗體制最堅定的捍衛者。黎元洪和晚清體制的關係就像海瑞和晚明體制的關係一樣，前者擁護、捍衛後者，後者則離不開前者。

所以，黎元洪一畢業就被授予六品頂戴 —— 父親黎朝相用了一生時間才換來六品頂戴。一八九四年，黎元洪已升為五品官，任南洋水師「廣甲」號的二管輪。這一年，廣甲號北上，和北洋艦隊一起接受朝廷的檢閱。檢閱完畢，朝鮮戰爭一觸即發，廣甲號等北上艦隻奉命加入北洋水師，為赴朝清軍護航。不想日本蓄意挑起了黃海海戰。激戰中，廣甲號管帶吳敬榮率艦臨陣脫逃，結果慌不擇路而擱淺。日軍尾隨而來，吳敬榮獨自逃生，餘下的官兵決定鑿船自沉。船沉後，官兵們落海逃命。說來奇怪，黎元洪不會游泳，卻在與大海拚搏了三個多小時後，安全漂到岸邊獲救。廣甲號只有四名官兵獲救，黎元洪就是其中一個。

北洋水師全軍覆沒後，黎元洪赴南京投奔兩江總督張之洞，迎來了仕途的高峰。當時張之洞與袁世凱相呼應，在南京組建南洋新軍。他對通曉近代軍事、忠厚干直的黎元洪很欣賞，先是委派他監修南京城外的幕府山炮臺，後任命他為南京炮臺總教習。張之洞調任湖廣總督時，帶著一部分南洋新軍和黎元洪等人同去湖北。對這部分力量進行擴編後，張之洞組建了陸軍第八鎮和暫編第二十一混成協，成為僅次於袁世凱北洋新軍的湖北新軍。其中，黎元洪就是第二十一混成協協統，二品官，是僅次於第八鎮統制張彪的湖北新軍第二把手。張彪能力平庸，對近代軍事知之甚少，很多事務要仰仗黎元洪的意見。此外，黎元洪還兼任新

軍兵工廠、鋼藥廠提調、講武堂會辦、湖北棉麻四局會辦，並兼管湖北水師，可算是能者多勞、一肩多任。

身為湖北新軍的創立者之一，黎元洪除了能力出眾、工作出色讓官兵信服外，個人品德也為他贏得了極高的聲望。他關心官兵生活，從不剋扣糧餉，堅持足額如期發放；專門建立被服廠保證軍服供應 —— 南北新軍演習時，湖北新軍軍容就勝過北洋新軍；鼓勵士兵學習文化，對學有所成的官兵著意提拔；從不虐待士兵，對犯錯士兵都交給執法官審訊定罪。讓官兵感動的是，二品頂戴的黎元洪為了和官兵同甘共苦，堅持吃住在軍營中，和官兵一起作息，就連過年也不回家，而是讓家人到軍營中團聚。

黎元洪還得到了新軍中革命官兵的好感。這得益於黎元洪盡其所能提攜、掩護革命黨人。黎元洪還是管帶（營長）時，發現部下士兵劉靜庵談吐不俗，就提拔他作文書。一年後，黎元洪發現了劉靜庵與黃興聯絡的信件。他只是示意劉靜庵辭職，並不深究。黎元洪所轄的第二十一混成協曾查出士兵楊王鵬、李抱良、廖湘雲等人組織革命團體振武學社（日後發動武昌起義的文學社的前身）。黎元洪也只是將涉案的革命士兵開除軍籍、禮送出營而已。至於為革命官兵說情、保釋等事情，黎元洪更是沒少做，甚至對新軍士兵剪辮的行為都聽之任之。所以，在革命黨人看來，黎元洪不是戰友也是可以團結的對象。革命黨人回憶：「當時黨人唯以滿人為革命對象。漢人中即屬官僚或不革命者，概不敵視。」黎元洪「同屬漢族，終必表同情於革命」。

其實，黎元洪這麼做遠遠沒有到同情革命的地步。他更多的是不想大興黨獄釀成部隊嘩變。穩定重於一切，一旦部隊騷亂就斷送了仕途。黎元洪的行為充其量是和朝廷離心離德而已。

　　後來，武昌革命黨因為派系之爭，遲遲推舉不出勝利後的領袖，給了黎元洪以可乘之機。

　　武昌起義的實際領導機關是文學社和共進會。在起義前半個月，這兩個組織才實現聯合。它們的領導人蔣翊武、劉公、孫武和同盟會湖北分部領導人居正等人，都很年輕，缺乏聲望，推舉誰當領袖都不能號令中原，連服眾也做不到。按同盟會所訂《軍政府與各國民軍之條件》第一條：「各處國民軍，每軍立一都督，以起義之首領任之。」湖北革命黨人在起義前就開始醞釀勝利後的都督人選。蔣翊武、孫武、劉公三人在職位上爭執不下。而居正提議邀請黃興、宋教仁來武昌領導革命，希望以外部的強大人選制止內部分歧。更多的人則希望推舉湖北籍的有聲望的人物出任都督，首選人物是時任北洋軍統領的湖北人吳祿貞。吳祿貞是革命黨人，在日本留學期間加入了同盟會，可惜遠在北京，不可能回武昌領導起義做都督。

　　這樣，同樣聲望卓著的湖北同鄉黎元洪就成了二號候選人。早在起義前的一九一一年四月，文學社和共進會在洪山寶通寺開會，就討論過推舉黎元洪的可能。他們認為：「黨人知識，不是不如黎元洪，但不夠號召天下，誠恐清廷加以叛兵或土匪罪名，各省不明真相，響應困難，且黎平日待兵較厚，愛惜當兵文人，又屬鄂籍將領，只要推翻滿清，革命成功，似無不可。」會上，革命黨人劉九穗認為：「所以要把黎元洪拉出來，其利有三：一、

吳祿貞

黎乃當時名將，用他可以懾服清廷，號召天下，增加革命軍的聲威；二、黎乃鄂軍將領，素得士心，可以號召部屬附和革命；三、黎素來愛護當兵文人，而這些文人全是革命黨人，容易和他合作。所以拉黎出來，革命必易成功。」與會黨人沒有異議，但希望只是推舉黎元洪為臨時都督，等吳祿貞在北方率部起義南下後，再推舉吳祿貞為正式都督。雖然有過提議，但是革命黨人沒有做出推舉黎元洪的正式決定。他只是備選之一。

最後，武昌起義倉促發生，首領四散而局勢緊迫。武昌起義前，孫武在租界試制炸彈發生爆炸，被送入醫院，無力指揮起義；蔣翊武被聞訊趕來的沙俄巡捕抓獲，藉機逃脫後躲藏了起來，起義勝利後不在現場；劉公也在漢口找了個隱蔽點藏了起來。起義領導機關被清朝官府破壞，武漢到處抓捕革命黨人，起義實際上處於群龍無首、各自為戰的狀態。

起義勝利後，起義官兵迫切需要組織政權。但原先的領導層找不到了，聲望卓著的黃興、宋教仁等人遠在上海。從武昌的革命軍官中推舉領導人、組織政權成了最現實的做法。十日晚間被推舉為起義總指揮的吳兆麟，只是名新軍隊官，聲望很低，革命之前連參與領導層會議的資格都沒有。他雖然是起義中的軍事領導人、依慣例可出任勝利後的領導人，但吳兆麟堅定地拒絕當都督。另外革命戰友也不願意推舉之前游離於革命陣營之外的吳兆麟當都督。至於率領部分新軍起義的蔡濟民、鄧玉麟、熊秉坤等人，雖然是革命黨人，可都是一些中層幹部，缺乏出類拔萃的佼佼者，沒有統領全局的能力和聲望。在這種情況下，革命黨人出任都督的可能性大大減少，而推舉前清官僚的可能性迅速增加。

環顧武昌城內，黎元洪成了不二人選。

十月十一日午後，革命官兵控制了武昌城，紛紛湧向湖北省諮議局，要求儘快建立新政權。起義各部軍官和前清的議員們推舉諮議局主

席湯化龍主持商討會議。湯化龍是立憲派，沒有參與起義謀劃，現在表白「革命事業，鄙人素表贊同」，並表示：「兄弟非軍人，不知用兵。關於軍事，請諸位籌劃，兄弟無不盡力幫忙。」湯化龍也拒絕當都督。他雖然只是附和革命，但他們這群立憲派議員在領導人推舉中有著不可或缺的影響。

吳兆麟身為起義總指揮接著發言，先說革命必勝，然後提議：「首義後軍民兩政實繁，兄弟擬請在座諸位戰友先生公舉黎元洪統領為湖北都督，湯化龍先生為湖北民政總長。兩公係湖北人望，如出來主持大計，號召天下，則各省必易響應。」

吳兆麟提議，起義後的政權軍民分治，將行政權力讓給湯化龍。這裡面可能有官兵不熟悉地方政務、缺乏相應人才的現實考慮，更有用權力妥協、爭取立憲派支持新政權的目的。而推舉黎元洪的原因，吳兆麟說了兩點：一是湖北人，二是聲望高，容易獲得各省響應。還有一個原因是黎元洪身為在清朝官場有重大影響的高官和新軍名將，容易被新軍官兵和立憲派所接受，也容易爭取尚在觀望中的前清官僚。

果然，吳兆麟的提議得到了與會代表的贊同。會場響起了熱烈的掌聲。

三

十一日下午，黎元洪被逼無奈來到諮議局。革命官兵和立憲派立即宣布黎元洪為湖北軍政府都督，主持大計。黎元洪立刻跳了起來，甩著長長的辮子說：「茲事體大，務須謹慎，我實在不能勝任，請各位另請高明吧。」

　　現場譁然，革命黨人蔡濟民當即痛哭：「昨夜多少戰友犧牲，方有今日之光復，若因無人主持而功敗垂成，何以面對死去諸戰友？若黎協統再不答應，我便自殺以謝烈士！」革命黨人朱樹烈更加激憤，抽刀剁下自己一根手指，用血淋淋的斷指指著黎元洪說：「你要再說一個『不』字，我就和你拚命。」黎元洪閉目不答。革命官兵也不管他同意與否，著手組織政權，寫好安民文告送到黎元洪面前要他簽署。黎元洪連連擺手說：「莫害我！莫害我！」革命黨人李翊東見狀，提筆在布告上寫了個「黎」字，張貼了出去。

　　黎元洪在名義上出任了都督，實際影響卻不小。「午後則見武昌城內外遍貼湖北都督黎元洪布告，往觀者途為之塞，歡聲雷動。至有艱於步履之白髮老翁請人扶持，擁至布告前，必欲親睹為快，人心為之大定。旅漢外籍人士聞之，亦為震動，皆曰『想不到黎協統也是革命黨。』」

　　這下，黎元洪算是上了「賊船」，名字上了布告，身軀被軟禁在軍政府。憤然斷指的朱樹烈佩刀持槍，日夜監守著黎元洪。黎元洪面無表情、呆坐無語，既不說可也不說否，根本就不處理政務。他身體發福，如此一來活脫脫就是一尊菩薩。這是「黎菩薩」綽號的最初來源。都督不做事，蔡濟民為首的謀略處就代行都督職權。

　　蔣翊武從城外趕回，見到如此尷尬的情況，失聲痛哭：「都督如此情形，將奈之何？」脾氣不大好的張振武則對吳兆麟說：「如今雖占武昌，然清廷大吏潛逃一空，未殺一人以壯聲威，未免太過寬容，不如將黎元洪斬首示眾，以壯聲威，使一應舊臣皆為膽落。」他的意見很有代表性，革命官兵大多年輕氣盛，對不合作的黎元洪很不滿意，然後希望以吳兆麟等人取代黎元洪。吳兆麟堅絕不同意，認為黎元洪就是一言不發，一事不做，對大局也有利無弊。還有一種意見是讓革命後迅速趕到武昌的

第三章
黎元洪：菩薩總統梅開二度

黃興取代黎元洪。但以李翊東為首的革命黨人堅決反對說：「黎都督為我們所推舉，出爾反爾，如何取信於人。何況賴黎都督的威望，人心始定，今日無故免之，人心必亂。」黃興本人也不在乎名分，自願居於黎元洪之下。所以，黎元洪這尊菩薩的都督地位反而鞏固了下來。

我們知道黎元洪是前清體制的另類，雖然不是死硬愚忠分子，可畢竟對清朝有感情，多少相信那套體制和說教，難以驟然轉變立場。然而時局的發展出乎黎元洪的預料。漢陽、漢口相繼光復。當都督的第三天（十三日）晨，湖廣總督瑞澂率楚豫等三艘軍艦和革命軍進行炮戰。結果，黎元洪看重的清朝水師被倉促組成的革命軍打敗，三艦中有兩艦受傷，瑞澂自此逃離戰場。看到革命節節勝利，黎元洪的心理發生了變化。這一轉變讓黎元洪真正成為了首義領袖，擁有了最強大的政治資本。

當天，部分起義官兵對黎元洪的消極態度不滿，革命黨人甘績熙持槍奔向黎元洪，揚言：「我就是不殺他，也得逼他表個態。」許多人跟著他一起來到黎元洪處。黎元洪見此，以之為臺階，對甘績熙等人說：「年輕人，你何必如此激烈！我在這裡待了四天，並未做什麼對不起你們的事情呵！」革命黨人陳磊說：「都督沒有對不起我們，但是您的辮子還拖在腦後。您既然是民軍的都督，就該剪掉辮子，做個表率，以示決心。」黎元洪立刻回答：「之前，你們要剪髮，我悉聽尊便。現在，我還在乎一條辮子？」圍觀者聞言歡呼雀躍，立刻找來工具，幫黎元洪將辮子剪去。辮子落地，黎元洪與眾人相視而笑。晚上，黎元洪正式主持軍政府的軍事會議，宣布：「自此以後，我即為軍政府之一人，不計成敗利鈍，與諸君共生死！」他開始真正行使都督權力。革命陣營也將湖北的軍政大權交給了黎元洪這個前清將領。十月十六日，武昌起義後第一個來到

武昌的同盟會重要領導人譚人鳳，組織隆重儀式，給黎元洪授旗授劍，慷慨誓師，「一時歡聲雷動，革命軍自黎公以至士兵，上下一心，自此始也」。

　　事實證明，革命黨人推舉黎元洪對起義成功大有幫助。不說黎元洪執掌軍政府後的執政效果如何，單就他以前清將領身分統帥革命軍來說，就對前清陣營造成了不小震動，減少了革命阻力。武昌起義時，湖北新軍並沒有全部參加革命，很多軍官躲了起來。軍政府初建，面臨巨大的軍官缺額。「自黎出之風一播，城內隱匿之軍官皆來。」湖北各地官紳，接到黎元洪以都督名義發布的電文，紛紛附和起義。「各縣士紳俱出而負地方治安之責。所以全省帖然，內顧無憂，軍政府得專心致力於戰事矣。」黎元洪在前清陣營的聲望和地位，在這時候發揮了作用。黎元洪還利用在前清的人脈關係策反前清將領。雖然他寄給張彪的勸降信被張彪當場拒絕，但他成功策反了清朝海軍提督薩鎮冰。薩鎮冰是黎元洪的老師，在學校時很欣賞黎元洪，現在正奉清政府之命率海軍軍艦進攻武昌。海軍大砲對武昌城威脅很大，革命軍沒有炮臺可以與之抗衡。黎元洪就寫信給老師：「老師向來知道元洪為人一貫謹慎，這起事實是人心所向。元洪再三考慮，才接受此職。希望老師愛惜百姓，也希望老師眼光看得遠一些，與革命軍合作。」薩鎮冰為之動容，下令海軍向岸上空地開炮，不久即脫離艦隊，聽任海軍在九江起義。

　　起義爆發後，清朝陸軍大臣蔭昌率北洋軍南下鎮壓，順道去洹上村拜訪袁世凱。蔭昌樂觀地認為：「武昌不過是烏合之眾，無人主持，此去不難撲滅。」袁世凱正色道：「亂軍以黎元洪為都督，何謂無人。」

張振武案：誣陷案背後的黎袁鬥法

—

黎元洪雖然做了革命首義的領袖、被天下人看做是締造民主共和的元勛，但他的腦袋中有多少民主共和的思想呢？

我們知道革命黨人的宣傳偏重於類似改朝換代的反清宣傳，並沒有深入民主共和的觀念層次。即便是革命黨人內部，對於什麼是民主共和、中國應該怎麼走民主共和的道路，能說清楚的人也寥寥無幾。黎元洪不是革命黨人出身，又在清朝官場中薰陶多年，自然將革命的勝利看做是中國歷史上政治劇變的反覆，過多關注於局勢的改變和個人地位的提高。中國政治史和從政經驗告訴黎元洪，在大變革的動盪時代，實力是最重要的。所以，在起義後的近兩年時間裡，黎元洪雄霸武漢，做著「湖北王」的美夢。

民國政府北遷北京後，黎元洪繼續擔任副總統，並兼任參謀總長。按說他應該去北京就職，袁世凱也多次催促黎元洪北上，但黎元洪堅絕不願意放棄湖北都督的實職。他在武漢宣誓就任民國副總統，遙領參謀總長，仍任湖北都督。

清末新軍官兵合影

這是一個很危險的權力設計。副總統的本質是候補國家元首，一旦總統出缺，副總統及時遞補，避免政治動盪。在王朝時代，這個角色就是太子，是儲君。太子也好，副總統也好，設計這個角色的本意就是讓他和最高領導人同心同德，安於虛位，不能越權也不能分割最高領導人的權力。這樣，整個權力結構才能穩定。但黎元洪是聲望卓著、掌握軍隊、控制地方的實權副總統，是有能力威脅袁世凱總統地位的隱患。參謀次長陳宧等人就一再提醒袁世凱：「縱觀世界，尚無副總統領兵駐外的成例。美國為共和楷模，其副總統不僅駐京，且兼任上議院議長。對黎元洪亦當如此。」但黎元洪堅絕不來北京，而是要牢固控制湖北地區，北洋系統暫時對他也沒有辦法。黎元洪此舉，在民國歷史上開了一個惡劣的先例，一個地方實權人物藐視中央、覬覦大權的先例。不過話說回來，在民主共和觀念處於皮毛階段的民國初年，黎元洪的心理是種普遍心理，不是特例。

黎元洪在湖北都做了些什麼呢？一是抬高武昌地位，突出自己。武昌是首義之都，辛亥革命期間獨立省分都以武昌為革命首都。武昌地位

的提高就是黎元洪地位的提升。黎元洪要求以武昌為新國家的首都，要求在武昌召開獨立各省代表大會。一度，獨立各省曾有將新政權設在武昌、立法機關設在上海的打算；黎元洪本人在臨時總統競選中一度勝算很大。後來，孫中山歸國後，形勢大變，附和黎元洪的人大大減少。武昌最終沒能成為首都。二是強化對地方的控制。黎元洪在短時間內，就在武漢編組訓練了四個師六萬人的龐大軍隊，對於不支持自己的官兵或者外省援鄂部隊則大力裁撤。和歷代軍閥一樣，他要建立忠於自己的軍隊，禁止官兵參加任何社團，已加入者必須脫離；命令各師開設精神講話處，教育士兵們「不為外事」、「效命疆場」，服從命令聽指揮。

革命勝利後，武漢各派系內鬥激烈，在權力分配和政治建設上分歧頻出。這給黎元洪提供了各個擊破的機會。共進會的孫武主持軍政府軍務部，權力欲膨脹，獨斷專橫，和戰友關係惡化，處境孤立。孫武為了鞏固權力，主動依附黎元洪，希望擁黎自重。黎元洪也需要強有力的革命黨人的支持，與他一拍即合，在裁撤起義部隊、打擊異己方面「合作」愉快。在民初組黨熱潮中，黎元洪、孫武也組織了一批前清官僚和民國地方人物，在上海成立了「民社」，以黎元洪為社長。一九一二年二月二十八日，遭到黎元洪和孫武裁撤的官兵，以共進會內部團體群英會為號召，聯合了文學社部分成員和武昌城內的駐軍共幾千人發動了兵變。亂軍一度包圍都督府、軍務部和孫武住宅。亂軍情緒激昂，卻沒有統一的政治主張，有的要求推翻孫武，有的要求連黎元洪一起推翻。孫武此時已經逃奔漢口。留在城內的黎元洪對專橫跋扈、分割自己權力的孫武也深深不滿，藉機將鬥爭矛頭引導向孫武。他宣稱「我這個都督是給堯卿（即孫武）做的」，把不滿引燃到孫武頭上。黎元洪藉口接受暴動者的要求，將孫武撤職，趁機改組軍政府，降部為司，將孫武一系的幹部全

部撤免。事後，孫武主動引退，淡出政壇。黎元洪又反過來追究兵變的責任，委罪文學社，斬殺十幾人。至此，黎元洪牢牢控制了湖北。

此時的幾件小事，能夠暴露出黎元洪的「思想認知」或者說是「理論水準」。上海《民立報》曾發表來自湖北通訊社的電訊：武昌南湖炮隊發動倒黎運動，遭到鎮壓。這是一九一二年九月二十五日發生的真實事件。但黎元洪立即以「電報造謠，搖惑人心」的罪名，逮捕了湖北通訊社負責人冉劍虹，並準備立即「正法」。後遭到上海媒體的抗議，改判兩年監禁。武漢本地的《大江報》屢次發表揭露湖北軍政界腐敗情況的文章，主筆為何海鳴。黎元洪又派參謀帶兵執令箭一支，寫明將何海鳴就地正法，查封大江報社，逮捕工作人員三人。何海鳴聞訊逃往上海。黎元洪還通電全國，指控《大江報》圖謀不軌，要求各地將《大江報》主筆何海鳴、凌大同二人一體嚴緝，「就地正法」。

「就地正法」是曾國藩的創舉。自古殺人需要嚴格的程序，獲得皇帝的批准。曾國藩因為要鎮壓太平天國，首開先就地殺人後上報追認的做法。現在是民國了，黎元洪的司法觀念還是清末的那一套，竟然公開要求各地「就地正法」某人，絲毫沒有法律意識。民初的媒體非常發達，各報罵人不斷。黎元洪此舉正好給各報提供了痛斥的靶子。《民心報》就發表蔡寄鷗的文章，斥黎元洪「不過一庸常人耳，英雄不出，遂令豎子成名」。黎元洪大怒，又要將蔡寄鷗「就地正法」。幸好蔣翊武等人再三求情，才以《民心報》停刊了事。後來，黎元洪本人也意識到了「就地正法」四字的荒誕之處，在編輯《黎副總統政書》時將其一律改為「嚴緝法辦」。

不過，黎元洪還真做過「就地正法」的事情。在逮捕要求改組都督府的武漢改良政治團負責人祝制六時，黎元洪就下令將祝制六押解到武

昌漢陽門碼頭時即殺害，與此相關的同盟會員也未經任何司法程序，在獄中被殺。民國建立時，黎元洪宣稱過司法獨立，但那僅僅停留在口頭上。和那些掌握實權的民初人物一樣，黎元洪穿著民國的衣服，身軀卻還是民國之前的。

二

在反對黎元洪的眾多人物中，首義元勛張振武是個重要人物。黎元洪和張振武的恩恩怨怨，將各人的缺陷和民初的亂局都綁在一起。

張振武是個為了革命不顧一切的人，為探索救國之道留學日本，參加過同盟會，又是共進會的重要人物。為了革命，他變賣了家產，四處奔波，即使在殺聲一片的白色恐怖中也為籌劃武昌起義毫不停歇。可惜的是，張振武革命多年，卻不知道「革命」始終是和「政治」連繫在一起的。他是個胸無城府、魯莽向前的革命闖將，一直沒有成長為革命政治家。這注定了他的結局是悲慘的。

起義爆發，張振武熱烈擁抱革命，以軍務部副部長的身分主持軍事行動。他經常親臨前線，巡視戰況。凡有軍隊自武昌出發，都先到都督府集合，請「張副部長」訓話。張振武這麼做沒覺得有什麼不妥，但在黎元洪和孫武看來，則有越俎代庖之嫌。（張振武身上肯定也有權力夢想和表現自己的欲望，只是不知道隱藏罷了。）孫武和他共事多年，尚能忍耐。黎元洪穩重內斂，和張振武個性相差懸殊。張振武的許多行為，激化了兩人的矛盾。

黎元洪被推舉為都督，不情不願。張振武當面予以訓斥，幾次大罵黎元洪不識抬舉，聲言要殺掉黎元洪以免貽誤後事。說者無心，聽者有

意。黎元洪肚量沒有大到能將生命威脅置之度外的程度。武昌戰事一度
不利，北洋軍炮轟武昌，黎元洪在十一月十日夜間收拾行李，準備出城
暫避。張振武知道後，直奔都督府，斥責黎元洪不守諾言，不准他出
城，還安排人手看住黎元洪。在軍務部部長孫武的支持下，黎元洪還是
在十二日黎明率人出走。都督走後，張振武堅守武昌，再次揚言：「黎某
如此畏縮，不如乘此另舉賢能。」黎元洪再次記恨在心。革命勝利後，
黎元洪成了副總統。今非昔比，張振武卻仍然當他是臨時推舉的「黎菩
薩」，每次見他都滿帶荷槍實彈的衛隊，多次對黎元洪橫眉豎目，甚至拔
槍高叫：「若非我們拉你出來，你焉有今日？」黎元洪和張振武的關係如
何能好？

　　黎張關係惡化還隱含著爭奪革命首功的問題。首義領袖的身分是黎
元洪最重要、最強大的政治資源。張振武老把逼黎元洪出任都督的事情
掛在嘴邊，揭黎元洪的老底，動搖了黎元洪的政治根基。這可能是黎元
洪最不能容忍的。

　　當然，張振武可能有居功自傲的狂妄，但並非要和黎元洪搶奪首義
領袖的寶座。事實上，他脾氣如此，不僅和黎元洪關係不好，和同盟
會、共進會的老友們，關係也不好 —— 這使得他一旦處於危險境地就會
孤立無援。革命勝利後，利益分配難免出現偏頗。南京臨時政府成立，
內閣中沒有一個武漢方面的人物。武昌首義軍官在戰後沒有得到妥善安
置，紛紛指責主持臨時政府軍務的黃興不公。張振武把對黃興和南京臨
時政府的不滿表現了出來，在和同盟會元老吳稚暉見面時，動輒挽起袖
子，揮動手臂，叫嚷著黃興辦事不公平。他甚至在報紙上公開抨擊臨時
政府官員碌碌無為，「依靠別人成功了，而權力卻都被你們拿去了」。如
此表現，自然把同盟會諸位都給得罪了。

第三章
黎元洪：菩薩總統梅開二度

　　張振武被派去上海為湖北起義軍購買軍械。他是革命的猛將，卻不是洽談商務的能手，將購買軍械一事搞得一塌糊塗。由於日本商人搞鬼，張振武購買的槍械品質問題嚴重。「所購之槍業已試驗，內有壞槍三分之一，缺刺刀者三分之二，子彈因年久藥性失效，不能用者三分之一。」黎元洪對從上海運來的廢銅爛鐵很生氣，更生氣的是張振武的交易帳目混亂。「但不知所購之砲彈、機關槍及該槍子彈為若干？已付銀若干？」張振武還以經費不夠為由向孫中山、黎元洪分別請求追加款項。南京和武漢的財政都很困難，沒有撥款給他。張振武就擅自挪用購買銅圓的四十萬兩白銀，填補購買槍械的不足。黎元洪極為不滿，批評張振武揮霍公款，電召他迅速返回武漢。張振武屢次抗命不回，還撥出購買的第二批槍械的一半，運往煙臺，支持山東革命黨人。當時山東局勢緊張，在張振武看來天下革命兄弟是一家，支持山東戰友是天經地義的。但是此舉引起了武漢方面的強烈反對。湖北駐滬代表、共進會骨幹楊玉如就向黎元洪告發張振武轉移槍械、意圖逃走。在黎元洪的嚴詞訓令下，張振武不得不返回湖北。

　　黎元洪在一九一二年三月召開了特別會議，清查張振武的帳目。張振武有沒有貪汙呢？從張振武娶妾九人之多、死後留下白銀超過一萬兩來看，張振武的經濟情況確實需要自我澄清。但他採取了激烈的牴觸態度，對黎元洪大發雷霆：「我們把你拉出來當了大都督，現在已經安富尊榮了，你也清起我們的帳目來了。」調查就此擱淺，此事不了了之。

　　有張振武這樣居功自傲、脾氣暴躁的部下，黎元洪頭疼死了。

　　袁世凱就在此時抓住了武漢政局的亂象，尋找插手機會，力圖將黎元洪「請」出湖北。他主動向黎元洪示好，說民國建立了，中央和地方一體，小黎你不要見外啊，有什麼困難儘管說。

　　焦頭爛額的黎元洪接受了袁世凱的好意，既然管不了張振武，就乾脆將他和孫武、蔣翊武等首義功臣推到北京，讓袁世凱安排。其中張振武被黎元洪舉薦為東三省邊防使，黎元洪還許諾讓他率一鎮鄂軍赴任。這是黎元洪犯的第一個錯誤。原本他和張振武等人的矛盾是湖北內部矛盾，好壞都由他們雙方決定，現在拉進來了袁世凱這個第三方，變成了三方關係，黎元洪起控的難度更大了。在這個三角關係中，黎元洪樂觀地希望袁世凱站在自己一邊共同對付張振武。可是，覬覦湖北地盤的袁世凱憑什麼幫助黎元洪呢？

　　球，黎元洪踢給了袁世凱，袁世凱卻沒有接。張振武等人進京後，袁世凱將他們通通任命為總統府顧問。張振武還多掛了一個沒錢沒兵沒辦公場所的蒙古屯墾使的頭銜。張振武向袁世凱討兵要錢，得不到答覆。袁世凱此舉事實上將湖北內部矛盾抽到北京，讓它繼續發酵激化。張振武等人在北京無親無故，施展不開拳腳，只好返回武漢。回到武漢後，張振武要在漢口設立屯墾事務所，多次向黎元洪索取經費。黎元洪之前又答應過給他一鎮鄂軍，張振武就宣布要自組一鎮軍隊開赴蒙古，收羅被裁撤的軍官建立將校團。他慢慢聚集了一部分武裝，還成立《震旦民報》組織反黎輿論。黎元洪沒想到事情會越來越難辦，更想不到這是袁世凱不露聲色的傑作。

　　一九一二年七月底，袁世凱找到湖北民社派參議員劉成禺、鄭萬瞻，請他們回武漢調解張振武與孫武的矛盾。熱心的參議員們不知是計，欣然返鄉。八月二日，劉成禺、鄭萬瞻做東，在漢口嘉賓樓宴請孫武、張振武等湖北將校五十多人。兩位參議員說明為調解內部衝突而來，指出各人的矛盾由誤會而起，被壞人挑撥離間而成，希望大家消除意見。於是，孫武、張振武各自作了檢討，並在五日發表了由包括兩名

參議員在內的十五名證明人署名的會談布告，保證以後永遠不再發生矛盾。黎元洪也請兩位參議員出面調解與張振武的矛盾。經過調解，黎元洪和張振武的矛盾也得到了緩和。湖北局勢貌似好轉。袁世凱電邀張振武和兩位參議員返京。張振武抱著回京大有作為之心，與劉成禺、鄭萬瞻一起進京，將校團團長方維等三十多人隨行。行前，黎元洪贈與張振武旅費四千元，並誠懇表示：「對於張君可撫心自問，並無一些相待不好之心。」

在兩位參議員調解的同時，袁世凱的祕密信使給黎元洪送來了一封代擬的電報稿。這份由參謀次長陳宧和黎元洪幕僚饒漢祥一起起草的祕密電報，以黎元洪的口氣請求袁世凱在北京捕殺張振武。八月十三日，黎元洪發出了這份名為「真電」的電報：

「張振武以小學教員贊同革命，起義以後充當軍務司副長，雖為有功，乃怙權結黨，桀驁自恣。赴滬購槍，吞蝕巨款。當武昌二次蠢動之時，人心惶惶，振武暗煽將校團，乘機思逞……振武抵京後，復要求發巨款設專局，一言未遂，潛行歸鄂，飛揚跋扈，可見一斑。近更蠱惑軍士，勾結土匪，破壞共和，倡謀不軌，狼子野心，愈接愈厲。冒政黨之名義以遂其影射之謀，借報館之揄揚以掩其凶橫之跡。排解之使困於道途，防禦之士疲於夜，風聲鶴唳，一夕數驚……當國家未定之秋，固不堪種瓜再摘，以鼻獍習成之性，又豈能遷地為良……伏乞將張振武立予正法，其隨行方維係屬同惡共濟，並乞一律處決，以昭炯戒。」

又是要求將張振武等人「立予正法」，黎元洪的法律觀念依然淡薄。當然，袁世凱和黎元洪給張振武還是羅織了多項罪名：貪汙巨款；結黨營私；勾結土匪；蠱惑人心；起縱輿論等等，認為他簡直是「破壞共和，倡謀不軌」的大惡人。縱觀張振武的歷史，這些罪名把他的相應缺點都

給誇大了，是典型的誣衊。但黎元洪看著很解氣，閱後即簽字，欲置張振武於死地。

黎元洪之所以發出袁世凱方面代擬的電文，很重要的一點是他相信袁世凱是站在自己一邊，能把殺張一事辦得乾脆俐落。

十三日晚，袁世凱收到黎元洪的密電，親自找出密電本破譯。他命令步軍統領、軍政執法處處長陸建章「遵照」黎副總統命令辦理。

蒙在鼓裡的張振武在北京頻繁交際，聯絡感情，開始為日後開展工作做準備。他晉謁袁世凱，建議加強邊疆國防，主張在滿洲、蒙古、新疆要地屯紮重兵，派遣一位很有威望的將軍率精兵長期駐紮，授予這位將軍以軍事、政治、外交上的權力。自然，他所說的這位將軍就是自己。八月十四日，他在德昌飯店宴請同盟會、共和黨兩黨要人，希望大家化解黨派意見，共同建設國家。

一九一二年八月十五日晚，張振武趕了兩場宴會。晚六時，河南將領王天縱宴請北方和湖北來京將校五十多人，張振武參加了。晚八時，張振武與湖北來京將校做東，又在六國飯店宴請姜桂題、段芝貴等北洋將領。他推段芝貴坐首席，陳宧次席。這陳宧就是幕後陰謀的策劃者之一，而段芝貴懷裡就裝著處決張振武的軍令。宴會還沒結束，段芝貴即藉口有事告辭，其餘北洋將領也紛紛離席。張振武沒有覺察出異常，和剩餘的人歡宴到晚上十時左右才散去。

散席後，張振武乘馬車返回下榻的前門外金臺旅館。當夜，與張振武關係密切的、原江西援鄂軍協統馮嗣鴻的馬車打頭，張振武所乘馬車第二，湖北參議員時功玖的馬車居後。回旅館，車隊需要經過從東交民巷到西交民巷之間的三道柵欄門。第一輛馬車進入柵欄後，暗處突然竄出荷槍實彈的軍人來，攔住馬車綁住馮嗣鴻。馮嗣鴻和張振武都是瘦長

身材，一個軍官就問：「你是不是姓張？」馮說：「我不姓張，我姓馮。」軍官連說錯了錯了，令士兵給馮嗣鴻鬆綁。這時，張振武的馬車進入了柵欄，柵門突然關閉。人群嘈雜聲中，馮嗣鴻和被攔在門外的時功玖聽到一陣喧譁，有指揮刀斬馬車玻璃聲，隨即張振武被五花大綁拖出馬車，同車的隨從和車伕被一併抓走。

張振武一干人等被用大車解送到西單牌樓玉皇閣軍政執法處。沿途戒嚴，不見行人，馬步兵數十人武裝押送，顯然是經過精心布置的抓捕行動。軍隊還突襲了金臺旅館，抓走了方維。張振武被押到執法處後，處長陸建章親自迎接。張陸二人還寒暄了一兩句，陸建章隨即出示了黎元洪的殺張密電以及袁世凱的處決令。張振武指出電文是假造的。陸建章表示，總統已下令立即正法。張振武抗議：「不能憑空殺人！」陸建章表示愛莫能助，要張振武準備遺書。深陷突如其來、不能申辯的冤獄，張振武拿起紙筆很長時間寫不出一個字，最後只是給黎元洪寫了一封遺書，表示：「但恨不死戰場，而死於仇讎之手！」張振武一度要求自盡，陸建章沒有答應。陸建章本人對這次行動也心懷疑慮，本想拖延到天明，但陳宧從總統府三次打來電話，催促陸建章執行。十六日凌晨一時，張振武在被捕三個小時後在執法處被槍殺，身中六槍。臨刑前，他對著行刑士兵怒喊：「不料共和國如此黑暗！」同時，方維也在城外被殺。

兩個小時後，即午夜三點，時功玖、孫武、鄧玉麟等人趕到執法處營救張振武。陸建章已經入睡，被叫起。孫武等人質問陸建章張振武因何罪被抓。鄧玉麟還表示要保釋張、方二人，一切可循法律途徑解決。陸建章打斷眾人說：「各位不必白忙了，張、方兩君已經伏刑了。」並出示了袁世凱的處決令，說明一切都是按照軍法程序進行的，自己只是奉命行事。噩耗傳來，孫武、鄧玉麟、時功玖淚流滿面，既悲且怒，憤然

衝出執法處。

時功玖恨恨地說：「這是冤獄，我們要替振武報仇，要報仇！」

八月十六日天放亮，袁世凱以執法處的名義在湖北將校下榻的金臺旅館門口和執法處張貼布告，公布處決張振武一事。布告全文抄錄了黎元洪的來電，說明依照副總統來電將張振武罪誅。黎元洪原以為發給袁世凱的是一封「密電」，袁世凱不會公開。不想，袁世凱現在將黎元洪徹底出賣了，末了還讚賞張振武首義有功，對張振武的死表示惋惜，下令以上將之禮追賜。此布告充分說明了袁世凱處理張振武案善後的態度：將髒水潑到黎元洪身上。在殺張之後，袁世凱指使陸軍部覆電黎元洪，讓黎元洪承擔罪責、自請處分，電文如下：「奉大總統令：真電悉。張振武起義有功，固當曲予優容，寬其小眚，乃復蠱惑軍士，勾結土匪，破壞共和，昌言不軌，實屬擾亂大局，為民國之公敵。躊躇再四，未便加以寬典，留此元慝，貽害地方，已飭步軍統領、軍政執法處將張振武並同惡共濟之方維查拿，即按軍法懲辦。此外隨行諸人，已飭酌給川資，俾歸鄉里，以免株連。副總統為保全治安起見，自有萬不得已之苦衷，杜漸防微，為民除害，足以昭示天下，所請處分，應勿庸議。」電文撇清了袁世凱和殺張事件的關係，對黎元洪又打（所請處分，應勿庸議）又拉（自有萬不得已之苦衷）。大總統袁世凱明確要求黎元洪自請處分，黎元洪頓時完完全全暴露在了被譴責的前沿。

袁世凱陣營要以這枚炸彈轟開湖廣的大門，扳倒黎元洪。正如十五日夜陳宧和袁世凱談起的殺張害黎的目的：「此一舉可張大總統之聲威，隳副總統之名望，人必謂張、方被戮，黎元洪殺之，非大總統殺之也。藉此可易湖北都督。武昌方面，革命文武人物，推戴副總統者，群相解體矣。」

三

　　黎元洪原本懷著喜悅和期待的心情，現在一下子跌落到了谷底，終於領教了袁世凱的政治手腕。

　　對袁世凱恨歸恨，黎元洪難以面對殺張案招致的輿論譴責和內部壓力，在善後問題上還必須仰仗袁世凱的幫助。袁世凱把他推上了風口浪尖，他就必須沿著袁世凱設計的路走下去。所以，他接到陸軍部要求自清處分的電報後即表示：「自請大總統量予處分者，實因上負大總統，下負國民，既不能燭照於機先，唯冀補直於事後。從優撫卹，伸生者得所，死者瞑目，……臨電攬涕，咽不成聲。」黎元洪表示只承擔部分責任，主要是沒把張振武的事情處理好，「辜負」了大總統和國民。在八月十六、十七、十九日黎元洪連續發電，辯解殺張原因。他重申了張振武結黨營私、顛覆共和的罪行；因為張振武在武漢密謀起事，這才將他「騙」到北京下手。但這些辯解還是難以平息眾怒，黎元洪又不得不在二十五日以全體鄂軍的名義發出通電，列舉了張振武的十五條罪狀，考慮到張振武暗握重兵，迫於「軍務長之凶焰，將校團之淫威」不敢將張殺於湖北而謀於京師。

　　然而，大多數人還是認定張振武是被黎元洪冤殺的。黎元洪一年來營造的締造民主共和的領袖形象開始土崩瓦解，有關他攬權專斷的負面消息開始泛濫。黎元洪對待首義元勳的做法大大傷了起義官兵的心，湖北政權內部開始解體，不再擁護副總統。孫武和蔣翊武跑去見袁世凱，要求頒給他們「免死券」，同時請辭總統府顧問職務，造成不良影響。黎元洪對湖北的控制開始鬆動。之前對黎元洪評價不低的孫中山致電黎元洪稱：「振武之誅，系由鈞電。悲痛之下，肉顫心摧。」二十二日，同盟

會宣布革去黎元洪同盟會協理職務，並開除黨籍。新成立的以黎元洪為黨魁的共和黨，內部也掀起了反黎浪潮。

也有部分輿論意識到張振武案的發生，是民主共和觀念和法制意識沒有深入人心的結果。如《民立報》認為：「共和國家全賴法治，唯法律乃能生殺人，命令不能生殺人。唯司法官乃能執法律以生殺人，大總統不能出命令以生殺人。今以民國首功之人，大總統、副總統乃口銜刑憲，意為生殺。」民國建立了，但法制難覓，人治猶存。《亞細亞日報》還將民國法律與清朝法律相比，抨擊袁世凱與黎元洪。「當前清專制之時，汪兆銘（汪精衛）謀刺攝政王，事發之後，搜得鐵甕累累，證據如山，審判之結果，猶僅予以監禁。萍鄉之役，胡瑛、朱子龍、劉家運響應於武昌，事發被系，亦僅予以監禁十年。」前清對待革命黨人還知道忌諱法律，所作的判決並不重，相反，民國人物卻視法律為無物，可見民主和法制的道路還很漫長。

在名譽受損、眾叛親離的情況下，黎元洪反而更加需要袁世凱的支持了。

張振武案發後的第三天，參議院開會，多數認為黎元洪以非罪要求殺人，違背約法。二十多名參議員向政府提出質問案《質問政府槍殺武昌起義首領張振武案》，要求總統袁世凱和副總統黎元洪給予答覆。「共和國家全賴法治，唯法律乃能生殺人，命令不能生殺人。唯司法官乃能執法律以生殺人，大總統不能出命令以生殺人。」在參議院的壓力下，袁世凱覆文說：「查此案情節重大，目前實有不能和盤托現之處，唯既經貴院質問，為解釋群疑起見，業已電達黎副總統，候得黎副總統覆電，再行復答。」袁世凱又把黎元洪推到了前面。

黎元洪難以面對參議院的質詢，還不願意離開湖北到北京來，就委

託陸軍總長段祺瑞代替自己參加參議院進行答覆。這明顯是在請袁世凱幫忙遮掩。袁世凱於是授意段祺瑞在八月二十三日參加參議院的答辯。在答辯中，段祺瑞重申殺張是按黎副總統來電處理，堅持認為張振武是軍人，應當以軍法處置，不能按照一般國法走法律程序。段祺瑞企圖以此為黎元洪和袁世凱開脫，卻遭到了參議員們的反對。最後，段祺瑞固執表示，如果參議院不滿意答辯，等黎副總統有詳電來再詳細報告。此後又有參議院咨請政府查辦參謀總長黎元洪。黎元洪領教了議會政體的力量，疲於應付，也領了袁世凱陣營幫忙遮擋的情。

八月二十七日，張振武遺體由火車運抵漢口車站，二千多人恭迎靈柩渡江。二十八日，黎元洪前來致祭，親寫輓聯：「為國家締造艱難，功首罪魁，後世自有定論；幸天地鑒臨上下，私情公誼，此心不負故人。」在靈堂上，黎元洪失聲痛哭，不知道哭的是張振武，還是自己吃的啞巴虧，又或是對都督府政治控制力大幅下跌感到悲傷。

被迫離鄂：黎元洪搬進了瀛臺

一

　　黎元洪中了袁世凱的套，袁世凱不費吹灰之力就讓黎元洪得罪了湖北首義官兵和革命黨人，坐收漁利。而黎元洪在湖北的處境可就慘了。

　　革命黨人將黎元洪視作陌路人，湖北軍界也因為張振武案和黎元洪這個都督離心離德。倒黎聲音不時出現在湖北部隊中，宋教仁案發生後，湖北局勢更加動盪。黎元洪的對策是：解散軍隊。他解散了大批傾向革命或者反對自己的軍隊，結果軍事實力大為削弱。這是他犯的第二個錯誤。軍隊是亂世中最寶貴也是最後的政治資源。黎元洪自裁軍隊，靠什麼控制湖北地方呢？開始是靠辛亥革命時期各地留鄂的援軍，可惜這些客軍兵力薄弱，且不和黎元洪同心。所以，黎元洪只好又把求援的目光投向了北京的袁世凱。如果一個實權人物連維護統治都要仰仗他人，他的命運也就可想而知了。

　　黎元洪心中也顧忌北洋軍染指湖北，起初只請求袁世凱派北洋軍第八師師長李純率步兵一團到武漢，「以資震懾」。袁世凱很願意「幫助」湖北穩定局勢，李純率領精銳北洋軍一部很快就深入湖北。這是一九一三年四、五月間的事情。北洋軍控制了北方各省，相對於一盤散

沙的南方革命軍擁有優勢，但南北雙方基本維持南北對峙的狀態，中間夾雜著黎元洪、閻錫山等旁觀者。這次，黎元洪引狼入室，讓北洋軍深深地楔入南方，進一步擴大了北洋軍的軍事優勢，等於是推了北洋軍一把，使北洋軍的勢力全國化了，可謂是北洋軍的恩人。李純的一個團控制了湖北鐵路沿線後，黎元洪覺得還是不能控制整個局面，就下令李純「鄂省下游不靖，地面空虛，請將貴師全數開往蘄春、武穴、田家鎮、興國一帶分段駐紮，以資鎮懾」，李純很配合地率領整個第六師進入湖北。五月底，北洋第二師由師長王占元率領，進駐湖北孝感，和第六師相呼應。請神容易送神難。小小的湖北地面聚集了北洋精銳兩個師，反黎力量雖然很快被壓制住了，但全靠兩個北洋師支撐局勢的黎元洪，對袁世凱再也強硬不起來了。袁世凱之後鎮壓「二次革命」，黎元洪被迫和袁世凱共進退，出任了征討江西李烈鈞的名義統帥，一度兼任江西都督。二次革命期間，北洋軍繞道湖北，源源不斷順江東下，鎮壓了江西獨立，脅迫安徽獨立。

這下，黎元洪算是把革命勢力徹底得罪了。

黎元洪無奈極了，他身陷北洋軍包圍中，沒有軍隊與之抗衡，只能跟著袁世凱走下去。當袁世凱覬覦正式大總統職位時，中間力量有意推舉黎元洪出來和袁世凱競爭。岑春煊、李經羲、章太炎、章士釗等人多次勸黎元洪參選。章太炎甚至斷言如果黎元洪不出任總統，必然造成南北分裂，只怕國家戰亂不已。黎元洪明確拒絕了他人的好意。心底裡，他是忌憚北洋系統的勢力，認為袁世凱能夠保持國家的穩定；而宋教仁之死也讓黎元洪害怕身邊的北洋軍人對自己下手，所以不聽任何勸說，還把來客的說辭如實報告給袁世凱。當然，他接見客人時也示意「隔牆有耳」，一來說明自己身處北洋系統的環視之下，二來也促客人離開湖

北 —— 畢竟，黎元洪這個湖北都督已經控制不了湖北了。

黎元洪是個忠厚穩重之人，一旦從權力美夢中清醒以後，很快就調整了心態，淡定下來。中國人的「忍」在他身上表現得清清楚楚。湖南都督譚延闓和黎元洪一樣都是前清官僚出身的都督，不同的是他和江西、安徽、廣東三個國民黨都督關係密切。二次革命期間，三個都督都宣布本省獨立反袁了，紛紛要求他宣布獨立，共同反袁。譚延闓不認同也無力獨立反袁，可又難以應付革命戰友，就偷偷派出親信和黎元洪暗中勾結：「已準備藥水，如湘稱獨立，即服毒自盡，以謝天下。」黎元洪的回答鮮明地表現了他的人生態度：「徒死無益，不如暫為一時權宜之計，陽為附和，徐圖救平。」譚延闓依計而行。黎元洪之後在民國政壇上坎坷起伏，全靠他心理淡定，善於忍耐。

袁世凱謀得了正式大總統，黎元洪當選為副總統。袁世凱多次敦促黎元洪進京，黎元洪軟磨硬泡，就是不願意離開湖北。在武漢，他好歹還是個空頭都督，而去了北京就只能做仰人鼻息的寓公了。一九一三年十二月八日，袁世凱派大將段祺瑞趕到武漢敦請，黎元洪不得不答應進京。他希望進京僅僅是宣誓就職，很快返回湖北，還帶了一個營的衛隊保證安全。段祺瑞未置可否，陪著黎元洪臨上火車前，突然藉口有事沒有同行。黎元洪的火車還在路上慢慢行駛，袁世凱突然任命段祺瑞代理湖北都督。這下，黎元洪只能前行，回不了湖北了。袁世凱終於扳倒了黎元洪這個實權副總統了。黎元洪到京，袁世凱大吹大擂大加歡迎，優禮有加，黎元洪心情慘淡。他攜帶入京的衛隊被袁世凱遣散。熱鬧的歡迎過後，袁世凱安排黎元洪入住中南海瀛臺 —— 戊戌變法後，光緒就被慈禧幽居於此。環顧嚴冬中蕭瑟的中南海湖面，黎元洪不知道漫長而寒冷的冬季還會持續多久，或者說，黎元洪能否走過冬季？

二

　　黎元洪對民主共和的理解不深，還做過割據爭雄的迷夢，但他深信一點：中國百姓已經拋棄了帝制，復辟帝制在中國行不通。

　　黎元洪還是湖北都督的時候，袁世凱復辟帝制的風聲就已經開始流傳了。黎元洪就對媒體說：「目前國情，以統一及安定民生為主。若全國統一，國會告成，項城如有野心，變更國體，即為違反約法，為國民公敵，不啻自掘墳墓。我當追隨國人之後，誓死反對。即便我毀家滅身，繼起者也必大有人在，中華民國斷不至於滅亡。」確如此言，黎元洪一生都堅持共和體制。來到北京後，黎元洪對袁世凱復辟帝制是反感的，進行了堅決的抵制。

　　袁世凱把黎元洪送入了瀛臺，還是忌憚黎元洪的政治號召力。在正式總統的選舉中，黎元洪在明確拒絕參選的情況下依然獲得了第二多票數，致使名列第一的袁世凱不得不經過三輪角逐才最終打敗黎元洪當選總統。而在副總統選舉中，黎元洪以絕對多數票一次性當選。失去了實權的黎元洪仍然處於政治人物的第一集團中。對於副總統兼首義領袖，袁世凱極盡籠絡，餽贈不斷，還和黎元洪結成兒女親家，為第九子迎娶了黎元洪的女兒。復辟過程中，袁世凱很重視黎元洪的意見，親自來瀛臺探訪。黎元洪毫不客氣地回答：「辛亥革命為推翻帝制、建立共和，死者何止萬千，如今大總統回頭再做皇帝，如何對得起這些先烈？」袁世凱老大不高興，卻也奈何不得黎元洪。

　　黎元洪做副總統時在行政上沒有絲毫建樹。他明哲保身，閉口不談政事，每日誦讀佛經，更像是菩薩。他對袁世凱的贈餽不謝亦不拒，有客人來訪則頹然處之。復辟過程中，袁世凱成立了御用的參政院，並仿

照西方共和制度提名副總統黎元洪兼任參政院院長。黎元洪起初在參政會上還抵制過復辟，看清參政會的本質後毅然辭職，並不再到會。袁世凱對他的看管放鬆後，黎元洪舉家遷入東廠胡同私宅。有一次，同樣賦閒的孫武來訪，眼看共和不保，二人竟抱頭痛哭。

袁世凱最終還是逆潮流稱帝，建立了「中華帝國」。袁皇帝冊封黎元洪為武義親王。黎元洪拒絕受封，傳為佳話。他還趕走了袁世凱派來量做親王制服的裁縫，對前來道賀的國務卿陸征祥等人明確表示不願受爵。民國副總統對中華帝國的態度至關重要，袁世凱派遣說客對黎元洪進行輪番轟炸。九門提督江朝宗到東廠胡同宣封時，黎元洪避而不見，江朝宗就長跪高呼：「請王爺受封！」黎元洪勃然大怒，衝出來指著江朝宗的臉罵道：「江朝宗，你怎麼這麼不要臉，快快給我滾出去。」江朝宗仍雙手捧詔，跪地大呼「請王爺受封」。黎元洪就命令家人把江朝宗架了出去。此後內史監阮忠樞、公府顧問舒清阿等人前來道賀。阮忠樞口稱「王爺」，說袁世凱打算封黎為副元帥和輔國大將軍等等，黎元洪說：「你們不要罵我！」後來梁士詒來道賀，黎元洪指著廳中一根石柱說道：「你們如再逼我，我就撞死給你們看！」在已經復辟的北京城內，黎元洪能夠拒絕王位，以民國副總統自居，殊難可貴。蔡鍔密謀出京時，曾密訪黎元洪。這更能看出黎元洪的政治立場。

第三章
黎元洪：菩薩總統梅開二度

　　後來，袁世凱在各方面壓力下宣布取消帝制，仍想退回去當他的大總統。此舉遭到了全國反對。袁世凱已經失去了做總統的資格，那麼原來的副總統黎元洪依法應該繼任總統。護國軍就明確表示擁戴黎元洪為大總統。於是，袁世凱更加忌憚黎元洪，派江朝宗嚴密監視他的行動；北洋內部的馮國璋等人覬覦總統寶座，也暗中阻撓黎元洪出任總統。黎元洪無兵無援，最終能在袁世凱死後成為中華民國第三位總統，除了副總統身分外，還有其他原因。他既是民國肇建的領袖，又在袁世凱復辟期間堅決抵制帝制，而他沒有地盤沒有軍隊，一身清爽，反而被許多人看做是民主體制下理想的領導人選，成為各派能夠接受的新總統。袁世凱逝世前，依據自己炮製的大總統選舉法提名了三個接班人，依次為：黎元洪、徐世昌、段祺瑞。他將徐世昌、段祺瑞叫到床前託付道，按照《約法》黎元洪應該繼任總統，希望你們好好輔佐他；黎元洪這個人資質平常，但只要輔助得當，國事尚有可為。徐世昌沒有異議。袁世凱死後，起縱北洋中樞的是段祺瑞。段祺瑞器量不寬，加上對總統寶座也有「想法」，所以老大不願意，向黎元洪道賀時除了三鞠躬外不發一言。但他對約法還有所顧忌，自己當總統也比較困難，再加上老上級袁世凱的臨終託付，段祺瑞最終放棄競爭總統寶座。前線將領張敬堯等人致電段祺瑞表示願擁戴他為總統，段祺瑞斷然拒絕。徐世昌和段祺瑞都支持黎元洪，後者出任總統一事終成定局。

　　袁世凱死後第二天（一九一六年六月七日），黎元洪在東廠胡同住宅宣誓就任中華民國總統。

府院之爭：引狼入室成復辟

一

　　黎元洪上任之初就和總理段祺瑞在國務院祕書長人選上發生了尖銳矛盾。

　　黎元洪這個總統沒有軍隊沒有班底，北京政局實權起縱在段祺瑞的手中。段祺瑞也頗以「再造共和」的功臣自居 —— 按照段祺瑞的說法，他通電逼宣統退位是「一造共和」，抵制袁世凱稱帝是「再造共和」，如今大局已定，該是好好享受的時候了。段祺瑞痴迷下圍棋，整天待在家裡找人下棋。他下了半輩子圍棋，其實棋藝仍舊不精，既想贏又怕別人故意放水；陪他下棋的人既要讓段祺瑞贏，又不能讓他看出是故意為之。所以在段家，下棋對雙方來說都是很艱難很痛苦的事情。段祺瑞有個追隨左右多年、文武雙全的將領，叫做徐樹錚。

　　徐樹錚很難得，在歷次政治風潮中都緊跟段祺瑞，出謀劃策，不辭辛勞，現在理所當然被段祺瑞提名為國務院祕書長。段祺瑞只出思路不幹事，實際上把內閣的政務託付給了徐樹錚。

　　但是，徐樹錚這個人有個大毛病：專橫跋扈，對同僚頤指氣使，就是對黎元洪這個大總統也盛氣凌人，如有忤逆他的意思就聲色俱厲乃至

語帶威脅。所以黎元洪堅決反對任用徐樹錚，揚言：「我總統可以不做，徐樹錚絕對不能與他共事」，「不但不能共事，且怕見他。我見了他，真芒刺在背。」段祺瑞很信任徐樹錚，堅持提名他，還請北洋元老徐世昌出面勸說黎元洪同意。黎元洪告訴徐世昌：「請你告訴總理，一萬件事我都依從他，只有這一件辦不到。」徐世昌則勸道：「我以為一萬件事都可以不依從他，只有這一件必須辦到。」話都說到這裡了，黎元洪無語，被迫同意任用徐樹錚為國務院祕書長。

徐樹錚就任後，果然行事專斷，把持政權。因為先前的過節，他對黎元洪更沒有好臉色了，又欺負黎元洪無兵無將，事事不請示報告，每天只是抱著大堆文件催促黎元洪蓋印。外界譏諷黎元洪是「蓋印總統」。黎元洪每天和這樣的人一起工作，厭惡至極。一天，黎元洪看到徐樹錚拿來的一份文件更換了山西省的三個廳長，就問他什麼原因。之前，山西都督閻錫山已經來文陳述了理由，而且地方廳長的任免是經過內閣會議的，徐樹錚此舉完全是例行程序。他完全可以三言兩語陳述情況。可徐樹錚竟然回答：「總統只需要在後頁的年月日上蓋印，何必管前面是何事情。」大庭廣眾之下，黎元洪被國務院祕書長如此頂撞，難堪之情可以想見。

事實上，段祺瑞「自恃為北洋勛宿，索性簡傲」，當了內閣總理後反而和黎元洪這個總統沒有什麼接觸了，對實際政務也不甚了了。徐樹錚奔走在府（總統府）院（國務院）之間，名義上是處理內閣文件，實際上是以段祺瑞的名義來推行自己的意志。黎元洪受了徐樹錚的氣，去信詢問段祺瑞，還以辭職相要挾。段祺瑞回信為徐樹錚解釋：「徐氏耿介，不屑妄語，凡徐所為，本人願負全責。」黎元洪憤然道：「現在那裡是責任內閣制，簡直是責任院祕書長制！」

　　黎元洪沒有辭職，倒是他的謀主、總統府祕書長張國淦受不了夾板氣，先辭職了。黎元洪索性任命了議員出身、和徐樹錚不對付的丁世峰為總統府新祕書長，專門和徐樹錚鬥。

　　丁徐兩人脾氣都很暴躁，形同水火，為社會八卦新聞和小道報紙增加了許多報導素材。先是丁世峰援引同黨、內務總長孫洪伊在國務院內部和徐樹錚爭辯，意圖擴大本派力量；後來又聯絡國會議員，在十一月初以「侮辱」元首、「矇蔽」總理、強迫蓋印、「偽造」文書、擅發院令等「罪名」彈劾徐樹錚。丁世峰、孫洪伊積極謀劃，圖謀推倒段祺瑞內閣，抬出孫洪伊為新總理。段祺瑞、徐樹錚先下手為強，抓住孫洪伊的人事把柄，先把孫的免職令送到了黎元洪的桌上。黎元洪拒絕蓋印，府院之間再次爆發衝突。最後還是徐世昌出面調停，以徐樹錚、孫洪伊同時免職的結果暫時緩解了府院之爭。

　　以上就是府院之爭的開始情節。追問起因，在一個習慣了集權專制的社會中，突然實行分權制衡的政治制度，大家都不習慣，也不知道怎麼做。袁世凱死後，責任內閣制度恢復了。但總理應該發揮什麼作用，總統應該怎麼對待內閣，黎元洪和段祺瑞都不知道怎麼做。由此可見，一個新式政體在古老國家要想生根發芽，是一件多麼漫長和艱難的事情。

　　而其中夾雜的權力考慮，讓問題更加複雜了。黎元洪出任總統，北洋系內部反對聲不斷。一些不滿者曾經湧進段祺瑞的國務總理辦公室，要推舉段祺瑞或者徐世昌為總統。段祺瑞不願意出任總統。他的考慮是，在責任內閣制下，總統是誰並不重要，重要的是總統權力被削弱、總理權限要大增。徐樹錚就任後即制定了《國務院權限節略》，以完善責任內閣製為假象，獨攬大權。黎元洪有些僥倖地接任了總統，希望有所

作為。他也知道責任內閣制下的總統權力有限，可認為具體政務可以不問，但重大問題總統則必須過問，而且可以插手任何政務 —— 如果總統認為有必要。除府院之外，國會是分權制衡的第三方力量。段祺瑞「屈任」總理原本是看重總理的權力，對國會的掣肘心懷不滿，現在又多了一個好事的總統，對黎元洪很有意見。他曾向黨員發火說：「我是叫他來簽字蓋印的，不是叫他壓在我的頭上的！」

制度不適，加上權力考量，府院之爭的烈焰難免越燒越旺。

二

一九一七年三月一日，法國郵船 Atlas 號被德國潛艇擊沉，搭乘該船的中國勞工五百多人身亡。消息傳到中國，激化了府院之爭。

段祺瑞內閣之前力主加入協約國，對德宣戰。其中有日本慫恿和列強答應提供外債的現實誘惑，也有段祺瑞想藉機收回部分權益，參與戰後協約國和會的打算。

所以，內閣以中國勞工遇害為藉口，向希望中國參戰的協約國預支了部分優惠條件、通過了對德絕交案及《加入協約國條件節略》。三月四日，段祺瑞親自到總統府請黎元洪在文件上簽字蓋印。黎元洪加以拒絕。黎元洪不是沒有看到參戰對中國的利益，而是受美國的影響，覺得參戰時間尚早。同時，他看到段祺瑞突然拿出與德國斷交和加入協約國的決定，心裡天然產生了牴觸情緒。因為參戰是國家大事，內閣竟然事先沒有徵求黎元洪的意見就做出了決定！於是，黎元洪說，參戰大事需要先經國會討論通過，文件暫不簽署。段祺瑞之前做了大量工作，一見文件受阻，來了氣，說，宣戰媾和確因由國會決議，但絕交案和節略只

是向各國表達意見，並非宣戰，等以後
正式宣戰時再提交國會討論。黎元洪反駁
說，這兩個文件是宣戰的先聲，宣戰媾和
是大總統特權。意思是說，我不同意宣
戰，你能奈我何。段祺瑞放出了狠話，說
約法規定國家是責任內閣制，大總統既起
特權，不認為我主持政務承擔責任，我就
只能辭職，不敢肩負重任了。說完，段祺
瑞甩袖而去，宣布辭職前往天津。

段祺瑞

　　這是段祺瑞第一次辭職，讓黎元洪真切地感受到了誰才是北京真正
的主人。段祺瑞經營北洋中樞多年，盤根錯節，他遽然去職，北京政務
陷入了混亂。黎元洪根本控制不了局勢。遠在南京的北洋中堅、副總統
馮國璋見總統和總理鬧僵了，立刻出來調停。調停的結果是黎元洪請段
祺瑞回京復職，在權限上做大規模讓步，同意以後不反對內閣既定外交
方針，不干涉內閣對地方的訓令，「閣擬命令總統不拒蓋印」。段祺瑞取
得了階段性勝利，黎元洪灰頭土臉地請他回京復職。段祺瑞得意洋洋地
電告各方「連日首座迭次派員挽留，十數政團踵接責難，副座復嚴行敦
促」，所以自己勉為其難留任總理。

　　國會以壓倒性多數通過對德絕交案。三月十四日，黎元洪下令與德
國斷交，中國隨之接收了德租界，停付德國庚子賠款，接收德國在華財
產，獲得了加入協約國陣營的一些利益。對德絕交之後，在參戰問題
上，黎元洪聯合國會與段祺瑞內閣再次激烈爭執。此時的府院雙方頗
有賭氣爭辯的意思，凡是國務院（總統府）支持的總統府（國務院）都
反對，進入了「為了反對而反對」的歧途。段祺瑞一意推動中國參加一

戰，除了乘機圖強的打算外，還想以此壓倒黎元洪。黎元洪則以「輿論界皆不贊成，我是服從多數者」為辭，不同意參戰。結果，「府方以院為專擅，院方以府為干涉，而政客在其中煽動，以勢力消長之說，挑撥雙方感情」；「雙方之裂痕已深，名曰外交問題，實則府方謀倒段，院方謀倒黎，已為公開之祕密矣」。雙方逐漸偏離理智軌道，開始「施展手段」要把對方扳倒。

最先跳出正常程序之外、尋求非常手段解決問題的是段祺瑞一方。段祺瑞在北洋系統中人脈廣，關係多，要找外力很容易。坐鎮徐州的張勳是個頭腦簡單的軍閥，拖著一條大辮子，對和國會打得火熱還揚言軍民分治的黎元洪很看不順眼，早就嚷嚷開了。剛好，其他北洋系統的地方督軍、軍閥也對黎元洪繼承袁世凱位置不滿，更信奉軍閥干政的古老傳統，就推張勳出頭組織了「督軍團」。督軍團支持段祺瑞扳倒黎元洪，支持借款參戰。很多人還趕到北京來給段祺瑞打氣。段祺瑞有恃無恐，主持內閣通過參戰案。

黎元洪的外力就是國會和輿論，將內閣的參戰案提交討論，希望能在討論中拖延中國參戰。先是部分國會議員討論，再是提交全院委員會討論。沒等討論結果出來，段祺瑞一派就等不及了。陸軍次長傅良佐主張「國會不通過，便解散國會」；如黎不蓋印，「即去黎元洪，硬行解散」，總之是「非去黎元洪，毫無辦法」。傅良佐可不是說說而已。參議院全院委員會在討論參戰案的時候，突然有數千人手持各種「公民請願團」的招牌圍困會場，辱罵、毆打議員，威脅國會儘快通過參戰案，「如再不能開會，即請政府下令解散，若政府不肯，我等用火將議院燒毀」。議員們這幾年見識的威脅多了，對傅良佐的「小把戲」不怕了，擱置討論參戰案，要求段祺瑞和內務、司法總長到場接受質詢。直到晚上，段

祺瑞才姍姍來遲，驅散了院外的「公民請願團」，這事才算了結。被困終日的議員大發通電：「民國成立以來，北京公民團凡三見，一見於癸丑選總統，再見於乙卯請願勸進，皆係當局主使，通國皆知。此次於政府所在地聚眾數千，威迫議會，毆打議員，為時至十二點鐘之久。政府既不防範於先，又不即行驅散於後，巡警陸軍毫無作為，對於現行犯罪之暴徒，任其肆行無忌，毫不過問。暴徒之執重要職務者，皆係軍人。此中究竟何人主使，當為國人所共見。」

這封通電將府院之爭推向了最高潮。部分內閣閣員厭惡北洋軍人威脅國會的舉動，三人宣布辭職，外交總長伍廷芳不告而別，致使段祺瑞內閣不足法定人數。所以國會擱置參戰案的表決，提出改組內閣、補充內閣成員，再討論參戰與否。

段祺瑞看到形勢不利，決定解散國會。很快，九位地方督軍、省長及督軍代表上呈黎元洪，不滿國會權力過大，聲稱「今日之國會，既不為國家計，是已自絕於人民代表資格，當然不能存在」，懇求總統「毅然獨斷」，立即解散參眾兩院。黎元洪毫不示弱，召見領銜的吉林督軍孟恩遠等人，說總統解散國會沒有法律依據 ──《臨時約法》規定國會不可被解散。相反，黎元洪直言現在時局的癥結在內閣，只有段祺瑞去職才能解決問題。段祺瑞和督軍團見黎元洪強硬到底，在段宅開會，決定採取更激烈的行動解決問題。黎元洪也召集親信，商量對策。他手中可打的牌不多，卻有一張王牌：有權罷免總理。

段祺瑞料想憨厚的黎元洪不會打出這張牌。不想，覺得被逼上絕境的黎元洪就在一九一七年五月二十三日突然下令免去段祺瑞的總理職務，並任命外交總長伍廷芳為代總理！

段祺瑞遭到突然打擊，頓時失去了權力。他酸溜溜地說黎元洪的免

職令是伍廷芳副署的，自己沒有副署，將來產生不利影響自己概不負責（約法規定總統令需要總理副署）。但免職的打擊讓他一時轉不過彎來。在傳統政治中，有槍的草寇從來不會被人挾勢弄權、權力盡失。這可怎麼辦啊？段祺瑞不甘心認輸，灰溜溜跑到天津想辦法去了。

三

段祺瑞恨恨地一心想要倒黎。可他一個被罷免的總理不方便拋頭露面，需要找個人當槍使。

段祺瑞找的這個人就是徐州的張勳。張勳是個憨厚簡單的武夫，二十多歲才參軍從普通士兵幹起，憑著聽話和愚忠得到步步升遷。他在袁世凱任山東巡撫時進入北洋系統，受袁世凱的提拔，但慈禧太后對他的提拔更多更大，所以他當了民國的官仍然唸著清朝的好，以前清遺老自居，老想捧宣統復辟。段祺瑞不想復辟清朝，但在推翻黎元洪一事上，段和張的利益是相同的。而張勳敢作敢為、頭腦簡單的特點，決定他很適合當別人的槍。五月二十一日，黎元洪不肯解散國會，鄂、閩、魯、豫四省督軍及數省督軍代表離京南下去徐州找張勳了。張勳主持召開督軍團會議，會間傳來了段祺瑞被罷免的消息。各省武人譁然，在會上通過了倒黎復辟的決定，制定了三步走路線：解散國會、逼黎退位、實行復辟。大家為什麼要復辟呢？除了張勳這個死硬的復辟派外，其他人都是想利用張勳泄憤倒黎而已。黎元洪罷免段祺瑞，得罪了整個北洋系統。但武人心思不一，只有張勳願意出來當頭。既然仰仗張勳領頭，就得答應他的要求。比如徐樹錚代表段祺瑞來徐州，就知道張勳的復辟計畫，不僅沒有反對還揚言只要驅逐黎元洪，一切手段在所不計。

　　張勳得到支持的表態後，即在段祺瑞被罷免的第二天（二十四日）發電報給黎元洪支持段祺瑞，指責黎元洪踰越職權。北洋系控制的安徽、河南、浙江、奉天、陝西、山東、直隸、黑龍江等省先後宣布「獨立」，要求解散國會，各地北洋軍隊蠢蠢欲動，向黎元洪施加壓力。但真正出兵的只有張勳一個人。張勳在北洋系中兵力並不算強，自恃有「強大的支持」，只率了五千個拖著辮子的大兵，就坐火車撲通撲通到天津找段祺瑞來了。六月二日，「獨立」的北洋各省在天津設立「各省軍務總參謀處」，聲稱要「鞏固共和國體」，另立議會。具體怎麼做不重要，重要的是北洋軍做出向北京移動的態勢。

　　黎元洪受到了極大的壓力，先後邀請北洋元老徐世昌、王士珍出任總理，穩定局勢，抵銷段祺瑞等人的壓力，可惜遭到拒絕；再拉出老鳥李經羲任國務總理，謀劃組織新內閣。李經羲賦閒天津，被北洋系「獨立」聲所包裹，不敢進京就職。黎元洪又想一一做地方督軍的工作，結果派去東北的說客被張作霖扣留。黎元洪環顧四周，將張勳看作了救命稻草。他不是不知道張勳的政治背景，但是認為張勳頭腦簡單、為人仗義，可以借他的力量制止混亂。張勳不是鬧得最凶，要進京嘛？六月一日，黎元洪就以張勳「功高望重，至誠愛國」為由，著其「迅速來京，共商國是，必能匡濟時艱，挽回大局」。

　　召張勳進京，這是一步險棋。

　　對於張勳來說，這是盡力一搏，力求復辟；對於黎元洪來說，這是險中求生，以求自保；對於段祺瑞來說，這是渾水摸魚，亂中取勝。可是權力戰車啟動後，三方之中誰都控制不了韁繩了。張勳尚未入京，北京就已是「訛言蜂起，一夕數驚」。大家議論紛紛，辮子兵要來擁戴宣統重坐江山了。黎元洪專門電告徐世昌、段祺瑞和李經羲，請他們轉告

張勳，入京時「毋庸多帶軍隊。如軍隊業已啟行，亦請暫在天津以南駐紮，庶不致人心搖動」。

張勳不聽勸告，驅使部隊進京，自己停留在天津，逼黎元洪解散國會才願意「調停」。黎元洪最強大的政治盟友就是國會，可惜國會和他一樣無兵無將，關鍵時刻提供不了實質幫助。面對北京城充斥的辮子軍，黎元洪無奈，只得同意解散國會。他希望解散國會後，張勳能夠踐行諾言、調停亂局。不過，總統令需要總理副署，代總理伍廷芳「堅不副署」，新總理李經羲又遠在天津，而且不願意副署。解散國會的事情就這麼耽擱了下來。張勳聽到消息後，大發雷霆，質問黎元洪身為總統竟然連國會也解散不了，真是沒用。他眼中有辮子、腦中沒有國會，不管黎元洪用什麼手段，「以明日為限，必有確實辦法，過此斷不與聞，一聽北上各軍自由行動。」黎元洪頭腦中還有民主共和的思想，真如張勳說的那樣不擇手段的話，國會早就解散了，可黎元洪就拘泥於副署問題遲遲下不了手。黎元洪都發話了，誰願意副署就任命誰為總理，可就是沒人願意承擔解散國會的惡名。拖到六月十二日夜裡，江朝宗挺身而出，願意副署。黎元洪喜出望外，立即命令江朝宗去伍廷芳處索取總理印信。江朝宗也大喜過望，立刻跑到伍廷芳家索要總理大印。伍廷芳氣得說不出話來，緊閉大門，傳話有事等天亮後辦理。江朝宗做總理心切，使出下三濫的手段，先調來軍樂隊對著伍家宅院吹號打鼓，又調來騎兵圍著伍家四周奔跑。伍廷芳熬了一夜，全家不得安寧。天快亮時，江朝宗在伍家門前堆起木柴，點燃大火，聲稱再不交印就要燒家硬奪了。伍廷芳年紀大了，哭笑不得，只好聽憑兒子把總理印信扔出門外。江朝宗抱起大印，奔回總統府。黎元洪解散議會的命令早已簽署，只等國務總理簽章了。江朝宗到達後，興奮地在總統令上加蓋了國務院大印，又鄭重其事

地簽上「江朝宗」三個大字。江朝宗正美滋滋地考慮再過幾天就能過上代總理的官癮了，不想黎元洪隨即命令他把總理印信送到國務院封存。從蓋印到副署，江朝宗總共只代理了一分鐘的總理。

之後的事態發展超乎黎元洪的預料。張勳實現解散國會的目的後，背棄了諾言，踢開黎元洪開始復辟了。他進京後，跑進紫禁城對著宣統磕起了頭，恭請宣統復辟。

黎元洪引狼入室，當即表示「願以身殉民國」。面對張勳派來逼他退位的梁鼎芬、江朝宗、王士珍、李慶璋等人，面對復辟派草擬的、要他簽名的「奉還大政」奏摺，他明確表態：「民國是國民公有之物，我受國民之托而任總統，責任重大，退位與否，須遵從國民的意志，而非個人的行動。你們忠於清室，就要為清室的安全考慮，不能僥倖一試。復辟之後，我就不能再對清室的安全負責。」黎元洪不願意「奉還大政」，張勳覺得他無關緊要了，不再關注他。黎元洪困居總統府內，拋棄成見，做了三件與民國有益的事情：第一是請副總統馮國璋代理總統職務；第二是重新任命段祺瑞為總理，令他「討逆」；第三是透過日本使館發出通電否認「奉還國政」，表示「受國民之託付，當茲重任，當與民國相始終，此外他非所知」。張勳正準備對黎元洪下手，黎元洪在外國使團的保護下奔赴日本使館避難。

最後還是天津的段祺瑞組織十萬討逆軍，擊潰了張勳的五千辮子軍，成了「三造共和」的功臣。表面上看，段祺瑞成為了最終的勝利者。但府院之爭發展為復辟的鬧劇，於國於民都有害，黎元洪和段祺瑞二人難辭其咎。

鬧劇結束後，段祺瑞趕赴日本使館迎接黎元洪「復位」，諷刺意味十足。黎元洪聲明辭職，不回總統府而是搬進了東廠胡同私宅。他的第一次總統生涯就這麼不光彩地結束了。

法統重光：盡職演員與虛假鬧劇

一

黎元洪辭職以後，民國的總統序列出現了混亂。

段祺瑞對黎元洪懷恨在心，加上心胸原本就不開闊，所以支持副總統馮國璋接任總統。我們知道，黎元洪本人就是因為袁世凱死亡、以副總統身分接任總統的，現在馮國璋又以副總統身分接任總統，中間兩度未經正式選舉。即使說馮國璋的接任尚不違法統，那之後的北京國會的分裂，卻讓法統問題成為了棘手問題。段祺瑞遲遲不願重開國會，部分國會議員南下廣州，參加孫中山先生的護法運動。孫中山先生當選為非常大總統，意味著民國出現了南北兩位總統：馮國璋和孫中山。後來，馮國璋又被段祺瑞的皖系排擠走，徐樹錚起縱成立了安福國會選舉徐世昌為新總統。這徐世昌由皖系控制，國會又不完整，總統地位受到了極大的質疑。期間又發生皖系和張作霖奉系的糾紛，直系聯合奉系發動了第一次「直皖戰爭」，段祺瑞勢力被驅趕出北京城。之後，直系和奉系又爆發了「直奉戰爭」，張作霖戰敗退出關外。失去依靠的徐世昌依然當著他的大總統。轉眼過了五年，時間到了一九二二年。

城頭變換旗幟，這一切都和黎元洪無關。他正在天津租界中過著寓公生活。

　　五年前馮國璋北上做了大總統，黎元洪在北京的地位非常尷尬。他看破政壇，渴望遠離政治，決定避居天津做一介平民。段祺瑞對他戒心很重，擔心黎元洪離京後猶如游龍入海，聯合南方軍政府對付自己，禁止他避居天津。事實上，南方軍政府堅持認為黎元洪才是合法總統，不承認馮國璋總統和皖系內閣。南方還派出兩艘軍艦要迎接黎元洪南下。黎元洪一再表示無意過問政事，段祺瑞這才同意他離京。從此，黎元洪就在天津英租界的私宅內度過了五年默默無聞的日子。每天讀報、養花、練字，去津門各個戲館聽戲，也去看新興的電影。悠閒的日子讓黎元洪的身體保養得很好，年過半百依然騎馬如飛、揮汗打球，並有精力投資了若干現代企業。

　　不過，許多國人依然認為黎元洪才是大總統。對此，黎元洪一笑而已。

　　等曹錕、吳佩孚的新直系打敗皖系、奉系，控制北京政權後，隱居的黎元洪再次被捲入了政治漩渦。

　　新直系推翻敵手的一大號召就是「恢復法統」。民主共和觀念深入人心，人們對舊國會和共和政體有眷戀之情，既然皖系不願意恢復國會，還起縱選舉，新直系就喊出了這個口號。既然要「恢復法統」，就意味著皖系控制的馮國璋、徐世昌兩屆總統「非法」了，唯有迎回黎元洪才能把法統給延續起來。

　　新直系的大頭目曹錕心中老大不願意，因為他本人就想當總統。花了九牛二虎之力奪得了北京，哪個軍閥不想過過國家元首的癮。可有言在先，不好公然違反、自打嘴巴。精明的吳佩孚就勸上司說，法統已經被皖系玷汙了，現在曹錕做總統不僅於法無據而且有自甘與政客傀儡野心家們「同流合汙」的嫌疑。不如讓黎元洪回來做幾天總統，然後曹錕

第三章
黎元洪：菩薩總統梅開二度

合法地接黎元洪的位置，於法有據，臉上也光榮。曹錕聞言大喜，開始籌備起「法統重光」的大事來。黎元洪就莫名其妙地出現在了聚光燈下。

於是，長江上游總司令孫傳芳通電全國，呼籲恢復法統，迎黎元洪復位。曹錕立即表示支持，各地也紛紛響應。還在位的皖系總統徐世昌不得不避居天津，和黎元洪做起了鄰居。不過，兩人做鄰居的時間很短。因為徐世昌一來，黎元洪就立刻門庭若市，一波接一波的人來恭迎他復位了。

黎元洪已經過了熱戀權力的年紀，對事物的洞察力很深。他明白無兵無將的總統永遠是蹩腳總統，真正要做總統的人是曹錕。他一大把年紀了，何必出去再淌一趟渾水呢？所以，他明確告訴前來勸他出山的直系諸人：「你們還是選曹錕做總統為好！」社會上也存在反對黎元洪復位的聲音。皖系殘餘盧永祥等人就通電質疑黎元洪復位的合法性。一、黎元洪自己宣布辭職了，何來復位之說？二、即便不辭職，黎元洪的五年任期也已經過了。章太炎等老朋友則勸阻黎元洪復出，不願意他去北京給直系做傀儡。反倒是新直系鼓噪著，一心要拉黎元洪出來做總統。

黎元洪拗不過，提出了一個復位條件：廢督裁兵。

所謂「廢督裁兵」，就是廢黜各地的督軍，裁撤冗兵。黎元洪指出督軍制的五大弊端，認為各地督軍爭雄，要為國家現在的危亡局面負責。直系各督軍不是硬要黎元洪復位嘛，那你們得自卸軍權作為交換條件。一旦各個督軍都放棄兵權了，軍隊也裁撤了，黎元洪復任總統的處境就會大大改善。但對於各個督軍而言，等於是被抽去了囂張的根基。可以說，黎元洪給直系出了一道大難題。

身為實權軍閥，曹錕對廢督裁兵一說極為敏感，哪裡願意自廢武功。然而，合法總統的誘惑如此強烈，曹錕非要黎元洪復位。而黎元洪

的主張得到了輿論支持，曹錕也不便反對。咬咬牙，曹錕聯繫直系的河南督軍馮玉祥、江西督軍陳光遠、山東督軍田中玉、陝西督軍劉鎮華、湖北督軍蕭耀南、江蘇督軍齊燮元等通電表示支持「廢督裁兵」。這下，黎元洪被動了。球滾回了自己腳下，踢還是不踢呢？

直系說客繼續雲集天津遊說，說到激動處，說客竟然紛紛跪了一地，黎元洪也只好跪下還禮。曹錕又寫下「曹錕首先廢督裁兵」的名片，和黎元洪互相簽字為證。黎元洪心腸軟下來，決定重登政治舞臺。

<h2 style="text-align:center">二</h2>

一九二二年六月十一日下午，黎元洪在中南海懷仁堂舉行了復職典禮，第二次出任總統。

上臺之初，黎元洪取得了一系列亮色。他令清流顏惠慶組閣，撤銷解散國會令，撤銷對孫中山的通緝令，要求全國停戰。南方迅速響應，雲南唐繼堯、四川劉湘、貴州袁祖銘、廣東陳炯明都通電表示擁護。

但在「廢督裁兵」的關鍵問題上，新直系出爾反爾，讓黎元洪毫無作為。黎元洪上任後就調任新直系的靈魂人物、三省巡閱副使吳佩孚為陸軍總長，希望遏制新直系的軍事力量，也給廢督裁兵做個榜樣。哪知復任前後，曹錕、吳佩孚等人對黎元洪的態度判若兩人。吳佩孚本來就是拉黎元洪出來裝點門面，不料他真刀實槍地要罷官裁軍了，連理都沒理，不做什麼陸軍總長了，乾脆賴在老巢洛陽不肯就職。為此，黎元洪弄巧成拙，各省督軍看吳佩孚這麼個態度，也都明確地反對廢督裁兵了。黎元洪寄予厚望、媒體宣傳得轟轟烈烈的「廢督裁兵」，最後只以江西、浙江、東北等五省督軍廢去「督軍」名稱而慘淡收場。就是這個可

憐的成果，也是換湯不換藥，原來督軍改稱省長、督辦或者督理，繼續把持軍政大權。

政見無法施展，還是小問題。最大的問題是曹錕把他拉出來，就是用作法統的假象、推翻的靶子。既然樹立起來了，就要推翻了。曹錕搜索枯腸，指出黎元洪的總統是因為袁世凱死亡而遞補的，所以補齊袁世凱的五年任期就要下臺了。袁世凱當了三年多總統，黎元洪在張勳復辟前又作了一年多的總統，現在復位只要補足一百六十日總統任期就應該改選總統。吳佩孚勸曹錕再等等，讓黎元洪多當幾天總統，別太心急。曹錕堅持要立刻做總統，這樣一來驅逐黎元洪就成為當務之急。

曹錕也不進行正常的法律爭論，直接慫恿各地索要軍餉，組織軍警衝擊國務院索餉。民國初年中央財政一直極端窘迫，始終不能解決軍餉問題。顏惠慶、唐紹儀、張紹曾等人組織內閣，都被驕兵悍將們趕跑了。沒了內閣，馮玉祥、王懷慶等人率領兵痞直接向黎元洪討錢。總統府門外不僅軍警匯聚，還圍攏著哄鬧的流氓和市民，一團烏煙瘴氣。更有所謂的「公民大會」、「請願團」等登臺演講、高呼口號，打出「市民餓，總統肥」、「府院勾結種種失敗」等橫幅。起初，黎元洪還真以為是軍警索餉，為籌錢發愁；現在，看到日漸猖狂的鬧劇後，黎元洪反而發現了問題的癥結所在。他說：「民國六年我受張勳脅迫，違法解散了國會，釀成大錯。如今出任總統，既然依法而來，就當依法而去。我的任期若何，靜聽國會依法裁決，絕不會再屈服於暴力，重蹈覆轍，貽害百姓。」黎元洪決定不讓新直系的陰謀得逞，最有效的抵抗就是堅絕不辭職。

鬧劇逐漸升級，直系斷了總統府的電話和自來水，並且要求總統在十二小時內撥付軍餉三百萬元，否則軍隊將自由行動，不計後果。黎元

洪越挫越勇，氣上心頭，拿出當年罷免段祺瑞的豪氣來，一口氣簽署了七道命令，裁撤了全國的巡閱使、巡閱副使、陸軍檢閱使、督軍和督理，並把總統府前的鬧劇定性為「索餉兵變」，要求追究幕後黑手。不想，政府經辦人員竟然不敢公布這些蓋了總統大印的命令。黎元洪就索性將這些命令交給駐京的外國記者。翌日，全國各地報刊都發表了大總統罷免全國軍閥職務的命令 —— 可惜所有軍閥都當做耳邊風。

黎元洪是出了口氣，但徹底得罪了直系軍閥，自知北京不宜久留。一九二三年六月十三日，黎元洪藏起總統大印後，帶上若干隨從和外國顧問登上了北京開往天津的火車。他致函外交使團和國會，聲明大總統在北京不能自由行使權力，政府即日遷往天津。

火車開到楊村車站，直隸省長王承斌乘快車趕來「求見」。原來，曹錕聽說黎元洪出京，求之不得，可是派人在總統府到處搜不到印信後又急了，慌忙命令王承斌向黎元洪追討印信。王承斌之前懇請黎元洪復位時，衝鋒在前，態度懇切，和黎元洪算是老熟人了。他見到黎元洪後，不好意思張口，拐彎抹角，忸忸怩怩。黎元洪漠然視之。眼看火車進入天津新站，王承斌急了，這才追問印信的去向。黎元洪說放在北京了，王承斌不信：「總統應該講實話！」黎元洪大怒道：「我就是不把印交給你，你能把我怎麼樣？」王承斌也不搭話，下令將火車開回北京。黎元洪的四個子女趕來接站，竟然被直隸軍警阻止在外。他們急中生智，請來英美兩國領事上車「拜訪」大總統。不料，直隸軍警照攔不誤。兩位領事大叫：「中國的軍閥竟然可以劫持總統，真乃世界所無的怪事。」王承斌態度堅決，黎元洪不交出總統印信就不讓他下車。黎元洪堂堂總統，竟然被一個地方軍閥困在狹小的車廂裡，進退不得，口乾舌燥。熱血衝上頭來，黎元洪突然拔出手槍就要自殺，身旁的外國顧問福開森眼

快，趕來奪槍。扳機已經扣下，子彈射出，沒有射中黎元洪的要害，造成了輕微擦傷。黎元洪求生不得求死不能，萬念俱灰，要來電話，通知藏在法國使館的姨太太交出印信。王承斌又讓黎元洪簽署命令，由國務院攝行大總統職務。黎元洪照簽不誤。王承斌這才讓黎元洪下車出站。

這一事件，史稱「截車奪印」。

黎元洪回家後，即公布截車奪印和被逼簽字的真相，聲明自己依然是民國總統。在天津，黎元洪固執地堅持重建政府。每當曹錕等人在北京發布一道重要命令，他就在天津針鋒相對地另發一道總統令。重建政府的關鍵是在天津召集國會。黎元洪在天津設立「國會議員招待所」，給予來津的國會議員每位五百元旅費。國會議員良莠不齊，從民國初年當選以來可謂歷經坎坷，常常陷入衣食無著的境地，所以為了貪圖五百元而到天津來的人不少。不過，曹錕隨即在北京開出五千元高價購買總統，天津的議員又呼啦啦跑回北京去了。與北京分庭抗禮不成，黎元洪開始尋找、聯合外力，對付新直系。他找到段祺瑞，小氣的段祺瑞不願與他聯手；又一度南下上海參加孫中山、盧永祥等人的反直同盟，但處境尷尬，無所作為。後來，在老友張謇、唐紹儀等人勸說下，黎元洪再次對政治心生退意。

一九二三年十一月八日，黎元洪東渡日本養病，半年後返回天津，安心做起了寓公。

息影津門：黎元洪的隱居時光

黎元洪在政治上屢受挫折，下野後在經濟上卻取得了不菲的成績。他晚年投資現代企業二十多家，涵蓋了金融、礦產、原料、食品、運輸和文化教育各個行業。北京、上海、天津、山東、浙江乃至香港各地的公司股東名單裡都有「黎元洪」的大名。成功的投資給黎元洪帶來了豐厚的收益。

事實上，和在政治上缺乏雄厚的實力一樣，黎元洪投資企業的資本也不多。他的收入主要是從政期間的累積，而他執政清廉，所以並沒有多少雄厚的資本，許多資金是靠向銀行貸款周轉來的。黎元洪之所以能取得商業成功，得益於經濟環境的變化。黎元洪投資企業正值第一次世界大戰期間，這是史稱「民族資本主義春天」的經濟繁榮時期。忙於戰場廝殺的列強放鬆了對中國的經濟壓迫，各類民族企業都取得長足的發展。經濟方面的收穫讓黎元洪對投資企業興致很高。他曾說：「我兩次做總統，皆賠累不少，不如做生意較為安閒自在。」值得肯定的是，黎元洪晚年的經濟活動是在公開公平的背景下展開的，並沒有利用政治特權為自己牟利。當時許多軍閥和政治人物利用政治權力侵吞財富，進行特權經營。而黎元洪完全是以普通商人身分參與市場競爭。

雖然是大富翁，晚年黎元洪生活儉樸。從政期間，黎元洪生活就非常樸素。「祕書、參議衣服不華，每日至黎公座次關向文件，一席之間

第三章

黎元洪：菩薩總統梅開二度

八九人，皆執蓮柄薄葵扇，黎公亦時握焉，其所其著西裝制服，以粗夏布為之。自都督以至州縣科員，皆月支薪二十元。」下野後，黎元洪最奢侈的可能就是在天津家裡建了一個網球場，冬天就改為滑冰場，年過花甲了還堅持運動。同時，黎元洪晚年痴心書法，據說寫得還不錯，求墨寶者絡繹不絕。

回顧一生，黎元洪被驟然推上權力鬥爭的核心，此後沉沉浮浮，一切都起源於武昌起義。武昌首義領袖是黎元洪最大的政治資本，也是他一生命運多變的最大誘因。如果當年革命組織意見一致，如果當年黃興或者吳祿貞在武漢領導起義，黎元洪的後半生不會風光一時，或許是隱居鄉間的普通前清官僚，也可能是碌碌無為的普通軍官，肯定不會捲入那麼多的政治漩渦，顛沛難熬。身處亂世，人們對命運難以把握，黎元洪即是其中的例子。人到暮年，黎元洪對武昌起義紀念日（十月十日）非常重視。每逢紀念日，他都在家中準備煙火和露天電影，招待群眾歡慶節日。

黎元洪第二次下臺後不久，世界大戰結束，列強經濟勢力重回中國，黎元洪投資企業的經濟情況惡化，甚至難以償還銀行貸款。一九二四年，黎元洪被迫出售北京東廠胡同的住宅，拮据情形可見一斑。一九二六年，黎元洪突患腦溢血，次年好轉，第三年年初夏在看賽馬時又舊病復發，失去言語能力。六月三日黎元洪在天津英租界去世，終年六十四歲。

黎元洪留下政治遺囑十款。我們看其中的內容，可以多少了解這位唯一一個兩度出任總統的民國元勛的思想主張。其中有「從速召集國民大會，解決時局糾紛」：黎元洪雖然解散過國會，但對國會的作用至死都很重視。「數千年立國之根本精神、道德禮教，常較物質文明尤為注重」：可見黎元洪根基上還是傳統的，認為中國的道德倫理優於西方的物質文明。「革命為迫不得已之事，但願一勞永逸，俾國民得以早日休養生息，

恢復元氣」：可見黎元洪是個偏向革命的保守分子。目睹晚清和民初的艱難時局，黎元洪希望百姓能夠休養生息，國家能夠恢復元氣，可如果劇烈的革命能夠一勞永逸地終止亂局，他也不排斥革命。

黎元洪留下家事遺囑：「喪事從簡，戒諸子潛心從事生產產業，毋問政治。」

親產業而遠離政治，這是不是黎元洪的人生經驗總結呢？

黎元洪死後，弔唁者絡繹不絕，大人物雲集。蔣介石、段祺瑞、馮玉祥、江朝宗等人都赫然在目。段祺瑞前來弔唁時，對著黎元洪遺體三鞠躬，不發一言，默默退出。

一九二八年六月二十八日，南京國民政府為黎元洪舉行國葬，全國各地下半旗致哀，鳴禮炮十七響，紀念武昌起義十七年和首義領袖。國民黨取得政權後，黎元洪是享受國葬隆典的第一人。

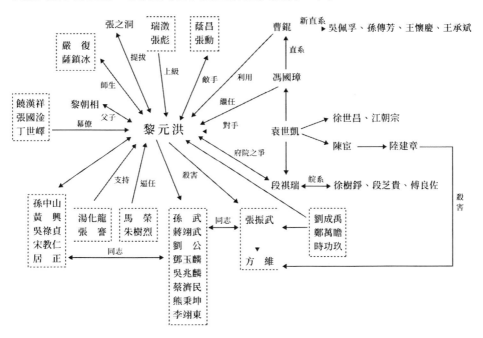

第四章

馮國璋：軍閥與非典型總統

　　和那個時代許多出身貧寒後來顯赫的人物一樣，馮國璋也走了一條從軍掌權的發跡之路。論年紀馮國璋比袁世凱長半歲，又是以教官身分進的小站，所以被北洋系統尊稱為「四哥」，後來成了直系軍閥的首領。雖然富貴加身，可還是脫不了和許多窮苦出身的人物一樣的毛病，性格謹慎猶豫，缺乏宏大的政治視野，還有貪財吝嗇的毛病。當黎元洪去職，大總統的寶座向當時的副總統馮國璋招手的時候，馮國璋躊躇再三，最終選擇了北上就職。這一去，馮國璋蒙受重創，一年以後黯然去職。

發跡之路：馮國璋的早期經歷和性格

一

馮國璋，西元一八九五年出生於直隸河間詩經村的普通農家。據說馮國璋的先祖是明朝開國功臣馮勝，不知道這種說法是真的，還是馮國璋日後發達後附會上去的。但可以肯定的是，祖宗的福蔭顯然不能持久，到了馮國璋父親一代，馮家已經是吃不飽穿不暖的貧農了。馮國璋兄弟四人，他排行最小，上面有三個哥哥。大哥混戲團隊，常年在外為生計奔波。馮國璋小的時候也曾讀過幾年私塾，後來因為貧困輟學在家。

馮國璋在北洋人物中年紀僅次於徐世昌，比同年生的袁世凱還長半歲。日後，馮國璋拜在袁世凱門下，有上下級之分，但袁世凱還是讓妻妾稱馮國璋為「四哥」，讓兒子袁克定稱馮國璋為「四叔」。因此北洋系同輩的人物都稱馮國璋為「四哥」，晚輩軍閥則尊稱他為「四叔」。

馮國璋

　　民國初年有一個有趣的現象：政治人物出身大多貧賤。袁世凱的出身可能是最好的，生於官宦人家；徐世昌、孫中山、黎元洪三人家世也還可以，算是普通人家子弟。其餘人物，比如馮國璋、段祺瑞、曹錕、張作霖、馮玉祥、張宗昌、孫傳芳等人都生在社會底層。馮國璋是河北鄉間的貧農子弟；比他小六歲的段祺瑞是個中層軍官的子孫，祖上沒有留下什麼家產；曹錕挑著貨擔，在大街小巷裡賣布；馮玉祥家裡太窮養不起他，就托關係走後門讓馮玉祥小小年紀就混入軍中扛槍吃飯；張作霖在黑土地的泥坑裡摸爬滾打，當過屠夫殺過豬，後來學會了醫馬這門技術活被土匪拉入夥當了馬夫。據說張作霖當年欠下賭債還不起，還曾割下大腿肉還債，頗有一千多年前還不起賭債被人吊著打的宋武帝劉裕的風采。

　　為什麼貧賤子弟能夠在民國初年的大變革中崛起，後來成為叱吒風雲的人物呢？我總結，是因為他們有奮發進取的精神，由於一無所有反而勇往直前，成功了就權勢加身，失敗了大不了還是一無所有；其次，因為亂世政治機會多，適合雄心勃勃或者野心沖天的人的崛起。民國初年就是個亂世，所以湧現出了一批出身貧賤的大人物。相反在一個政府控制力高漲的盛世，階層劃分嚴明，社會發展按部就班，反而堵死了底層人物上升的道路。所以說，小人物比大人物更期望亂世，底層社會比上層社會更傾心變革。

　　馮國璋沒有一輩子被壓在河北農村，當一輩子的貧農，真得感謝清末民初的亂世。

　　當然，貧賤的出身也給政治人物帶來了負面的影響。一旦掌握了權勢後，幼年貧賤慘痛的記憶往往使他們不能正確看待到手的財富，不是貪婪攬錢就是小氣吝嗇。馮國璋就對金錢看得很重，出了名的吝嗇。發

跡前，馮國璋在朋友圈子裡以蹭飯聞名，有飯吃不管路遠風大必準時到。即使是在發跡後，他小氣的毛病也沒去除。比如，他喜歡吃玉田醬肉，又擔心傭人買肉時偷吃，竟然想出了個辦法，要求傭人買的醬肉必須是整整齊齊的方塊。這樣，如果傭人偷吃的話就一目了然了。客人來訪，馮國璋捨不得用醬肉招待客人又不得不用肉，就把醬肉切得薄如紙片招待客人。如果有肉沾在刀上，馮國璋就要用舌頭舔得干乾淨淨。馮國璋發跡後，手上的錢財不止千萬，仍然還要透過各種手段搜刮錢財。馮國璋入主中南海後曾做出一件荒唐的「斂財壯舉」。當時他看到中南海湖中游著許多魚群，又聽魚商說中南海的魚從明朝開始就沒有捕殺過，價值很大，大概值十萬多元。原因是，明清兩代，帝王后妃常在中南海和北海放生，許多魚的鰭上綁著放生標誌的金牌、銀牌或銅環，這也是一筆財富。當時馮國璋對是否應該捕殺中南海之魚也有過猶豫，但是後來想到「三海魚鳥花草歷來是皇帝總統私產」就釋然了，組織招商捕魚，商定了八萬元的賣價。不久，北京許多飯館的菜單中新增了一道「總統魚」，可以和「東坡肉」相媲美。馮國璋貪婪的名聲也日益廣播，有人曾送他一副輓聯：「南海魚可在，北洋狗已無。」

老朋友段祺瑞曾用一個詞形容馮國璋的性格：錢癖。這並非是無端攻擊。

馮國璋為什麼貪婪斂財呢，換言之，他聚攏那麼多的錢財幹什麼用？馮國璋解釋說，發達後有許多親朋好友前來投靠，都希望能在他那謀條生路，自己又不願意用人唯親、委以一官半職，那就只能用錢財來接濟安撫親友了。的確，馮國璋投資經商，在自己的產業中，聘用了一些親朋好友，解決了部分親友的就業問題。但斂財安撫親友之說過於牽強，更像是為自己的劣跡開脫的藉口。馮國璋部下王占元的例子更能說

明問題。王占元也是貧寒出身，後來做到了湖北都督，守著九省通衢的繁華武漢和全國最大的兵工廠漢陽兵工廠。可是他不思擴充軍隊卻一心斂財，甚至連部下的軍餉也剋扣，結果部下兵變不斷，最後自己竟被驅逐出湖北。王占元也不謀東山再起，就拿著搜刮的錢財在天津置辦了大批房產土地。他常常掛著一串鑰匙「巡閱」天津街頭，被人戲稱為天津「各大馬路巡閱使」。在內憂外患的亂世中，王占元等人是對國家前途和政治清明失望，所以才更重視實實在在的物質保障，畢竟錢財是可觸可點的，而穩固清明的政治是虛無的。馮國璋的心態可能也類似，他雖有機會刷新政局，但心底對政治是失望無助的，所以視錢財重於政治。

二

馮國璋一生的前二十五年都是大清朝治下的一個普通小民。二十五歲時，馮國璋走上了亂世崛起的捷徑：從軍。那一年（一八八四年），他在族人資助下前往天津大沽口當兵。因為勤勉吃苦，很快被推薦考入天津北洋軍備學堂，成為第一期學生，與他同期的有王士珍和段祺瑞。

馮國璋的另一個毛病此時就體現出來了，就是謹慎有餘果敢不足，遇到大事瞻前顧後，猶豫不決。就學期間，馮國璋始終覺得科舉才是提升地位的正途，於是在第三年抽空回原籍應試科舉，因為通曉數學補取了特設的諸生名額，卻在順天府鄉試中落第。科舉無望，馮國璋只好回到軍備學堂從軍。試想，如果鄉試考官錄取了馮國璋，近代中國就多了一個在科場孜孜以求的庸才而少了一個叱吒風雲的強權人物。

西元一八九〇年馮國璋從軍備學堂畢業，因成績優異留學堂充任教習。正是因為這層關係，馮國璋和低年級的學員曹錕、李純、陳光遠等

第四章
馮國璋：軍閥與非典型總統

人關係深厚。他們和馮國璋的同期同學王占元都投入了北洋陣營，又都因為和馮國璋關係深厚而聚攏在一起，事馮如兄長，組成了日後直系軍閥的中堅力量。

馮國璋在軍備學堂的教學日子很短。年輕而浮躁的心讓他迫切希望建立軍功得到晉升，所以在一年多後投入了聶士成幕府。聶士成很賞識馮國璋，但他的部隊暮氣太深，並沒有給年輕的馮國璋創造上升的空間。期間，馮國璋一度擔任駐日本公使裕庚的軍事隨員，考察了日本。日本的這趟考察讓馮國璋結識了不少日本軍界人士，見識了近代軍制和日本軍力。當時，日本人很欣賞馮國璋，但奇怪的是，馮國璋一點都不領情，對日本非但沒有產生好感，還產生了厭惡感（這和段祺瑞不同，段祺瑞軍備學堂畢業後留學德國多年，日後卻成了親日分子）。馮國璋掌軍後，凡是日本士官學校畢業生一概不用；當總統後凡是親日分子一概反對進入內閣；回國後他還曾給主管兵事的載濤上密呈要求罷斥日本士官生。「二十一條」交涉期間，馮國璋聯合張勳怒責中央說：「此次日人非理要求，原本無交涉之價值，更無承認之必要，乃政府懾於日本哀的美敦書之下，遂至不求民意，不察利害，竟將全案承認，是何異舉我數千年堂堂中國捧送於人。天下最可痛可哀之事，孰有過於此者？」

但這次隨使日本的經歷，讓馮國璋得到的最大的收穫是結合見聞和西方理論編成了兵書數冊。沒有軍功，他希望能憑藉兵書得到賞識提拔。西元一八九六年，馮國璋結束使命回國，將兵書呈送聶士成。聶士成看不懂也用不上，不過知道袁世凱正在天津小站編練新軍，就把馮國璋寫的兵書傳給了袁世凱看。這一看，袁世凱如獲至寶，大讚馮國璋：「軍界之學子無逾公者。」很快，馮國璋就調往小站，邁出了發跡的第一步。

馮國璋投到袁世凱門下，主要是發揮理論才幹，做教員和參謀重於領兵。他為新式陸軍編定了兵法起典，教練著人數最多的步兵。袁世凱巡撫山東時，義和團起，局勢飄搖。袁世凱決定舉行新軍秋操，邀請德國駐膠州灣總督觀禮，震懾山東局勢。這項重任就交給了三個心腹王士珍、馮國璋、段祺瑞具體負責。一九○○年秋，濟南舉行了新式陸軍起演。袁世凱和德國總督在觀演臺看到軍旗鮮明，隊伍精良，軍威凜然。馮國璋號令隊伍「一舉足則萬足齊發，一舉槍則萬槍同聲，行若奔濤，立如直木」。德國總督當眾稱讚馮國璋、王士珍、段祺瑞為「北洋三傑」。王士珍、段祺瑞、馮國璋三人分別是「龍虎狗」。這也是之前提到過的「南海魚可在，北洋狗已無」中「北洋狗」的來歷。「馮狗」除了說馮國璋忠誠外，還有扎實能幹的意思。但是狗在中國話中含有歧義，所以馮國璋比較排斥別人叫他「馮狗」。

搭上北洋新軍的快車後，馮國璋扶搖直上，歷任新軍督練營務處總辦、軍政司教練處總辦、中央練兵處軍學司司長、保定陸軍速成學堂督辦、軍咨使等。這一時期，馮國璋以埋頭肯幹、業務出眾著稱，使清廷很放心地將培養軍官的保定軍校交給了馮國璋。馮國璋從嚴治校，曾經親自揮動軍棍責打一個游宿娼寮並吸食鴉片的皇族學員，將軍棍都折成了兩段，最後還將該名皇族子弟開除，他的表現得到了末世清朝皇族的欣賞。亂世用人更重真才實學，所以馮國璋在袁世凱受到朝廷猜忌去職之後依然平步青雲，逐步提升。到武昌起義爆發時，清廷想到的能鎮壓起義的兩大將領，一個是統帥北洋第一軍的滿族權貴蔭昌，另一個就是統帥第二軍的馮國璋了。

馮國璋這個「北洋三傑」中的「狗」對袁世凱很忠心，受命鎮壓起義的當天就祕密跑到彰德去拜見袁世凱，請示機宜。袁世凱授讓他「慢

慢走，等著瞧」。馮國璋心領神會，帶著幾個師的北洋大軍磨磨唧唧地南行，走一天歇兩天，還老回望北京城，讓朝堂上的孤兒寡母覺得第二軍不像是去武昌鎮壓起義的，更像是隨時準備反攻北京的叛軍。就這樣，清廷只好請袁世凱出山收拾殘局。老袁上臺後，馮國璋順理成章替換掉了蔭昌，統領第一軍前往湖北作戰。馮國璋能猜透袁世凱要借武昌起義東山再起的意思，卻猜不透袁世凱還想「養寇自重」的用心。他率領北洋軍，賣力地在前線作戰，用重炮轟擊人煙稠密的漢口市區，繼而用火攻，迫使革命軍放棄漢口。占領漢口後，馮國璋又擊退了黃興組織的反攻，乘勝攻克了漢陽，接著又積極組織進攻武昌。袁世凱的本意是希望馮國璋進行膠著戰，方便自己謀取朝廷實權。而馮國璋因軍功被賞賜二等男爵之後，正一心想要徹底撲滅湖北革命，成為「曾國藩第二」，建立不世功勳。尤其是接到封爵的聖旨時，馮國璋真是感激涕零，公開說自己一個漢人能夠躋身男爵一定要誓死效忠朝廷云云。馮國璋的眼界不寬不長遠的問題，在這裡表露無遺。結果，袁世凱硬生生地把躊躇滿志的馮國璋免了職，調了回來。他還需要留著武漢革命軍，放長線釣大魚呢。

馮國璋從前線歸來後，也沒坐冷板凳，很快就被袁世凱安排接替皇叔載濤擔任了禁衛軍統領。漢人出任禁衛軍統領，也只有馮國璋才是合適人選。原因是，一方面，馮國璋是北洋系和袁世凱的人。他統領禁衛軍，等於是把北洋系統的爪子伸到了皇帝的枕邊；另一方面，朝廷對馮國璋這個鎮壓武昌起義有功、宣誓效忠朝廷的實幹將領很有好感。清朝親貴子弟即便討厭北洋軍人，也對馮國璋抱有好感。基本上由八旗子弟組成的清朝禁衛軍願意聽馮國璋指揮。馮國璋在短暫的禁衛軍統領職位上做了不少事，他曾經和禁衛軍官兵一起向袁世凱申請立憲，拍著桌

子罵走段祺瑞派來勸說自己逼宮的說客 ── 在北洋將領逼宣統退位的通電中沒有馮國璋的名字。最終隆裕太后決定退位，袁世凱召集特別會議宣布退位事項。馮國璋畢竟在清朝得到了步步高升，境遇不錯，等袁世凱說完就問：「退位給誰？」袁世凱正義凜然地回答：「退給國民。」馮國璋這才無話可說。

　　皇帝退位後，如何收服禁衛軍成了馮國璋的頭等大事。一旦禁衛軍在京城嘩變反對共和，後果就嚴重了。馮國璋就拿著南北和談達成的《優待清室條件》，集合全體禁衛軍官兵訓話。他先述說了如今情形窘迫，清廷無力再戰，然後說明南北和談，商定皇室和滿族、蒙族的待遇不變，禁衛軍一切照舊，不會有變動。然後，馮國璋親自宣讀《優待清室條件》。可是，第一款「大清皇帝退位」剛開口，廣場上的官兵就出現騷動，哭泣聲、叫罵聲不絕，甚至有人持槍拔刀，大聲鼓噪起來。馮國璋登臺高呼，讓官兵推選代表申訴。之後幾個代表上臺，關心的都是皇室安全、禁衛軍待遇等問題。馮國璋以性命擔保皇室安全，並承諾與禁衛軍進退一致。他的承諾並沒有遏止隊伍的騷動，混亂局面愈演愈烈。馮國璋急中生智，高呼大家如果不信任，可以推舉兩個人持槍日夜守在自己身邊，一旦發現有違背諾言之處可以立刻將自己擊斃。官兵們見統領如此承諾，慢慢安靜下來，加上清亡是大勢所趨，最終平靜接受了王朝覆滅民國建立的事實。後來，清廷的禁衛軍被改編為陸軍第十六師，一直跟隨馮國璋左右，直到馮國璋下臺才被陸軍部調開。

虎踞南京：軍閥割據開始了

一

　　馮國璋進入民國後的第一個大動作就是鎮壓「二次革命」。成功鎮壓「二次革命」讓袁世凱加強了對全國的控制，但最大的實質受益者應該是馮國璋。革命前，馮國璋除一度擔任過離袁世凱很近的直隸都督外無所作為；革命後，馮國璋占據了中國最發達的東南地區，而與之親近的李純、王占元等人則占領了長江中游，使得長江中下游唯馮國璋馬首是瞻。馮國璋一下子儼然成了袁世凱之下北洋系統內最大的實力派。

　　二次革命期間，馮國璋任江淮宣撫使兼第二軍軍長，督率北洋大軍會同張勳所部，沿津浦路南下，很快攻占徐州、蚌埠、南京，控制了長江下游。馮國璋所部南下沒有遇到激烈的抵抗，幾乎兵不血刃就占領了包括上海在內的中國經濟中心，從此盤踞東南。這是什麼原因呢？是革命力量過於薄弱，還是革命人士缺乏抵抗決心呢？最新的研究表明，馮國璋的迅速擴張得益於東南地區勢力強大的紳商階層的支持。清朝末年和革命期間，社會黑暗動盪，大大損害著紳商階層的利益，他們自然對秩序與穩定有著的強烈願望。雖然馮國璋不一定和紳商階層理念一致，但他的軍隊能夠取代四分五裂、力量薄弱的革命黨人，繼而給東南地區

帶來穩定，能給經濟帶來最需要的和平的發展環境，所以不僅是在二次革命期間，而且在之後的護國運動甚至護法運動期間，東南（尤其是上海）紳商階層基本上都支持馮國璋穩定政局。

馮國璋

　　紳商反對帝制，也反對激烈的革命運動。比如護國運動期間，上海紳商致函馮國璋：「上海為通商重地，又為黨人淵藪，尤多激烈分子，數日來設法間接勸阻，謂下游舉動總當靜候高峰。各派崇拜虎威，企以俟今。時機急迫，勢難遏抑，萬一暴動，則全局均為破裂，而地方之糜爛、交涉之困難，實屬不堪設想。紳商等目擊情形，驚惶失措，今晨邀集南北商界籌議，皆謂非上游立刻發表（宣布獨立），萬不能鎮定下游。」東南地區的紳商階層帶有資本主義色彩，原本應該是民主共和的擁護者，他們在辛亥革命期間也的確支持過商界出身的同盟會員陳其美，擁護了東南地區的革命政權，使得東南地區迅速獨立，在清末民初沒有遭受戰火。然而，紳商們畢竟是現實的，經營家業以盈利為目的，迫切需要穩定和平的環境，所以對二次革命、護國、護法等戰爭興趣不大，所以才選擇了支持馮國璋這個外來的強權人物。

　　馮國璋接任江蘇都督後，打出維護江蘇社會秩序的旗號，迎合東南各地的呼聲。他從北方帶來了大批軍警，又在南京設立江蘇全省執法處，大力整頓治安。當然，馮國璋最主要的作為還是擴充軍事實力。他整頓沿江要塞，設立軍事研究所，在南京成立憲兵司令部，接著又發揮了老本行，成立陸軍講武堂、水師學堂、陸軍警察學校等培養人才，最

終擴充成四個師的軍隊。馮國璋統治的幾年間，江蘇的經濟、文化取得了不錯的發展。富庶的江蘇省，加上唯馮國璋馬首是瞻的湖北王占元、江西李純，使得馮國璋成了舉足輕重的政治人物。

袁世凱，這個影響中國政壇尤其是控制北洋軍隊的強權人物死後，中國政局彷彿重新回到了武昌起義之後幾個月內南北交戰、各省獨立的半混亂時代。失去了強權領袖的北洋系統各軍起戈相向，讓局勢更加混亂。一九一六年到一九二八年，民國陷在軍閥混戰中難以自拔。在亂世中，「有槍的，說話聲音就大」。中國歷史上並不罕見的「軍閥」成為政壇的主角。「軍閥是個壞東西，這沒問題。其實，近代以來，凡帶上個『閥』字的名詞，就有點罵人的意思了，軍閥、學閥、財閥、黨閥，細排下去，大概還有十幾個。其中軍閥是最為人鄙夷的，因為這些人手裡有槍，屬於千餘年來為國人所不齒的軍漢武夫，行為粗魯，不講道理，看上哪個女學生，就要拉去當姨太太的。」（張鳴《「五四」傳統與軍閥餘蔭》）

有學者對軍閥這件事就分析得鞭辟入理，我們不妨一讀。「這二百名左右佩戴勛章的將軍和他們那些步履蹣跚的隊伍，在一九一六——一九二八年軍閥混戰年頭代表了什麼東西啊？第一，現代武器的優越性，造成了一個人口過剩國家的黷武主義。在這個國家中軍備的擴展超越了公眾意識形態的發展。第二，老的紳士、商人、管理統治階級沒有能力在一個全國範圍的新的政治組織基礎上團結起來。第三，正當民族主義似乎取得勝利的時候，民族進取心卻處於低潮。」（費正清著，劉尊棋譯：《偉大的中國革命》）

軍閥和軍閥之間也合作，出於同鄉關係或者血緣親屬關係或者因為感情親近而組成不同的派別。北洋系統內部就存在以段祺瑞為首的皖系（段祺瑞是安徽合肥人）和以馮國璋為首的直系（馮國璋是直隸河間人），以

及身為北洋旁支的張作霖的奉系（張作霖是奉天人）。北洋系統之外有滇系、桂系、粵系等較成型的軍閥，至於隨起隨滅的小軍閥就更多了。軍閥派別內部也不是鐵桶一塊，相互分化組合不斷，即使是直系也分馮國璋的舊直系和曹錕的新直系，至於張宗昌等「多姓家奴」就更不用說了。

這其中，馮國璋和他的直系是個典型。

二

當初袁世凱復辟，馮國璋是不同意的（即便恢復帝制，馮國璋也傾向於宣統皇帝復辟）。袁世凱沒能安撫好馮國璋這樣的實權人物的情緒，是復辟失敗的重要原因。

一九一五年七月，袁世凱稱帝一事已經在舉國上下傳得沸沸揚揚了，馮國璋依然不相信，千里迢迢跑到北京，當面詢問袁世凱的意見。袁世凱和馮國璋展開了一場有趣的談話：

袁世凱說：「華甫（馮國璋的字），你我是自己人，難道你不懂得我的心事？我想謠言也不是無所本的，往日暴民專政時期，曾經有人說過，共和不適合國情，我在口頭上也曾流露過願意退歸田裡或者還政清室；近來新約法頒布，其中有總統得頒授爵位的一條，有人又認為這是變更國體的一個預兆。我早就感覺到，五族權利一律平等，既然滿、蒙、回、藏各族都可以封王封公，為什麼漢族同胞就不能享受同等權利呢？授爵條文對各民族都應不加限制，我一定要做到一視同仁。可是，為了避免誤解，目前我不打算授給漢族以爵位。」

馮國璋想說幾句話，可是沒有機會開口。袁世凱又往下說：「華甫，你我是自己人，我的心事不妨對你直說。現在總統的權力和責任已經與

皇帝沒有區別，除非為兒孫打算，我實在沒有做皇帝的必要。至於為兒孫，我的大兒子身帶殘疾，老二想做名士，我給他們排長做都不放心，能夠叫他們擔負國家的重任嗎？而且，中國一部歷史，帝王家總是沒有好下場的，即使為兒孫打算，我也不忍心把災禍留給他們。當然，皇帝可以傳賢而不傳子。現在總統也可以傳賢，在這個問題上，皇帝和總統不也是一樣的嗎？」

馮國璋急忙擋住袁世凱的話頭，試探道：「總統說的是肺腑之言。可是，總統功德巍巍，群情望治，到了天與人歸的時候，只怕要推也推不掉的啊！」

袁世凱把眉頭緊蹙了一下，似乎要生氣的樣子，堅定地說：「不，我絕不做這種傻事！我有一個兒子在倫敦讀書，我已經叫他在那裡置了一點產業，萬一有人一定要逼迫我，我就出國到倫敦，從此不問國事！」

馮國璋於是相信復辟不是袁世凱的本意而是旁人所鼓噪的，放心地返回南京去了。一路上，馮國璋還當起了袁世凱的「義務宣傳員」，對外宣稱袁大總統絕不會稱帝，社會上的種種流言都是庸人自擾而已。馮國璋這麼做，帶有敦促袁世凱信守諾言的意思，不想日後袁世凱背盟真的黃袍加身了，馮國璋反而跟著顏面掃地了。但是後來，現實讓馮國璋大呼受騙，再加上被旁人指責，馮國璋更加排斥袁世凱的稱帝行徑了。一九一五年十二月，各省開始「勸進」活動，花樣百出，搞得轟轟烈烈的。馮國璋任都督的江蘇卻沒什麼動靜。帝制派的江蘇巡按使齊耀琳籌辦擁戴活動很賣力。按計畫江蘇需要「推舉」六十名代表參加擁戴活動，馮國璋暗中禁止軍人參與其事，「所以六十代表內，無軍署一人」。決定國體問題的投票那天，馮國璋託病不出。齊耀琳好言相勸，部下也說不出面不太好，馮國璋才勉強以明哲保身的態度出席，看著「一致」

擁戴袁世凱稱帝的場面未發一言。

不久，護國戰爭爆發。袁世凱想起了雄踞南京的馮國璋，任命他為參謀長討伐護國軍。馮國璋裝病拒絕就任。袁世凱派人到南京探望馮國璋的「病情」，這對馮國璋又是一個不信任的打擊。他對來人說：「我跟隨總統一輩子，總統要如何便如何，怎麼總統不把我當自己人了！」所以他公開提出「保境安民」，對袁世凱消極牴觸。客觀上，東南紳商也支持馮國璋的超脫，支持維持東南秩序。

護國戰爭中，馮國璋對袁世凱是不滿的，對復辟帝制是反對的，戰前和戰爭中他都和護國軍暗中聯絡。可多年的提拔之情讓馮國璋不便和袁世凱決裂，而是在護國戰爭中猶豫不決，首鼠兩端。護國陣營的張彭年回憶說：「當籌安會成立時，梁啟超、蔡鍔派人往返密商反對方略，調查得知馮國璋憤袁不肯向他說實話，與段祺瑞一致採取反對的態度，梁因之派人說馮，希望馮聯合友軍共起倒袁。馮答，他雖決心反對，奈北洋軍人中替袁賣力的尚多，在北方發難，實非計出萬全，最好由邊遠省分先行動手，侯袁將他認為可靠的部隊調遠，我們就近一舉手就可以大功告成。梁、蔡同意了這個辦法，共同商定由滇、黔起義。及至滇黔苦戰了數月。迭電托梁轉摧，馮還是遲疑不決。」閻錫山也作證說：「唐繼堯通電討袁之前，曾電南京馮國璋，以察其意，馮覆電說：『國璋老矣，國事全在諸君。』」

三

馮國璋在護國戰爭中沒參戰，可也沒閒著。他萌發了觸摸權力頂點的野心。袁世凱名聲掃地，北洋系統內部分崩離析，馮國璋思索著自己是否可以取袁世凱而代之了。

第四章
馮國璋：軍閥與非典型總統

　　論實力，馮國璋有可能登頂。但袁世凱不主動退位，大事遲疑的馮國璋也不好意思趕他下臺。後來袁世凱雖然撤銷了帝制，卻仍想繼續做大總統，就讓馮國璋出面聯絡各省將軍通電擁護自己。馮國璋雖然老大不願意，可拗不過袁世凱的懇求，再加上袁對自己往日的恩情，不得不在一九一六年四月領銜通電提出和平解決八條，第一條就是承認袁世凱仍為大總統。

　　報答了袁世凱的知遇之情後，馮國璋開始全力追求自己的大總統職位。他看得很清楚，袁世凱遲早要倒臺了，能夠和自己競爭總統職位的只有兩個人：黎元洪和段祺瑞。黎元洪是袁世凱的副總統，如果袁世凱突然下臺，新總統就會被黎元洪遞補上去。可如果袁世凱做滿任期或者整個政府被國會否決，那麼黎元洪也要跟著袁世凱政權一起下臺。所以馮國璋保袁世凱繼續擔任總統，也有阻止黎元洪接任的意思——他要把黎元洪和袁世凱的任期牢固地捆綁在一起。至於對付段祺瑞的方法，馮國璋就要用實力說話了。一九一六年四月，馮國璋開始致電未獨立各省，聯絡北洋系統的實權人物，意圖建立京外團體，對抗占據中央的段祺瑞的勢力。五月十五日，未獨立各省代表聚集南京開會（馮國璋也邀請了獨立各省代表與會，但遭到獨立各省的拒絕）。與會的主要是北洋系統的地方實力派，討論的議題是讓袁世凱自動辭職。馮國璋的潛臺詞是以地方逼中央，袁世凱辭職後讓大家推舉自己繼位。可惜會議在是否逼袁世凱辭職問題上就沒有達成一致。親段祺瑞的倪嗣衝堅決反對向袁世凱逼宮，拍著桌子大罵。最終，五天後，馮國璋不得不宣布南京會議解散。馮國璋如意算盤的落空，表明他的實力和威望尚不足以統帥北洋系統。

　　拉幫結派失敗了，馮國璋乾脆親自逼宮。他致電國務卿徐世昌等

人，威脅如果袁世凱不辭職，「苟長此遷延，各省動搖，寖至交通斷絕，國璋縱不忘舊誼，獨以擁護中央相號召，亦恐應者無人，則大總統孤立寡援，來日殊不堪設想」。他聯絡江西將軍李純、浙江將軍朱瑞、山東將軍靳雲鵬、湖南將軍湯薌銘密電各省將軍，要求袁世凱取消帝制，懲辦禍首，史稱「五將軍密電」。直隸將軍朱家寶收到密電，轉給了袁世凱。袁世凱看完幾乎暈厥，絕望地說：「完了，一切都完了。」「五將軍密電」對袁世凱的心理打擊，並不亞於蔡鍔發動的護國運動。

逼宮最終的結果，多少超乎馮國璋的預料，比自己還年輕的袁世凱突然在六月六日死了 —— 既不算被推翻也不算政府辭職，而算是自然死亡。黎元洪以副總統身分依法繼任總統，堵死了馮國璋的晉升之路。

黎元洪上臺後也給馮國璋帶來了一個意外收穫：當選副總統。當時的情況是這樣的，首先是控制中央的段祺瑞不想當有名無實的副總統，所以選擇出任內閣總理，操持行政大權。出於對抗段祺瑞專制的考慮，黎元洪和國會需要樹立一個對立面。於是國會議員孫洪伊等人明確提出「以馮制段」，推舉馮國璋為副總統。同時，北洋系對馮國璋出任副總統樂觀其成，想反過來以此牽制黎元洪。於是，各方利益博弈使馮國璋順利地當選為中華民國的第二個副總統。

一九一六年十月三十日，馮國璋在南京宣誓就職。

和當年的黎元洪一樣，馮國璋也不願意放棄江蘇地盤，就職後不願意進京，依舊留在南京兼任江蘇督軍，繼續和長江中游的王占元、李純等相互呼應，等待機會。

四哥快來：與段祺瑞的明爭暗鬥

一

機會終於來了，一九一七年七月，段祺瑞給馮國璋發來只有四個字的急電：「四哥快來！」

這是內閣總理段祺瑞在敦促馮國璋趕快到北京來接替黎元洪擔任大總統。

天上掉下個餡餅，而且還是特大號的。這得感謝頭腦簡單的張勳和他那荒唐的復辟。一九一七年，黎元洪和段祺瑞的關係徹底破裂，爆發了府院之爭。張勳趁機復辟。復辟期間，馮國璋代行總統職權，和段祺瑞一起南北通電，譴責復辟，轟轟烈烈地「光復民國」。戰後，躲在使館的黎元洪看破政局，拒絕復任總統，而段祺瑞寧願讓同屬北洋系統的馮國璋當總統也不願意黎元洪再任總統。之前努力調解府院之爭的張國淦力勸段祺瑞迎黎元洪復位，說：「相對而言，和黎元洪共事其實比較容易，因為他手中無兵，而且剛經受過挫折，會吸取教訓；而馮國璋既有兵權，又是新官上任，遇事必然逞強好勝，因此更難對付。」他一語道出了馮國璋對段祺瑞最大的威脅：手握重兵。可段祺瑞覺得馮國璋和自己的矛盾是北洋系統內部的矛盾，而黎元洪與自己的矛盾屬於系統外的

矛盾，感情上怎麼說也更能接受馮國璋。於是，就有了總理段祺瑞督促副總統馮國璋來京任職的四字電報。

馮國璋拿到電報，難掩喜悅，遍示眾人說：「你們看，芝泉這個粗人！芝泉這個粗人！」

可是，去還是不去呢？馮國璋也猶豫了。

直系內部對馮國璋是否應該進京當大總統，意見分歧。馮的女婿陳之驥等人反對馮國璋進京，認為馮國璋不能離開經營多年的軍隊和地盤，去做什麼空頭大總統。黎元洪當年放棄湖北和軍隊去北京做副總統、總統，現在淪落到避難租界，就是前車之鑑。馮的參謀長景雲等人則對直系掌握的實力很有信心，認為失敗的黎元洪和前途光明的馮國璋完全不能相提並論。馮國璋正好可以趁當下總統出缺進京執掌中樞，然後名正言順地擴充權勢。機會難得啊！曹錕、李純等將領也紛紛通電擁護。馮國璋被肯定派所描繪的前景鼓舞了。恰好段祺瑞派皖系親信靳雲鵬來南京遊說「總統進京」：「北方的局勢如一個大香爐，香爐三條腿，大總統您是一條，其他兩條是總理和東海（徐世昌）。有這樣三條腿，您還怕香爐站不穩嗎？我保證，這次四哥到了北京，能做一輩子的總統。」有了這樣的許諾，馮國璋最終下定決心，離蘇赴京，出任民國第四位總統。

馮國璋並不是單純的理想主義者。他搶在段祺瑞的前面，以總統名義調任愛將、江西督軍李純接任自己的江蘇督軍，任命親信陳光遠為江西督軍（段祺瑞也任命了新的江蘇督軍，企圖搶直系的地盤，結果被馮國璋給頂了回去）。安排好老巢後，馮國璋還帶了十五、十六兩個師一同進京 —— 身邊沒有親信部隊，軍閥怎麼能放心辦事呢。

二

　　一九一七年八月四日，馮國璋正式代理大總統。為什麼是代理呢？因為大總統黎元洪還活著，任期未滿更沒有被罷免，只是他自己不願意當總統了，所以馮國璋這個副總統才得以「代理」總統。

　　上任伊始，馮國璋很有一番北洋系統精誠團結、大展拳腳的抱負。他任大總統、段祺瑞擔任總理，又請出「北洋三傑」中閒雲野鶴般的王士珍擔任陸軍總長。他們三人平常關係很好，在天津軍備學堂的時候就是同學，畢業後短暫各奔東西後不久匯聚於袁世凱的小站，之後隨北洋系統的興衰而沉浮。馮國璋和段祺瑞的私交尤其好，兩家孩子同上一家私塾，有哪個孩子犯了錯誤，兩戶家長都可以責罰。馮國璋生病，段祺瑞對醫生所開藥方都要親自過目，毫不避諱。就任後，馮國璋把段祺瑞、王士珍請到府中大話家常，握著兩人的手說：「我們三人無所謂總統、總理、總長，只求合力辦事。」可惜的是，私交和政治是兩回事，私底下的朋友不見得就是政壇上的朋友。

　　馮國璋很快就和段祺瑞爆發了矛盾。這還得怪那個徐樹錚。段祺瑞重掌內閣後，重新任命徐樹錚為國務院祕書長，聽憑他處事。徐樹錚把使喚黎元洪的那一套照搬拿來對付馮國璋。可馮國璋不是黎元洪，從輩分上說，他是天津小站的教官，在北洋系統內的資歷比徐樹錚高多了；從實力上說，馮國璋的直系不遜色於段祺瑞的皖系，哪容得了徐樹錚這個皖系後輩對自己頤指氣使。新的「府院之爭」不爆發才怪呢？

　　在具體政策上，馮國璋和段祺瑞在參加第一次世界大戰問題上沒有歧義，在借款問題上也沒有分歧。借款參戰無非是為了擴充實力自肥嘛，但是怎麼擴張呢，雙方就此產生分歧。段祺瑞為了做大皖系、擴展

地盤、架空總統，主張武力征討南方非北洋系統的各省，鼓吹「武力統一」。為此，他控制的政府動用借款編練「參戰軍」。第一次世界大戰都到了尾聲了，還參哪門子戰啊？不用說，參戰軍都被皖系所控制，皖系把觸角慢慢伸向南方各省。皖系借國家名義坐大當然是馮國璋不願意看到的，他更不願意被段祺瑞內閣用「武力統一」四個字架空了總統權威，所以針鋒相對地提出了「和平統一」政策。和平統一指的是讓非北洋系統的各省宣布承認北洋中央政權，保持中國形式上的統一。那樣的統一儘管對於北洋系統而言在實質上並沒有地盤進帳，但馮國璋個人在名義上成為了全國的元首，便利直系用中央政權的名義行私己之事。「和平統一」口號提出後，得到了西南各省軍閥的贊同。

雙方僵持不下，關於「統一」的戰爭首先在南北雙方力量交叉的湖南省爆發了。湖南省之前提出了「湘人治湘」的要求，段祺瑞心裡不同意，但表面上假惺惺地任命皖系的傅良佐任湖南督軍，因為傅良佐籍貫湖南，看似滿足了「湘人治湘」的要求。可傅良佐除了籍貫外，活動範和思想都是根植於北洋系統的。於是這項任命反倒成了引火，激發了南北方的矛盾，引爆了戰爭。戰爭的爆發意味著馮國璋「和平統一」政策受到挑戰，他祕密派遣陳之驥去運動湖南實力派王汝賢、範國璋聯名通電主和，又指使直系的李純、王占元、陳光遠聯名要求湖南停戰、撤回湖南督軍傅良佐。當年十二月二十五日，馮國璋發布「弭戰布告」，要求南北各軍「於軍事上先得各方之結束，於政治上乃徐圖統一之進行」。段祺瑞的武力統一策略遭到重大打擊，半途而廢，被迫宣布下野，不當總理了。

段祺瑞下臺後，仍舊死心不改，使出全力破壞「和平統一」政策。他先是拉攏直系內部主戰的直隸督軍曹錕，繼續鼓吹對南方用兵，又讓

徐樹錚出面聯繫奉系軍閥張作霖的大軍入關。張作霖兵強馬壯，正想入關看看中原風光，見段祺瑞主動相邀，隨即把整師整師的軍隊往關內運送。不消說，張作霖堅定支持「武力統一」── 不然他就失去了進關的依據。馮國璋身處奉系和皖系軍隊包圍之中，儘管有十五、十六兩個師的保護，情形依然危險。而馮國璋開啟的南北接觸也因為雙方各懷鬼胎，進展緩慢。相反，護法戰爭在一九一八年一月中旬重新開火。馮國璋的所謂和平成為了泡影。馮國璋在這個回合先勝後輸，而且還搭上了個人安危。怎麼辦？

段祺瑞

進退兩難：總統位上走末路

一

　　一九一八年一月二十八日上午，安徽蚌埠火車站如臨大敵。安徽督軍倪嗣沖，親自帶隊在火車站里布下三步一哨五步一崗，焦急地注視著北邊的鐵軌。鐵軌兩邊的高地上，軍隊架起了山炮，黑黝黝的炮口俯視著鐵軌；車站南端，一群工兵正在抓緊扒掉鐵軌，以壕溝和步兵堡壘代替。

　　到底發生了什麼事情呢？

　　太陽出來沒多久，一列火車轟隆隆地駛進蚌埠火車站。這是列奇怪的火車，車窗裡伸出數以百計的槍口，領頭的車廂還配備了重機關槍開路，就像是一列移動的戰車。可就是這樣的戰車在嚴陣以待的蚌埠車站也被斷了去路，不得不熄火停下來。

　　倪嗣沖得意地看著漸漸停穩的列車，對身邊的十餘親信說：「走，我們上去見總統。」

　　原來，馮國璋正坐著這列戰車出京「巡視」，倪嗣沖是奉段祺瑞的指令來截車的。

　　這就是上文說到的，被困在北京的馮國璋政治主張得不到貫徹，政

第四章
馮國璋：軍閥與非典型總統

令不通，又受到皖系和奉系聯合排擠的情況。不能坐以待斃，馮國璋於是決定走為上策，南逃老巢回南京、與李純等人再商討反段，東山再起。兩天前（一月二十六日），馮國璋挑選了一千餘名衛士，武裝了一列火車，就轟隆隆南下了。開始都很順利。直隸督軍是直系的曹錕。專用列車抵達天津時，曹錕率直隸軍政官員到車站歡迎，請馮國璋在天津的曹家花園小住了一夜。二十七日下午，馮國璋乘車抵達濟南。山東督軍是皖系的張懷芝。張懷芝接到段祺瑞的急電，被要求務必不能放過馮國璋，就登車「晉謁」總統。結果馮國璋對張懷芝一頓訓斥，張懷芝見不能將馮國璋勸返回北京，只好硬著頭皮同車南赴蚌埠。而接到段祺瑞急電的倪嗣沖，手段高於張懷芝，扒鐵軌挖工事架火炮，就是要阻止馮國璋前往南京。

　　卻說倪嗣沖上車來見馮國璋，先聲奪人，強硬地來了一句：「在天津小站時，咱還是個文官，如今居然也領兵了。如今你是大總統，我還是個督軍，天差地遠，但咱們多時相好，我看這督軍覲見大總統的大禮就免了吧！」馮國璋也不甘示弱。鐵軌斷了，火車走不了了，就暫且下車休息，一坐定就對倪嗣沖說：「督軍不聽中央的命令不必說，就是一個師長、旅長，索餉索械比什麼人都凶，一點點不如意就通電反對中央，請老弟代我想想，這樣的總統做得下去嗎？」倪嗣沖有段祺瑞和皖系撐腰，反唇相譏：「是戰是和，你是當總統的，總統先有個主意，究竟你的主意何在？你為何不明白說出來！你和段總理已是數十年的老朋友了。可是，現在你只顧自己的總統地位，而不顧總理的面子，此種舉動真令吾輩寒心。」後來倪嗣沖索性撕破臉皮，指著馮國璋的臉指桑罵槐地說當年天津軍備學堂的學生都是安徽人李鴻章的學生（軍備學堂屬於李鴻章系統的淮軍創辦的），現在一個個都忘了本，同安徽人搗起蛋來（搗蛋的

人指的就是馮國璋），說著他就大叫國家和北洋系統已經到了萬分危險的時刻，謠言說直皖兩派勢同水火，要起內訌了。說到最後倪嗣沖竟然哭了起來，感嘆皖系和直系如果內鬥，北洋系統就完了。還別說，倪嗣沖軟硬兼施的手段真起了作用，馮國璋聽了也很感慨。跟隨馮國璋的田文烈見機圓場，說馮國璋正要和倪嗣沖、張懷芝兩位督軍商議討伐西南的事，隨即會下討伐令了。倪嗣沖當即表示馮總統如果回北京立刻放行，如果去南京就扣留總統在蚌埠。馮國璋不得已折回了北京。逃跑行動失敗了。

馮國璋回京後，日子更加難過。既然逃不出皖系段祺瑞的勢力範圍，他被迫向皖系的政治主張作出妥協。回到北京的一月三十日，馮國璋就下了討伐令，派曹錕、張懷芝、張敬堯等率軍進犯湖南與南方作戰。二月上旬，馮國璋又仿照帝王下「罪己布告」，承認自己在統一問題上「無知人之明」、「無料事之智」，表示「國璋即當返我初服，以謝國人」。三月二十三日，段祺瑞復任國務總理。皖系的「武力統一」主張甚囂塵上。

然而，馮國璋並不甘心「和平統一」的失敗，決定最後一搏。他最大的籌碼就是前線的直系軍隊。段祺瑞鼓吹「武力統一」，但皖系並沒有征服南方的實力，所以在前線作戰的主力仍包括曹錕、吳佩孚的直系軍隊。馮國璋當然指揮得了這支軍隊，就密電曹錕「適可而止」，要求直系軍隊要把戰局局限在湖南省內，不讓軍隊深入南方。曹錕等人心領神會，他們也不想為人作嫁衣。吳佩孚部隊在攻占長沙後，也對段祺瑞要求「直搗兩廣」的命令陽奉陰違，不是回電討要軍餉就是說後勤供應不濟，堅持按兵不動。段祺瑞為了進一步籠絡曹錕、吳佩孚，準備升曹錕為兩湖巡閱使兼湖北督軍。馮國璋則電告曹錕，直隸才是根本之地，不

第四章
馮國璋：軍閥與非典型總統

能放棄，直系軍隊不能長期在前線征戰。於是，曹錕力辭兩湖巡閱使，返回天津控制直隸；吳佩孚則在攻占衡陽後，繼續按兵不動，讓段祺瑞的「武力統一」無果而終。曹吳二人成了馮國璋和段祺瑞爭奪的焦點。段祺瑞極力籠絡二人，授曹錕為川粵湘贛四省經略使，授吳佩孚為孚威將軍。在得知曹錕對總統寶座有覬覦之心之後，段祺瑞就悄悄許諾支持曹錕出任副總統。馮國璋怕曹錕動搖，就派陸建章去天津說服曹錕，和李純等人合作扭轉局面，不想陸建章到天津就被徐樹錚誘殺了。

事情發展到這一步，段祺瑞也沒必要對「四哥」客氣了。他把馮國璋看做是自己最大的政治障礙，開始積極倒馮。馮國璋當時是代理黎元洪剩餘的任期，到一九一八年秋天黎元洪的總統任期屆滿的時候，馮的代理權限也就屆滿了。段祺瑞最好的做法就是「合法」地將馮國璋選舉下去。民國二年的舊國會在府院之爭中被解散，段祺瑞復任總理後一直拒絕恢復國會。可是，更換總統離不開國會，所以段祺瑞就命親信徐樹錚、王揖唐等人組織了「安福俱樂部」，收買政客，操縱了這次國會選舉。徐王等人用借款的錢收買的這屆國會被人稱為「安福國會」。安福國會在九月四日選舉新總統，徐世昌得到與會四百三十六票中的四百二十五票，成為新總統。段祺瑞得到五票，張謇、王士珍、王揖唐各得一票，馮國璋則吃了鴨蛋。

身為現任總統和直系首領，馮國璋自然有意繼任總統，一度也作過當選的美夢。但是馮國璋沒有想到最後的結果會這麼悲慘，讓他尷尬。更尷尬的是，馮國璋還要依法和徐世昌辦理交接手續。當著那麼多老同僚、老朋友，面對那麼多的下級部屬，馮國璋灰溜溜地交印、走人，心理該承受了多大的壓力啊。他聲明此後「絕無出山之意」，「人非木石，寧不痛心」。

段祺瑞這個總理，原本可以尋求留任，結果被老朋友的哀嘆所感，同時宣布下野。

二

馮國璋下臺後，回到河間老家隱居了一段時間後入住天津。他依然控制著十五、十六兩師的糧餉局，用來斂財，此外也投資了若干近代產業。

新總統徐世昌也主和，力主直系和皖系和解，多次邀請馮國璋進京。馮國璋鑒於陸建章被殺的教訓，遲遲不敢登程。後來，皖系的靳雲鵬偏離段祺瑞控制，獨立組閣，馮國璋覺得安全些了，才返回北京。這是一九一九年十月的事情了。同年十二月二十八日馮國璋就因肺病去世，死在了北京帽兒胡同住所，享年六十歲。此時距離他下臺不過一年出頭。

馮國璋的死，固然有身體疾病的原因，但更重要的是心理的打擊。且不說被趕下臺的屈辱和挫敗感，就在下臺後，直系也迅速衰敗，對他打擊不斷。長江三省的直系軍隊越來越不景氣，王占元被趕走，李純暴亡。馮國璋的警衛一直是由第十六師的部隊負責，下臺後還有該師的一個連作為他的衛隊。後來，這支嫡系的警衛部隊也被調走了，新政府給他換上了雜牌軍。馮國璋既氣又惱，加上不太習慣北京的寒冬，兩相作用突然得了個肺炎，幾天後就逝世了。

下臺後，馮國璋和段祺瑞的關係迅速好轉，兩人又能夠坐在一起打牌聊天了。馮國璋死後，段祺瑞前來弔唁，默默地瞻仰遺容，然後默默離開。段祺瑞在和馮國璋的爭鬥中算是取得了勝利，但他沒有想到的

是，引奉系張作霖入關卻協調不好皖奉關係，結果導致曹錕的新直系聯
合奉系發動直皖戰爭，段祺瑞大敗，皖系也開始衰敗。打敗皖系的曹錕
則興沖沖地跑到北京帽兒胡同馮家，告慰馮國璋的遺像說：「四哥，我給
你出了氣了。在小站的時候，他就打不過我的。」

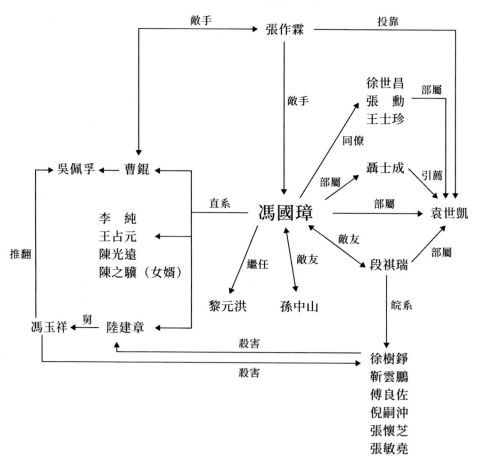

第五章

徐世昌：民初亂世的文人總統

　　要想研究文人在亂世之中的表現，就去研究徐世昌吧！在晚清當過內閣副總理，又在民國當過國務總理和總統的徐世昌，是「文人從政」的典型。他渾身上下散發著古代中國文人的氣息，裡裡外外沾染了清朝官場習氣，和北洋軍隊關係密切卻始終沒有直接掌握軍隊。北洋將軍在混亂的民初政局中將老鳥「老好人」徐世昌推舉為大總統，看中的是他在北洋系統的資歷和聲望；而歷史選擇這麼一位總統，又一次演繹了亂世文人的政治命運。

艱難崛起：窮秀才的「仕途三道檻」

一

　　民國的第四位總統徐世昌是歷屆總統中的「另類」。他既不是革命黨，也沒有扛過槍，出身窮酸秀才，從鄉間私塾教師成為宰相，最後轉變為民國總統。政治場是充滿荊棘的崎嶇路，徐世昌能以一介書生縱橫清末民初亂世數十年，不能不說是一個奇蹟。

　　徐世昌西元一八五五年（咸豐五年）生於河南開封，祖籍寫的是「直隸天津」，家族還能和兩任山西巡撫扯上關係。但這些都是虛的。清朝政治場上講究出身和門第，但真正對個人仕途產生影響的是祖父和父親兩代。「富不過三代」的公理在政治場上也有效。徐世昌的祖父默默無聞，父親徐嘉賢曾參加鎮壓太平天國的戰爭，二十五歲就早逝了。父親死的時候，徐世昌才七歲。徐家當時只剩下孤兒寡母，除了「書香門第」和「政治世家」的招牌外，沒有其他可以利用的政治資源。

　　徐世昌從小接受了系統的儒家教育。母親劉氏「知書達理」，徐世昌幼時因糕點的分配和兄弟大吵起來，劉氏見狀大罵兒子：「從小就兄不友弟不恭，長大了還能有什麼出息！」說完，劉氏把三塊糕點都扔到地上踩個稀巴爛。劉氏出生於桐城學派世家，深諳儒家理論，也用這套

「君君臣臣父父子子」的思想嚴格要求兒子。徐世昌稍長一點，開始交友了。劉氏會暗中觀察徐世昌的朋友，只允許兒子和那些符合儒家標準的青少年交往。在這樣的背景下，徐世昌成長為了一個標準的儒家青年，一個滿口仁義道德的窮酸書生。

徐世昌的出身決定了他即使學富五車也不會輕易進入仕途，因為官場是為那些有背景的有志青年準備的。於是徐世昌十六歲時不得不做了私塾先生，教學補貼家用。後來，他又在河南各縣的縣署內做「編外人員」，處理文書、替官吏寫稿。在官場中混得越久，博取功名就越像是遙不可及的童話。曾有人問他的志向，徐世昌回答得四平八穩：「我日後如果能有一官半職，一定用俸祿好好招待賓客。」夢想是好的，但如何入仕是橫亙在徐世昌面前的一道檻。

大概在西元一八七〇年代的末期，「編外小吏」徐世昌遇到了「紈絝子弟」袁世凱。當時袁世凱寄宿陳州數年，徐世昌則在陳州公署裏理文案。兩個心有大志難以舒展的青年很快就結識了。袁世凱飲酒遊樂、指點江山、豪爽闊綽。徐世昌則中規中矩、謙遜穩重，兩個人在一起很不諧調。但他們還是在一八七九年拜把為兄弟。徐世昌比袁世凱大四歲，是兄長。兩人情同手足，共度了一段青春歲月。徐世昌不時勸說袁世凱生活要有節制，要注意言行；袁世凱雖然左耳進右耳出，但對徐世昌的勸告感激在心。

席錦全是一個有正式編制的小吏，他認為徐世昌前程遠大，就把自己的妹妹許配給他，還把自家大部分家產作為嫁妝送給了徐世昌。這筆財產讓徐世昌的生活得到了極大改善，更重要的是使徐世昌有充裕的資金去「熬科舉」了。不久，徐世昌在妻兄席錦全和義弟袁世凱的資助下，進京趕考，中了光緒八年（西元一八八二年）壬午科的舉人。四年

後（光緒十二年，西元一八八六年）徐世昌又中了丙戌科進士，入翰林院，三年期滿，授翰林院編修一職。徐世昌邁過了第一道檻。

二

編修官階七品，年俸四十五兩白銀。翰林院編修到地方上去，也是知縣一級的領導，而且名聲很好，「自古宰相出翰林」，就是一般的知府也要禮遇再三。但這種官職但在扔一塊磚頭就能砸到一個侍郎的北京城實在算不了什麼。就算說官職低也不怕，如果能掌握實權，就能撈到「孝敬」，那也還說得過去。但是可憐的翰林院是個研究學問的冷門部門，平時遇到有人來送孝敬就像在窮鄉僻壤遇到欽差私訪一樣難得。所以多數翰林都把翰林院的經歷當作「鍍金」，要麼千方百計投靠貴人尋求快速提升，調出翰林院，要麼看準地方上有職位出缺尋求外放地方知縣知府，去做地頭蛇。

有人也許會不相信，中央各部委官員高高在上，怎麼會過這樣的苦日子呢？別不相信，徐世昌就是個例子。翰林院編修可算是無數讀書人夢想的崗位，一年的俸祿是四十五兩俸祿再加幾斤祿米。但是京城消費成本高，這樣的收入根本就無法支持一個七品官的體面生活。明清兩代俸祿奇低，有京官寫曲抱怨說：「淡飯兒才一飽，破被兒將一覺，奈有個枕邊人卻把家常道。道只道，非嘮叨，你清俸無多用度饒，房主的租銀促早，家人的工錢怪少，這一隻空鍋兒等米淘，那一座冷爐兒待炭燒，且莫管小兒索食傍門號，眼看這啞巴牲口無麩草，況明朝幾家分子，典當沒分毫。」一句「一隻空鍋等米淘」說出了多少京官的心酸。他們每月月底發愁房租，店鋪裡賒了許多帳，還得經常應酬隨份子，為此不知

多少官員低頭遮臉跑當鋪。明清時期，許多京官外放知府、藩臬甚至巡撫，第一件事情就是籌錢去當鋪贖出家當。當年，曾國藩做到了侍郎，母親死了還是靠同僚湊錢才得以奔喪回鄉的。

徐世昌的翰林院生活就可想而知了。他家裡窮，北京的生活成本又這麼高，讓他不得不屈翰林編修之尊「重操舊業」，在北京城裡給達官貴人當家庭教師，補貼家用。為了能夠取得「進步」，徐世昌認真做學問，還投師拜友，希望上面有人賞識，提拔自己。客觀地說，徐世昌的文章做得不錯，甲骨文的發現者、時任國子監祭酒王懿榮就認為徐世昌是後起之秀。但徐世昌的頂頭上司、翰林院掌院大學士李鴻章卻認為：「徐世昌為人虛矯過人」，把徐世昌積極進取的態度看成了四處奔走的投機行為。在當時是領導決定下級的命運。既然掌院大學士的態度如此，徐世昌的前途就可想而知了。

徐世昌在翰林院坐了十年冷板凳，窮迫尷尬，遇到了仕途中的第二道檻。

人生有幾個十年啊？他感覺自己的仕途就此到頭了，心想不如請求隨便外放個地方知縣，謀取實惠，告老還鄉算了。徐世昌也算是老翰林了，此時請求外放是降格，應該沒什麼困難。但他又想，難道之前的苦熬白費了？徐世昌有點難以割捨，於是就分別給在湖北和江西任知縣的兩個堂叔去信請教進退。結果，兩位堂叔回信，異口同聲反對他外放。他們教導徐世昌說，翰林院雖然清苦，但畢竟走的是中央路線，機會多，一遇到大機會迅速飛黃騰達的可能性也大。為了免除堂姪的後顧之憂，兩位堂叔還出錢資助徐世昌的生活，讓他靜待良機。

官場之中，如徐世昌這般出身，做到六七品中級官職，算是正常，不算成功也不能說是失敗。如何更進一步，就是可遇不可求的事情了。

第五章
徐世昌：民初亂世的文人總統

徐世昌在翰林院的十年，正是北京政治風雲變幻的十年，這讓他累積了豐富的從政經驗。他的義弟袁世凱後來走了一條完全不同的仕途之路，這段時間也開始走中央路線，謀取進入政治高層。戊戌變法期間，徐世昌就為袁世凱在京城積極活動，幫助其加入強學會接近維新派。袁世凱後來接到光緒皇帝密詔，不知所措，求教於徐世昌。憑藉經驗和對時局的觀察，徐世昌輕輕將密詔倒扣在案上，默默走開。袁世凱心領神會，知道義兄建議自己拒絕光緒、投靠後黨。這多少促成了袁世凱對於後來道路的選擇。

戊戌變法之後的西元一八九七年，徐世昌應袁世凱之邀毅然辭職前往天津小站任新軍營務總辦。這樣的選擇讓許多人迷惑不解。小站軍營是個新生事物，官兵只有區區七千人，百廢待舉。而翰林院再不濟，也是個鐵飯碗。更重要的是，徐世昌捨棄正經八百的正七品官職去給袁世凱做名不正言不順的「狗頭軍師」，在讀書人看來是不務正業，自甘與行伍粗人為伍。事實上，北洋系統早期也只有徐世昌這麼一個出身正統科舉、捨棄中央官職的成員。他這麼做，太冒險了。也正是這一次冒險，賦予了徐世昌後半生雄厚的政治資本。

徐世昌為什麼要這麼做？他一方面固然是出於和袁世凱的拜把兄弟關係，另一方面又何嘗不是看到了新式陸軍在中國政壇潛在的力量？

許多人認為徐世昌去了小站之後，就是依附於袁世凱，給袁出謀劃策，而喪失了自己政治上的獨立性。其實不然。事實上，徐世昌的政治生涯始終是與袁世凱相對獨立的，小站練兵階段只是暫時融合而已。

當時已經年過四旬的徐世昌拋棄四書五經從頭開始學習 ABCD，夜以繼日地攻讀西方近代軍事著作。他主張中國的新式陸軍要學習德國——日本陸軍系統的思想和優點。是徐世昌的能力和工作態度，而不

是他和袁世凱的關係，使他在新軍中立住了腳跟。馮國璋、段祺瑞、王士珍、姜桂題、張勳、曹錕等新軍將領對他是真心的尊重。八國聯軍侵華期間，徐世昌建議袁世凱和張之洞聯合，「保境安民」，圖謀自立。事後，袁世凱拉張之洞一起舉薦徐世昌升任四品道臺。

徐世昌又回到了傳統的仕進道路之上，邁過了又一道檻。但當時僧多粥少，並不是所有獲任的官員都有機會實授，徐世昌的道臺就是「記名」的，等候上任。此時的徐世昌要想進步，想進入政治高層，就需要來自政治核心圈子的提攜了。他遇到了仕途中的第三道檻，也是最難跨越的一道檻。

歷史給徐世昌提供了一個極好的機會：「見駕勤王」。八國聯軍攻陷北京前，慈禧太后倉皇帶著光緒皇帝「西狩」，經河北、山西逃亡西安。兩宮逃得很狼狽，隨行人員極少，一度要向當地百姓討吃討喝。八國聯軍占領北京後，中國局勢混亂。清朝能否繼續存在，都成了問題。許多地方官員或抱著等待塵埃落定的心態，或認為慈禧和光緒已經失去了政治價值，前去護駕的很少。而徐世昌清晰判斷出兩宮復位是遲早的事情，於是收拾行李尾追而去。第一次，慈禧太后逃命逃得太快了，徐世昌硬是沒追上。他只好快快不樂返回北京。徐家在湖北做知縣的堂叔專門給徐世昌寫了封信，勸他應該立即奔赴西安，不應返回北京。徐世昌更認定這是千載難逢的良機，趕緊再次出發，終於在 一九〇一年正月趕到西安，並打通關係覲見了喘息未定的慈禧太后和光緒帝。「疾風知勁草，板蕩見忠臣。」慈禧在饑寒交迫、權力喪失之時，對主動勤王的大臣印象都很好。而徐世昌長的就是一幅中規中矩的忠臣相，慈禧一看就很喜歡。詢問履歷後，慈禧知道徐世昌科舉出身，十載京官，數年編練新軍，學貫中西，老成持重，正是急需的人才，不禁誇他是「李鴻章第二」。

　　領導惦記是好事，最高領袖的誇獎更是天大的喜事。從此，徐世昌坐上了「直升飛機」，青雲直上，立即升任內閣大學士，不久實授兵部侍郎、督辦政務大臣，「新政」期間任巡警部尚書、民政部尚書，再任東三省總督。與行伍出身、手握兵權、言行不羈的袁世凱相比，徐世昌顯得忠厚老實，討人喜歡。徐世昌的官職後來居上，很快超越了袁世凱。袁世凱回河南「養病」時，徐世昌已經登堂拜相了。

　　一九〇八年，清朝成立內閣，以慶親王奕劻為總理大臣，協理大臣分別是徐世昌和滿族人那桐。徐世昌儼然成為了晚清漢族大臣的領軍人物。

總督東北：在晚清政壇的短暫作為

一

地位的提高，讓徐世昌在晚清政壇上能夠有所作為。

一九〇三年，直隸總督袁世凱舉薦徐世昌越級出任新成立的商部左丞。他的主要工作就是負責直隸、天津地區的政務和財務。在這個位置上，徐世昌和袁世凱相配合，做出了實實在在的成績。

當時天津地區還被八國聯軍占領，侵略軍在天津成立「都統官署」，把持行政大權。如何收回天津，是擺在新任商部左丞徐世昌面前的大難題。徐世昌有辦法，他公開宣布：「都統官署一日不撤銷，聯軍一日不撤出天津，本官絕不赴津上任，一切善後事宜包括賠款將無從談起。」

把賠款和撤軍連繫在一起後，驕橫的八國聯軍也不得不同意談判。經過八個月的唇槍舌戰，尤其是袁世凱和徐世昌創造性地發明用警察代替軍隊的接管方法，一九〇二年八月天津政權順利交還中國政府。

徐世昌上任後，在直隸、天津地區推動了一系列經濟近代化政策。他貫徹「通商惠工」的政策，組建了「直隸農務總局」和「天津商務總會」，並制訂、頒布了《公司條例》、《商人通例》等法律，鼓勵工商業的發展。對於列強經濟勢力的問題，徐世昌態度堅決地陸續收回了開平煤

礦及其河道、口岸，組建了「北洋灤州官礦有限公司」；他還收回了津鎮
鐵路的部分權利，力主自建京張鐵路。之後全國廣泛興起的「收回利權」
運動，其源頭就是袁世凱和徐世昌主持發動的。而這場運動多少又催生
了辛亥革命的發生，則是徐世昌等人沒有預想到的。值得一提的是，徐
世昌完善了近代巡警制度，奠定了中國警察制度的基礎。由於《辛丑條
約》規定：天津十公里之內，天津全縣以至寧河縣境、塘沽、北海沿岸
不准中國軍隊駐紮。徐世昌就引進西方的巡警制度避開這一規定，依然
保持對天津等地的控制。他親自挑選北洋新軍五百人建立巡警隊，又將
天津城區劃區，制定規章制度對天津實行警察管理。全國各地紛紛效
仿。天津在清末和民初成為北方重鎮，擁有濃郁的近代文化，袁世凱當
然居功第一，徐世昌堪當第二。

　　後來，袁世凱做出的成績遭到了滿族權貴們的猜忌，而徐世昌卻始
終得到清廷的信任。不知道是徐世昌和袁世凱若即若離的姿態起了作
用，還是清廷想將二人「分而治之」，集中全力對付袁世凱。一九〇五
年，清廷要「預備立憲」，選派五大臣赴歐美、日本考察憲政。調任兵部
左侍郎的徐世昌赫然在列。他和鎮國公載澤、戶部侍郎戴鴻慈、湖南巡
撫端方、商部右丞紹英等同為清廷最為倚重和信任的能臣干將。五大臣
考察團剛在天津站登車，就遭到革命志士吳樾的炸彈刺殺。徐世昌、載
澤、紹英受傷，考察行程推遲。等重新組成考察陣容的時候，徐世昌因
調任巡警部尚書而未能成行。一九〇七年，巡警部併入民政部，徐世昌
又轉任民政部尚書。

　　就在這一年，清廷計劃在東北設立行省。東北長期實行和關內不同
的三將軍制度，社會發展落後，加上沙俄和日本勢力一北一南滲入東
北，有將該地殖民化的傾向。朝廷於是決定廢將軍設行省，任命總督加

強控制，並派出了慶親王奕劻的長子、貝勒載振和徐世昌一起赴東北進行前期調研。載振被內定為東三省總督。人事任命未動，消息早已泄漏。北洋將領段芝貴想提前和載振「總督」拉關係，以求謀取東北某省的肥缺。他趁載振回京途中在天津停留之機，贈送給載振一名小妾，載振接受後答應日後任命段芝貴為黑龍江巡撫兼布政使。載振此人乃紈絝子弟，行事毫不忌諱，結果自己的委任狀還沒下來就引來了言官如潮水般的彈劾奏章。加上不久之後，朝廷果然任命段芝貴為黑龍江巡撫，於是朝野輿論沸騰，指責載振賣官鬻爵。京津媒體累牘連篇地熱烈報導這條政壇桃色新聞。慈禧知道後十分震怒，不得不臨陣換將，任命同去東北調研的徐世昌頂替載振任職東三省總督。

徐世昌就這麼成了清朝的第一任東三省總督。

二

一九〇七年四月，徐世昌赴奉天（今瀋陽）就任東三省總督、欽差大臣兼三省將軍事務。麾下的三省巡撫分別是奉天唐紹儀、吉林朱家寶和黑龍江段芝貴。旋即，段芝貴因桃色新聞被免，改由程德全出任黑龍江巡撫。這三個巡撫日後也都成為了民國政壇的風雲人物。

到任伊始，日本人就鬧出了一樁棘手之事。七月十一日，日本公使照會中國外務部，聲稱位於圖們江的江東灘「間島」領土歸屬未定，並在同日悍然派兵占領該地。十五日，日本擅自在延吉設立「駐韓統監府派出所」，妄圖正式吞併該地區。所謂「間島」，指的是延邊一帶的延吉、汪清、和龍、琿春四縣，原屬寧古塔轄地，是東北地區離日本海出海口最近的地方。該地屬於吉林省延吉廳，是毫無爭議的中國領土。徐

世昌聞訊，立即派王崇文、吳祿貞（又是民初風雲人物）赴延吉取證，用鐵一般的事實證明間島地區是中國領土無疑。於是外務部兩次照會日方，嚴正指出日本侵略中國領土，要求日軍撤出間島。經過反覆力爭，日本撤軍。為防後患，清廷抓緊開發該地，開闢延吉為商埠，一九〇九年又在琿春設立海關總管，統管東北邊境的海關事宜。此處與俄羅斯、朝鮮接壤，又有水路出口，貿易旺盛。一直到一九三八年，東北居民都可通過此處出入日本海。

除了發現間島的重要性，徐世昌還聘請英國工程師對葫蘆島海域進行了勘測，決定在該處建築港口。葫蘆島港由此誕生。

徐世昌為什麼要聘請英國工程師建築港口呢？因為他要「以夷制夷」。東北業已被日俄南北分割，中國政府無力與兩國抗爭。為了避免東北殖民地化，徐世昌主動引西方勢力（主要是英國）進入東北，來遏制日俄勢力的膨脹。可惜由於日本和沙俄的強烈抵制，西方列強採取了息事寧人的態度，導致徐世昌以夷制夷，拯救東北落入外國侵略魔爪的計畫沒有取得實效。

徐世昌總督東北期間主要的政績集中在開發東北上，尤其是在開墾土地和建設軍隊兩個方面。清朝在東北長期實行封鎖政策，將東北看做是龍興之地而限制開發。徐世昌總督東三省後反其道而行，大力整頓東北各級政權，採取和關內相同的制度和社會政策。為了開發東北和內蒙古東部（當時屬於東三省）大量的荒地，徐世昌鼓勵民眾、復員部隊官兵開墾荒地，實行各種優惠政策。這項政策既可以開發東北，又可以充實邊防，力圖改變地廣人稀不利邊防的難題。但是在土地開發過程中還是引起了一些生態問題和當地遊牧民的抵制，讓徐世昌的政績打了折扣。在軍隊建設上，徐世昌整頓東三省原有的軍備力量，又從關內調撥

新軍，建立了相對完整的軍事力量。這其中有許多值得玩味的地方。

　　亂世中最強硬的政治籌碼就是軍隊，然而徐世昌似乎是一個另類。他始終沒有嫡系部隊，日後全靠資歷和聲望在軍閥當道的政壇上縱橫捭闔。是他沒有機會掌握軍隊嗎？不是。是他不願意掌握軍隊嗎？也不是。徐世昌任東三省總督後，可以名正言順地建立嫡系部隊。他也這麼做了，可惜沒有成功。

　　徐世昌建立嫡系部隊的努力分兩種。第一是拉攏旁系部隊為己所用；第二是栽培親人、部屬掌握部隊。

　　在拉攏他人方面，徐世昌主要做了三個人的工作。一個是北洋第三鎮的統制曹錕，一個是北洋軍的張勳，一個是東北本地「鬍子」張作霖。徐世昌來東北的時候，拜把兄弟袁世凱正遭到清廷的猜忌，朝廷千方百計削奪袁世凱的兵權。徐世昌趁機奏請將曹錕的第三鎮調駐東北。第三鎮是北洋新軍的主力，徐世昌的請求符合朝廷剝奪袁世凱兵權的意圖，於是很快得到了批准。曹錕帶著第三鎮浩浩蕩蕩前往關外。徐世昌既討了朝廷歡心，又多了一張鎮撫東北的軍事王牌，還暗地為拜把兄弟袁世凱保存了軍事實力，可謂一舉三得。徐世昌要拉攏的第二個人張勳性情直爽，頭腦簡單，徐世昌在小站的時候就著意栽培，特意收張勳為門生。張勳不通文墨，對於自己竟然能夠投身翰林門下，深感榮幸。徐世昌榮升總督後，帶著張勳上任，任命他為奉天行營翼長。張勳對徐世昌更是感恩戴德。他和曹錕二人，積極帶領北洋新軍鎮壓東北各地的反抗星火。當時，蒙古東部牧民因反對開墾牧場，奮起反抗，匪患困擾東三省。一些大股土匪甚至嚴重威脅到地方政權的安全。在如此情況下，徐世昌大膽提拔了歸降的土匪張作霖，讓他率部在通遼、洮南一帶剿匪。張作霖在剿匪中迅速崛起，因功升任統領，隊伍不斷擴充，形成了

日後奉系部隊的雛形。

徐世昌將曹錕、張作霖看做是自己的嫡系。在當時，情況也許如此，曹張二人對徐世昌的提拔可能也感激在心；但日後，曹錕的新直系也好，張作霖的奉系也好，都沒有奉徐世昌為首領。徐世昌的拉攏政策並沒有成功。這其中原因很多：有徐世昌並沒有長期盤踞地方實權的原因，更有曹張二人個人野心和性格的原因，也有徐世昌一介書生，不知如何真正籠絡武人的原因。

拉攏他人的同時，徐世昌還刻意栽培六弟徐世揚和九弟徐世良，希望他們建立嫡系部隊。兩個弟弟都畢業於北洋軍備學堂。徐世昌任東三省總督時，用最快的速度提拔了徐世揚，讓他很快官至陸軍少將、寧阿蘭鎮守使兼第三混成旅旅長。徐世揚此後長期盤踞東北，一九一八年出任黑龍江督軍。但意想不到的是，徐世揚拿著委任狀尚未上任，就在吉林病故。徐世昌聽到噩耗，嚎啕痛哭，徹夜未眠，連呼：「我的左膀斷了！」而九弟徐世良的身體也不好，在徐世昌就任總統的前三天突然病故，讓本本想委他重任的徐世昌再次感嘆：「我的右膀斷了！」

徐世昌當總統後，也沒有放棄建立嫡系部隊的念頭。他提拔親隨王懷慶衛成京畿，提拔七弟徐世芳充當總統衛隊長。可王懷慶粗俗不堪，最後投入皖系懷抱；徐世芳庸碌無能，連正常的政務處理起來都很困難，更談不上治軍服眾了。徐世昌最終沒能建立起嫡系部隊，這讓他在民初的政壇上少了許多硬氣。

「徐並不是不重視培植自己的實力，只是這些實力均未能培植起來，這是他畢生最大的憾事。」（徐玉琢著《民國大總統徐世昌的晚年》）

三

徐世昌總督東北的時間不長，一九〇八年底就被調回京，實打實算不足兩年時間。

當時，光緒皇帝和慈禧太后相繼死去，宣統小皇帝繼位，攝政王載灃排擠袁世凱回鄉養病，北洋軍心不穩。軍機大臣張之洞奏請調北洋元老徐世昌回朝，籠絡軍心。朝廷准了。徐世昌對被免去東三省總督的實職、對朝廷排擠袁世凱，很不滿。他說：「清朝之亡，並不是亡於革命黨，而是亡在一班『小爺們』（指載灃等滿族權貴）身上。起初，我在東北，項城在北洋，張之洞在湖北，這三個重鎮，都安排了極有作為的人，等到太后一死，小爺們當了權，胡鬧起來，項城被罷黜了，我被調回京，當郵傳部尚書了，而新的繼任人選，都是些庸碌之輩，朝政由此大亂，革命黨怎會不乘機起來呢？」

朝廷調動徐世昌任郵傳部尚書的原因，不是考慮到他的能力或者政績，而是看中了他在北洋系統的資歷和聲望。讓徐世昌悲哀的是，他之後都被局限在這個政治角色上，靠吃「北洋老本」行走政壇。

徐世昌和袁世凱的感情很深。在袁世凱政途最黯淡、危險的時候，徐世昌堅定地站在他的一邊。他盡可能地為隱居在河南的袁世凱說好話，謀求袁世凱復出。清朝成立責任內閣時，慶親王奕劻是總理大臣，徐世昌和滿人那桐是協理大臣。徐世昌對那桐說，我的能力做不了副總理，只有袁世凱才能勝任，可考慮到我和袁世凱的關係，為了避免朋黨嫌疑我又不方便奏請，怎麼辦？那桐主動出面，上疏以疏庸辭職，薦袁世凱、端方取代徐世昌和自己。載灃控制的朝廷自然沒有批准，但是從這件事上可以看出，正是由於有徐世昌這樣的親信好友在朝中撐腰吶

喊，袁世凱的隱居日子才過得相當滋潤。等武昌起義爆發後，徐世昌等人趁機為袁世凱搖旗造勢，為袁世凱的復出立下了汗馬功勞。近代費行簡曾評價徐世昌在清末為袁世凱所做的一切時說「唯一志以助袁氏之成功。力薦袁氏為湖廣總督者，世昌也；乞袁氏組織內閣者，世昌也；言兵事當專屬內閣，他人不得掣肘者，世昌也；清室退位，清以袁氏為全權代表者，亦世昌也」。

居中調停：前清遺老和民初「老好人」

一

　　徐世昌總結自己的為官祕訣為八個字，即「圓通」、「沉穩」、「柔韌」、「機警」。徐世昌在政壇左右逢源，幾十年立於不敗之地，首推「圓通」二字。他從不和人針鋒相對，從不輕易得罪人，做人做事留有極大的餘地，再加上他對時局的洞察力和性格的沉穩、堅韌，成為了一個時人稱為「水晶狐狸」、「漁人」的政壇不倒翁。我簡單舉幾個小例子來加以說明。載灃上臺後排斥袁世凱，一度傳聞朝廷也將嚴厲處置徐世昌。革命黨趁機派出李石曾前往瀋陽遊說徐世昌，希望能拉徐世昌投身革命。徐世昌明確表示「反抗朝廷我不能為，但從今以後絕不與黨人為難，請向孫先生致意」，還派祕書吳笈蓀好生招待李石曾，陪同他遊覽瀋陽故宮等地。李石曾無功而返，徐世昌還贈送給他路費兩千元。另一件事就是在袁世凱緊鑼密鼓要稱帝時，老兄弟徐世昌卻沒有動靜。徐世昌很清楚復辟不得人心，也知道袁世凱已經勸不回頭了，所以對袁世凱稱帝一事不表態，不支持也不反對。袁克定專門來探伯父徐世昌的口風，徐世昌也漠然處之，害得姪兒袁克定罵他是「老狐狸」。還有就是徐世昌的籍貫竟然有三個：河南、天津、浙江。他的家世和這三個地方都能扯

上關係，自然他也和三地的官宦家族扯上了關係，泰然自若地參加各種同鄉會。正是這種為官之道，讓徐世昌閱盡了一幕幕的興衰成敗，在沉浮不定的宦海中屹立不倒。

那麼，徐世昌有沒有什麼堅定的思想政見呢？有，只是他並不固執己見。比如清朝滅亡後，前清王公貴族大多數寄居青島、大連、天津等地，拒絕當民國的官，以遺老自居。徐世昌也躲到青島做了寓公。他對清朝的感情很深，從一個平常人家的子弟，一步步位極人臣，不可能對清朝沒有感情。尤其是宣統退位之際，隆裕太后對著徐世昌哭泣，乞求徐世昌今後多照顧小皇帝。對於清廷的這般「託孤」信任，徐世昌也不能不感動。徐世昌的姪子徐玉琢回憶：徐世昌在清末屬於「後黨」，被人稱為「老母團隊」。他在晚年向子姪回顧晚清經歷時，從不罵慈禧太后，卻罵光緒皇帝。他雖然作過民國時代的大總統，但在感情上，仍然以清朝遺老自居。徐世昌還制定家規，要求家族中不論任何人，必須行滿洲禮，見面請安，不許鞠躬。逢祭祀大典，徐世昌仍腳穿清朝朝靴，處處表示不忘「大清朝」的「天恩」。徐世昌做總統後，堅守優待清室條例，還想將女兒嫁給遜帝溥儀，結果遭到拒絕。他為此還憤憤不平了一番。躲在紫禁城的小朝廷慌忙授予徐世昌太傅的虛銜。徐世昌心裡自然是高興的，但是由於身為民國總統，不便接受「龍恩」，不過他還是多次向他人提及，以示炫耀。

很多人都以為徐世昌會在青島永遠隱居下去。但事實並非如此。一九一四年，袁世凱擴充總統權力，改國務院為政事堂，改總理為國務卿，虛位以待徐世昌。他托吳笈蓀赴青島勸徐世昌復出：「菊人，吾老友也，如不以入仕民國為嫌，當倒屣迎之，位在諸總長上。乞耐心靜候也。」徐世昌的弟弟徐世光是前清的愚忠死硬分子，堅決反對哥哥復出，

對說客吳炄蓀很不客氣。徐世昌沉默不答，心動了。眼看清朝的宰相要當民國的總理了，徐世光連夜苦勸哥哥，鼓勵哥哥堅守「名節」。徐世昌兄弟淚眼相對，可是第二天天亮徐世昌還是坐上了前往北京的列車。

徐世昌出任民國國務卿後，為表示不忘清朝，通令文軍官吏在清朝所任大小官職一律列入履歷，與在民國的履歷統一計算。他出山之際，正是袁世凱稱帝開始之時。徐世昌在日記中寫道：「人各有志，志為仙佛之人多則國弱，志為聖賢之人多則國治，志為帝王之人多則國亂。」顯然，他不滿袁世凱稱帝，預見了稱帝會引起國家大亂。但他的性格和政治經驗又不允許他像蔡鍔或者段祺瑞、馮國璋等人那樣強硬反對。徐世昌採取了冷眼旁觀態度，一等袁世凱真的稱了帝就託病辭職，回河南輝縣隱居起來，不問世事。袁世凱也無可奈何，將他與趙爾巽、李經義、張謇並尊為「嵩山四友」，入朝可以不稱臣，不跪拜。徐世昌既不拒絕，也不向袁皇帝謝恩。一九一六年三月，眾叛親離的袁世凱無奈取消帝制，召徐世昌復任國務卿。幾十年的老交情此時發揮了作用，徐世昌頂著巨大的壓力，做了袁世凱生命最後幾個月的搭檔，直到袁世凱病逝。臨死前的袁世凱握著徐世昌的手，說：「我被群小所誤，以至於有今日。幸虧國事有依法承繼之人，可以不必擔心了。宋卿（黎元洪）雖沒什麼雄才大略，但若兄和芝泉（段祺瑞）像周公、召公夾輔成王那樣，收拾時局，應非難事。」按照袁世凱的《大總統選舉法》，袁世凱藏在金匱中的繼承人名單分別為「黎元洪、徐世昌、段祺瑞」。徐世昌在袁世凱心中和北洋系統內的地位可見一斑。

北洋元老的資歷聲望，加上圓滑的處世之道，讓徐世昌在袁世凱死後成了在政壇居中調停的頭號「老好人」。

二

徐世昌真正積極活躍於政壇，恰恰是在袁世凱死後。大到府院之爭、張勳復辟、直皖矛盾、直奉矛盾，小到軍閥內部糾紛、內閣人事調整，都能看到徐世昌年老奔波的影子。

早在小站練兵時，徐世昌就是北洋新建陸軍參謀營務處參事，職位僅次於袁世凱，常常代行處理軍務。徐世昌就此和北洋諸將結下了深厚的交情。當時，北洋諸將投帖拜徐氏為門生，施以師禮。小站時代過去後，許多將領再當遇到大事還是習慣找徐世昌商量，「事先關照，時常承教，科聆一切」。袁世凱死後，徐世昌雖然在北洋系統中無一兵一卒，但是論資歷聲望卻是首屈一指。就連繼任的大總統黎元洪在深受段祺瑞掣肘時，也會在第一時間找徐世昌求助。當時徐世昌正在輝縣休養，接到黎大總統的親筆求助信後，決定回京城調解府院之爭。途經保定時，曹錕陪徐世昌閱兵。曹錕集合官兵訓話道：「徐公名震中外，文武兼資，道德文章，冠冕群倫。我願率領各位，追隨徐公之後，為民國造福。」徐世昌為什麼能調解各種矛盾的原因，這段話說得清清楚楚了。他的性情秉性很適合做中間人，雖然調解的事情多以失敗告終，但失敗的原因很多，歸根結底是實力在作祟，而不是因為徐世昌調停不力。徐世昌這位中間人可算「忠厚」。張勳復辟失敗後，徐世昌要求保留對參與復辟的清室的優待條件，又為張勳求情，保全了他的性命。一九二二年，張勳病死，徐世昌親臨憑弔，也算得上對這個門生有始有終。就這麼一來二去，找徐世昌調停的人多了，徐世昌儼然成了居中調停的專業戶。

調停人當的時間長了，徐世昌竟然成了民國各派政治勢力都能接受的人物了。

在這種背景下，借由皖系的推動，徐世昌這位老好人受到各派支

持，成為總統。當時，段祺瑞一心要用徐世昌換掉馮國璋，他藉口民國元年的國會已被破壞，要仿造辛亥革命時的舊例重組臨時參議院。臨時參議院的任務就是選舉新的國會，之後自行宣布解散。一九一八年八月十二日，段祺瑞的國會正式產生。新國會自稱第二屆國會，由一百六十八名參議員和四百零六名眾議員組成。

程序已經走完，重新選舉總統的條件具備了。徐樹錚等人挪用以一戰參戰名義借的外債和答應給奉系的軍費，操縱了這次選舉。徐樹錚、王揖唐等人組織了類似於政黨的安福俱樂部，威逼利誘許多人參加，皖系的安福俱樂部成員在五百七十四個國會議員席位中占了百分之九十的席位，所以第二屆國會便被人們稱為「安福國會」。安福國會的任務就是給段祺瑞的行為披上合法的外交。他和四哥馮國璋的關係到了決裂的邊緣。最終，徐世昌當選新的總統。但他得票超過了百分之九十，可知許多非安福系的議員也支持了他。

徐世昌終歸被安上了「安福總統」的綽號，批評說他的總統職位來得骯髒，還受段祺瑞皖系的操縱。上海的《民國日報》就在一九一九年刊登了題為《安福世系表之說明》的文章，並註明是「某君戲作」，仿照家譜的形式，列出了徐樹錚的「家譜」，批評諷刺這屆政府：

祖：日本人

父：段祺瑞

兄：倪嗣沖

本身：徐樹錚

弟：曾毓雋

子：朱深、王揖唐、方樞

繼子：龔心湛

義子：張弧

私生子：徐世昌

孫：劉恩格、烏澤生、康士鐸、鄭萬瞻、梁鴻志、土印川、光雲錦、李盛鐸、田應璜、靳雲鵬、胡均、鄧鎔

繼孫：袁榮叟

這篇文章痛批段祺瑞政府親日，段祺瑞是日本人的兒子，徐樹錚是段祺瑞的兒子，朱深、王揖唐、方樞為徐樹錚奔走呼號，「皆佳兒也」。而大總統徐世昌則是徐樹錚的私生子。因為徐世昌是皖系操控的安福國會選出的，「猶非正式結婚所生之子，則為私生子」。其他皖系中人和趨炎附勢之徒，不是子就是孫了。

這篇文章惹怒了段祺瑞等人，還扯出了一場「侮辱大總統」案。皖系政府專門委託律師，到公共租界會審公堂，控告《民國日報》「侮辱大總統及在職官員」。「侮辱大總統」案正式開始。上海公共租界會審公堂接受訴狀後，向《民國日報》總經理邵力子、總編輯葉楚傖發出傳票。該案於十月三日開庭，由英國副領事主審。被告方律師在申辯中堅持說刊登的文章有根有據，侮辱誹謗的說法不能成立。如果原告有異議，可以一一提出充分證據。另外還聲明，被告刊登文章的目的是希望中國有良好的政府，並沒有侮辱的意思。如此一來，原告的皖系政府反而被動了。種種政壇幕後操作，怎麼可能一一在租界法庭上公開辯論呢。如果真的辯論了，不是越辯越黑嘛？所以皖系委託的律師只談文章的侮辱事實問題，避而不談其他。英國人最後的處理方法也很有意思，審理結果是認定《民國日報》侮辱事實存在，但只判邵力子、葉楚傖各罰款一百元了事。

轟動全國的「侮辱大總統」案就此了結。《安福世系表之說明》反而因為這樁官司變得更加廣為流傳。皖系政府本想「消除影響」，結果廣而告之，讓自己成了大笑柄。

偃武修文：文人總統不如意

一

　　徐世昌從一九一八年「雙十節」到一九二二年六月一日任民國第五位總統。就職時，徐世昌宣稱：「今我國民心中之所注意者，僉曰南北統一。世昌以救民救國為前提，竊願以誠心謀統一之進行，以毅力達和平之主旨……」可見，他並非是一個只會調停的老好人，而是有著自己獨立的政治思想。史家將他的基本執政思想總結為「偃武修文」。

　　徐世昌的「偃武修文」繼承的還是馮國璋「和平統一」的思想衣鉢，只不過在內容上更廣、表達上更含蓄罷了。這也是徐世昌比馮國璋精明老到的地方。「偃武修文」把和平的曲調彈得很順耳，把隱含的「和平統一」意思包含在「偃武」裡面，又附加了「修文」的大旗幟，讓人無法直接反對。「偃武修文」具體有三個方面的內容。第一是「以文轄武，廢督裁兵」。民國初年，將領掌握政權，盤踞地方，爭權奪利，成為國家公害。徐世昌設想首先要去除這些實力將領。用高官高待遇來換取他們的軍隊和地盤，同時進行裁兵，把兵權集中在陸軍部，最後由中央派文人擔任各省省長。第二是「以文制武，保持均勢」。針對軍閥們形成派系、爭鬥不已的局勢，徐世昌設想把皖系限制在西北，奉系限制

297

在東北，直系限制於中原和長江，在維持均勢的基礎上裁軍換人。所以他任命段祺瑞為邊防督辦，任命徐樹錚為西北籌邊使兼西北邊防軍總司令；又滿足了張作霖對東北督軍人選的要求。可是在有槍就是王的年代，徐世昌的這些設想注定是空中樓閣，沒有實力做支撐根本推行不了。黎元洪、馮國璋兩個前任都想抑制軍閥擴張，但都沒有成功。徐世昌用新瓶裝了舊酒，還是沒有銷售出去。除了維持住各派軍閥現狀，保持他們的均勢之外，徐世昌的裁軍、廢督等措施因為各地的堅決抵制而宣告失敗。

徐世昌就任大總統時留影

「偃武修文」的第三個方面，同時也是重頭戲，就是南北和談。十一月十五日，徐世昌召集各省督軍到北京會商和議。他施展往日調停的手段，使軍閥們最終表示「服從總統」、「贊成和平」。次日，徐世昌發布了停戰令，南北實現停火。他樂觀地說：「和平統一的時機已到，機不可失，中國的安危在此一舉了。」全國統一誠然是當前國家第一要務，徐世昌把主要精力也投入其中。

　　幾天後的十一月二十八日，民國政府在紫禁城太和殿前廣場上隆重舉行了慶祝一戰勝利的典禮。作為協約國成員，中國是一戰的戰勝國。在太和殿堂前，徐世昌穿西式禮服，左右環繞著政府高官、協約國和中立國駐華公使和軍隊高級將領，發表了慶功演說，並檢閱了段祺瑞率領下的中國參戰軍儀仗隊。這是徐世昌一生中最榮光的時刻，也彷彿預示著國家將走上和平之路。

　　一九一九年二月二十日，南北雙方終於在上海和談，正式商議統一問題。北方代表為朱啟鈐，南方代表為唐紹儀。在文人政治家和普通民眾心中，南北的諸多問題都是可以經過協商解決的。唐朱二人也的確在爭吵後打開了通向和平的大門，但實際上，問題的根源不是談判桌上的爭吵，而是擁兵自重、互不相讓的南北軍閥。北方軍閥心中的統一是北洋軍南下，吞併南方各省；而南方各省從護國到護法，雖然名義正當，但心思卻放在割據自肥上。和平雖好，但南北雙方卻有著根本利益的衝突。最後，和談的結果只是鬧得唐朱二人不得不分別辭職，和談宣告擱淺。

　　就在徐世昌為恢復和談奔走呼號的時候，北洋系統的內部矛盾引發了第一次內戰。一九二〇年七月，直皖戰爭爆發。湖南前線的吳佩孚一路北上，殺得皖系軍隊丟盔棄甲，段祺瑞被迫下臺。軍閥均勢被打破了，此後徐世昌的主要精力被北洋內訌所牽制。「偃武修文」在實質上失敗了。

　　但徐世昌仍然將皖系的下臺看作是一次機會。親日的段祺瑞之前一直阻撓南北和談，安福國會也被各界抨擊為非法國會，徐世昌於是下令解散安福系，並通緝其重要分子，以為此舉清除了南北和談的最大障礙，喜滋滋地等待和談大門重新開啟。不想，孫中山先生重組軍政府，

就任非常大總統，積極練兵北伐。南北和談大門徹底關閉，徐世昌的「偃武修文」政策在名義上也失敗了。

當時的報紙一針見血地指出徐世昌的處境：「以軍事眼光觀之，徐今無權無勇，唯聞該黨仍將留徐為傀儡，以為對於騎牆各省作假象之用。」

將徐世昌捧上總統寶座的皖系被推翻了，徐世昌的總統日子還有幾天呢？

二

徐世昌總統任內的重大事件是五四運動的爆發。對五四運動的處理，頗能透露徐世昌「文人總統」的氣息。

「五月四日，當學生從天安門前往東交民巷時，大總統徐世昌派步軍統領李長泰前來勸阻。學生很客氣地對李說：『我們今天到公使館不過是表現我們愛國的意思，一切的行動定要謹慎，老前輩可以放心的。』可見學生們對總統的代表有著相當的尊重。李長泰也並不對學生的行動做過多的阻擋。這種政府和學生之間的溫和關係，雖然很快在『火燒趙家樓』發生之後煙消雲散了，但是從學生們對待總統代表的最初態度中，也可以看出五四時期這位以『偃武修文』自我標榜的大總統在國人中的聲望。」（《徐世昌：調和各派關係的大總統》）

有趣的是，五四運動發生時，徐世昌正在中南海總統府內為歸國的駐日公使章宗祥辦宴接風，曹汝霖、陸宗輿作陪。他接到電話，得知學生們明確要求罷免的正是在座的這三個人。徐世昌罷免了曹章陸三人，緩和了全國輿論的反對之後，政府內有意見要求「嚴拿首要，解散北京

大學之說」，強力鎮壓五四運動。教育總長傅增湘則堅決抗議，並強烈要求釋放因「火燒趙家樓」而被逮捕的學生。徐世昌採取了傅增湘的意見，要求「文明對待」青年學生，五月七日下令全部釋放被捕學生，表示了和解的姿態。他和傅增湘惺惺相惜，稱讚傅增湘「畢竟是個讀書人」。

對於五四前後的政治思潮，徐世昌是一知半解，但他明確反對逮捕、鎮壓學生的態度表明，他畢竟是個讀書人，對學生保留著親近感。只不過他要求的是學生要安心讀書，用尊孔讀經來教導學生安心向學，結果走到了學生的反面。

能透露徐世昌書生本色的另一件事情是他收集古籍善本，以及對編書很有興趣，留下了許多文章和書畫。儘管遭到批判說他的文章和書畫水準有限，圖書的編輯品質也較差，但徐大總統樂此不疲。徐世昌還熱衷於外國的博士學位。他曾授意李石曾赴法國訪學，向法國人盛讚中國總統是飽學之士、文人總統。法國巴黎大學因此想授予徐世昌文學博士學位。但授予一個人博士學位，必須有這個人的著作才行。於是，徐世昌決定寫作《歐戰後之中國》一書，系統闡述了自己對中國傳統文化、政治和一次世界大戰後世界局勢的看法。徐世昌的寫作方法是這樣的，他提出思路和框架，然後由熟悉各國情況的總統府諮議黃郛出面，召集學者討論、寫作。因此《歐戰後之中國》應該算是一部集體著作，徐世昌可算作這個項目的主持人。該書印了中、英、法三種文字版本，成了徐世昌的博士成果。徐世昌對學位很看重，專門任命朱啟鈐為「接受學位使節」，帶著《歐戰後之中國》分訪世界各國，贈送友人，最後才到巴黎領受博士學位。但許多人對徐世昌的「博士」不以為然，甚至嗤之以鼻。

　　當時北京大學教授辜鴻銘就是個罵人高手。曾經有外國記者在一次盛大的宴會上問他：「怎麼穩定中國政局？」辜鴻銘回答：「辦法很簡單，把現在座中的這些政客和官僚，通通拉出去槍斃掉，中國的政局就會安定些。」辜鴻銘罵人罵出了名，結果反而沒有人敢迫害他了。如今出了徐世昌獲得法國博士的新聞，辜鴻銘見到法國公使、名流就挖苦：「我一向瞧得起你們美麗的法蘭西，如今居然給徐世昌發了博士學位！」說的次數多了，法國人也很尷尬。更要命的是，黃郛出國遊歷後，公開宣揚《歐戰後之中國》是自己的著作，後來又寫了包括前書內容的《歐戰後之新世界》一書。如此，徐世昌為一個博士學位敗壞了在學術圈和文壇的名聲。

三

　　最後，徐世昌的下臺也很不光彩。

　　徐世昌希望新直系和奉系能念及當年提拔之情（他對曹錕、張作霖都有恩），聽從自己指揮。所以他在皖系下臺後，周旋在曹錕的新直系和張作霖的奉系之間，暗中溝通，希望維持住兩派均勢。在直皖戰爭中，張作霖響應曹錕。皖系失敗後，直系和奉系同時進入北京。但新直系的靈魂人物吳佩孚卻不承認徐世昌是合法總統，見面時只是拱手為禮，稱呼徐世昌為「菊人先生」。而且吳佩孚對和日本關係曖昧的張作霖也很不滿；張作霖則對關內有野心，對獨大的吳佩孚也很忌恨。徐世昌和曹錕從中調停，於事無補。不久，第一次直奉戰爭爆發。徐世昌希望奉系能夠獲勝，不想張作霖戰敗，被趕回關外。張作霖對居中調停的徐世昌非常不滿，失敗後將新直系和徐世昌一塊罵得淋漓盡致。

實際上，直奉戰爭勝利、直系獨霸北京後，吳佩孚就謀劃著驅趕徐世昌下臺了。他的利器是恢復民國元年舊國會，透過否認第二屆國會的合法性來否認徐世昌的總統地位。

徐世昌表現出了極重的戀棧心理。為了保住總統地位，他派人拉攏老議員，又設法阻止舊國會集會。這反而讓曹吳二人下決心加快趕走徐世昌。隨即，徐世昌任命的江蘇督軍齊燮元通電請他下臺，吳佩孚立刻率直系諸將領公布徐世昌「禍國殃民，障礙統一，不忠共和，贓貨營私」的罪狀，最後由徐世昌親信、衛戍總司令王懷慶親自到總統府傳達曹吳的決定，要徐世昌自動下臺。徐世昌看著王懷慶，也體驗到了當年袁世凱眾叛親離的滋味，知道局勢不可挽回，不得不自動辭職了。

當時情勢緊急且不明朗，徐世章和吳笈蓀等人力勸他到東交民巷外國使館暫避。徐世昌堅決拒絕：「我是中國總統，關係國家尊嚴，恕難從命！」一九二十一年六月一日，徐世昌從總統府退回東四五條私宅。第二日，他宴請了顧維鈞、周自齊、顏惠慶、董康、高恩洪、羅文乾等政府成員，舉杯淒然道：「現在第一屆國會擁戴黎黃陂復位，鄙人正好可以籍此退休，頤養天年。今日一別，鄙人即與國事直接脫離關係，望諸君各自努力！」當天下午，徐世昌倉促離京赴津。根據徐世昌的姪子徐玉琢回憶，徐世昌被趕下臺的景況相當悽慘，「他在深夜坐汽車逃出北京時，經過了四道盤查，始脫險境。載徐出險的那部用手搖發動的舊式汽車，後來一直陳放在家裡，作為『紀念』；救他脫險的那位汽車司機，也一直被徐當作『恩人』供養。」

津門寓公：徐世昌的晚景與晚節

一

下野後，徐世昌在天津英租界做了十七年的寓公。

他在住宅中專門闢出一間取名「退耕堂」，自號「退耕老人」或「退叟」，又造了間「半日讀書半日靜坐齋」，表示退隱不問世事。晚年的徐世昌還真的「耕讀」了起來。天津徐宅占地十畝左右，面積大、空地多。他命傭人開畦種菜，有時親自鋤草。因為喜歡菊花、葡萄，徐世昌種了各種葡萄和菊花。在讀書方面，翰林出身的徐世昌組織了「晚清簃詩社」，編撰《晚晴簃詩匯》，試圖對清詩進行總結，同時還組織人員編輯出版了《清儒學案》、《退耕堂政略》等多種書籍，並且資助河南方面整理出版中州文獻。雖然當時就有人批評徐世昌出版的圖書遴選、編校品質較差，但徐世昌晚年多少還是對文化事業做出了一定的貢獻。

息影津門後，徐世昌厭倦國事，從不看報，也不許家人談論國事。他在北洋系統中沒有自己的派系，更談不上有嫡系黨羽，所以歸隱後前來拜謁、探望、投靠的人很少。和徐世昌有聯繫的比較重要的政治人物也就是同住在天津的袁世凱的長子袁克定。袁克定按輩分要稱徐世昌為伯伯，當年因為徐世昌消極抵制帝制，袁克定還罵過徐世昌。如今物是

人非，不知袁克定來徐宅拜訪時是什麼樣的心情。

和晚年徐世昌交往最密切的就是被徐家人稱為「李四爺」的李鴻章的四子李經羲。徐玉琢回憶：「他們兩人的感情最好。每當李四爺來訪，徐就把客廳門關起，兩個人在屋子裡有說有笑，也不知談些什麼。有一次，我曾偷偷地從門縫中向裡窺視，只見我伯父正在客廳中且舞且唱，頗覺驚奇。他平時是一個不苟言笑的人，在子弟面前都是一本正經，而和他的摯友李四爺卻毫無拘束，無話不談。」

徐世昌晚年耕讀生活看似過得很自在，但徐家的家庭氛圍是壓抑的、封建家長式的。徐世昌的封建家庭倫理觀念很重，年紀大了以後更是嚴守封建家庭倫理。全家八十多口人，雖然分居，但都必須聽命於他這個大伯。徐世昌處處以嚴格的封建禮教約束子弟，上下尊卑一絲一毫也不許馬虎，即使是弟弟來見他也必須垂手侍立，不敢稍坐。當時全家輩分最長的是徐世昌八十多歲的嫡母。徐世昌每日清晨必到這位嫡母跟前請安，畢恭畢敬，以此給子姪做表率。徐家的清規戒律很多，比如絕對禁止家人聽戲、看電影，如有違犯就要到祖宗祭堂罰跪；又比如嚴禁賭博，只在春節開禁三天。所謂「開禁」也只是由徐世昌拿出三百元帶頭賭牌九，輸完了事。但根據徐玉琢回憶「所有的封建大家庭都一樣，表面上識書知禮，骨子裡卻是各有一套，只不過瞞著徐世昌一人而已」。在北京讀書的徐家子弟還參加了五四學生運動。徐世昌知道後把參加者關了起來，從此不許子弟進入「洋學堂」，專門請了一位塾師在家中教課。

晚年的徐世昌保持著刻板、極有規律的作息，早晨四點起床，洗漱後寫字作畫，早餐後散步讀書，用餐很簡單但時間很長，總要兩個小時才離開飯桌。晚飯後，他登樓向呂祖燒香，然後飲普洱茶，聽讀報，九

時就寢。每天如此，長年累月不變。同時，平淡的寓公生活也有一些驚喜。比如徐世昌的八十大壽當天，曹錕、顏惠慶等名人都親來祝壽，徐家賓客雲集。北京到天津的火車還加開了臨時列車。徐世昌很高興，贈送賓客每人手書對聯一副。那時，人們才重新記起徐世昌這個前總統來。

二

「九一八事變」徹底打破了徐世昌晚年生活的平靜。已經不問政事的徐世昌重新關注起時局來。每晚就寢前，徐世昌都要姪女讀報給他聽。「七七事變」後，華北局勢漸趨緊張。日本方面發現了徐世昌的價值，企圖拉攏徐世昌出面做「華北的領袖」，組織親日政權。

一天，老部下曹汝霖來訪。談及時局，曹汝霖發表高論：「南京政府英美派當權，壓制日本在華勢力，使日本在中國的權利受到損失，日本被迫無奈才出兵與中國打仗。總統（指徐世昌）此時如能出山，與日本訂立親善條約，日本即可撤兵。」徐世昌明白曹汝霖是來給日本人當說客拉自己下水做漢奸的，斷然拒絕道：「老朽年過八十，體弱多病，早就不過問政事，對此沒有興趣，你們另請高明吧。」曹汝霖怏怏告辭，他前腳剛走徐世昌立刻吩咐門房：「以後曹汝霖如果再來，就說我不在家。」

老部下不行，日本人就發動徐世昌的門生來做說客。大漢奸王克敏以「師生之誼」來拜會徐世昌，請徐世昌出面組織政權。徐世昌閉門不見，並向人表示「我沒有這樣的門生」。日本人又請出徐世昌的得意門生、在偽滿洲國任職的金梁，南下天津來做說客。金梁在清朝滅亡後長期追隨溥儀，是復辟勢力的代表人物，這次除了有門生的招牌外，還抬

出了已經在東北「稱帝」的溥儀來壓徐世昌。社會上都知道徐世昌對前清和宣統皇帝有很深的感情，不忘清室的「天恩」。金梁就請徐世昌「暫時」出面維持華北秩序，迎接溥儀返回北京「正位」。徐世昌出人意料地當即拒絕。金梁又請徐世昌考慮「晚節」，希望他識時務。徐世昌勃然大怒，痛斥金梁根本不配談氣節，說完拂袖上樓而去。

至此，日本人還不死心，偽天津市市長潘毓桂、日本師團長坂垣和特務機關長土肥原等紛紛勸說徐世昌出面組織政權，徐世昌都閉門不見。敵偽又希望從徐世昌姪子徐一達處打開缺口。徐世昌就鼓勵子姪遠離天津，擺脫敵偽糾纏。他自己從此裝病謝客。

一九三八年冬天，徐世昌患上膀胱瘤。同年，老友李經義死於天津。李經義的死對徐世昌打擊很大，從此若有所失、鬱鬱寡歡。醫生建議徐世昌離開租界，住院接受治療。徐世昌害怕離開租界後被日本人控制，拒絕離開租界的住宅。一九三九年六月五日，徐世昌病死，終年八十五歲。他臨終遺囑，不發訃告，歸葬河南輝縣，墳墓從簡。

徐世昌終生無子，兩個女兒早夭。

民國著名記者陶菊隱評價徐世昌：「獨徐世昌者，僥倖入詞苑，學問非所長，終身未綰軍符，戎事更非所習，談笑從容，取功名如拾芥，仕清室忝握機樞，佐民國儼居元首……」對徐世昌的能力評價很低。的確，徐世昌除在晚清曾短暫推動過新政外，一生政治罕有建樹；除在政府派系紛爭中多次居中調停外，也沒有顯露出過人的政治才能。相反，徐世昌的政治品德並不高尚，以前清遺老自居，又在袁世凱稱帝、張勳復辟、暗箱操作選舉等問題上不明不白，算不上是正面的政治人物。然而，徐世昌承襲了中國傳統知識分子的氣節，所以在死後的六月八日，國民政府下令褒揚：「徐世昌，國之耆宿，望重群倫……寇臨華北，屢

思威脅利誘，逞剿陰謀，獨能不屈不撓，凜然自守，亮風高節，有識同欽……」「民族氣節」四個字他還是配得上的。

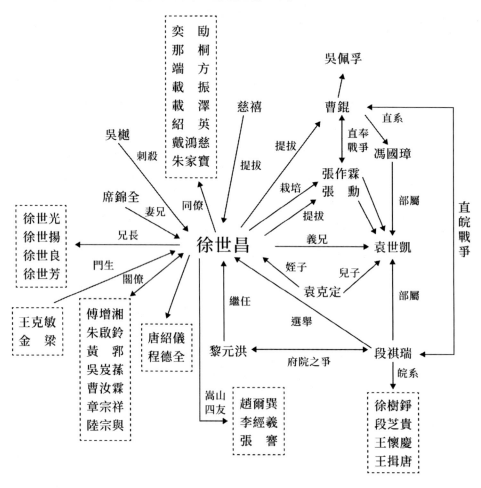

第六章

曹錕：總統的誘惑力

曹錕的崛起過程就是一個草根神話。他憑靠表面忠厚糊塗、實則精明清醒的性格，憑藉長期經營直隸的軍力和財力，更靠手中「最大的本錢」吳佩孚的勇敢善戰，成為中國首屈一指的軍閥。獨霸中原後，他一意孤行，操縱國會賄選當上了總統。總統的誘惑力就那麼大嗎？曹錕對於民主共和制度的理解在賄選的答卷中體現得淋漓盡致。這不是他一個人的錯誤，而是整個民國初年的錯誤。從賄選成為總統的那一天起，曹錕就開始走下坡路了。

賄選鬧劇：「今日仍無總統」

一

一九二三年十月五日，晨曦剛剛降臨北京宣武門。附近的國會街一帶就出現了很多荷槍實彈的軍警，城牆上瞭望兵密布，還有五六百名便衣警察混雜在群眾當中，散布在宣武門一帶。現場還出現了北京的衛戍和警務頭目，如王懷慶、聶憲藩、薛之珩、車慶雲等人的身影。

這天，重新召開的舊國會要選舉新總統。

除了國會附近嚴密布防外，北京的東西車站和各交通出口，都游弋著軍警。他們的任務不是維持治安，也不是防止亂黨破壞選舉，而是防堵國會議員出逃。原來，控制中原和京畿地區的新直系軍閥首領曹錕對總統職位志在必得，對國會議員軟硬兼施，以每張五千元的價格購買選票，一定要在今天成為民國第六位總統。所以不少國會議員不願違心投票，又不堪其擾，只好希望能逃出北京躲過一劫。不想，在各口岸布防的軍警們事先已經熟悉議員們的

曹錕

特徵外貌了，發現有出逃議員，便上前揪住吵鬧，大聲誣賴議員逃債或者宣稱雙方有仇，接著軍警過來干涉，以帶回警局盤問為名直接把議員押回總統選舉現場。

總統選舉原定於上午十點舉行，可是到了下午一點二十分國會還沒有湊足投票的法定人數。

曹錕等人當機立斷，要求手下施展一切手段，到處拉人頭湊數。於是，議員俱樂部對不願意投票給曹錕的議員承諾，只要列席會議就能領取五千元，選不選曹錕都沒關係。這一招很管用，當即有十餘名議員趕到國會，準備賺錢。即便如此，還是缺人。議員俱樂部到醫院把那些真的臥病在床的議員抬到國會，又發動議員的妻妾友人「陪送」幾十個議員趕到國會，總算是讓議員人數大增。此時的國會內已經人聲鼎沸，許多等了大半天、急著投完票拿錢的議員強烈要求抓緊時間趕快投票。偏偏在這時，有一個蒙古議員指認在場的一位蒙古參議員和另一位蒙古眾議員並非真身，而是冒牌貨。隨即，各有一名山西和江西議員被指濫竽充數。負責議員身分確認和簽到的「簽到處」職員萬分緊張，趕緊護住簽到處不讓其他人靠近。一些擁護曹錕的議員則環繞簇擁著簽到處，也幫忙阻止外人靠近。所謂的「簽到簿」散會後立刻被密封，嚴誡相關職員不得泄露情況。所以，十月五日到底有幾個議員參加了總統選舉，其中又有幾個是貨真價實的議員，外人不得而知。

國會公布的情況是：簽到參議員一百五十二人，眾議員四百四十一人，共計五百九十三人，實際出席五百八十五人，超過法定出席人數（五百八十三人）兩人。總統選舉可以進行！下午二時，投票正式開始。

眾議院院長吳景濂主持選舉。第一步程序是公推檢票員十六人。檢票員從議員中抽籤得出。吳景濂派專人把簽到簿藏在國會後的樓內，暗

箱操作抽籤。抽出的十六名檢票員中，除參議員呂志伊、眾議員李肇甫外，其他十四人都是擁曹分子。而呂李二人又恰恰未能參會，於是隨即改由另外兩名擁曹議員取代了他們的位置。也就是說，本次投票是在擁曹派的監視下、統計下進行的。

據說大選當日，曹錕親臨現場督選。他走到國民黨議員呂復跟前，發現他沒有選自己，心急得竟然附耳輕語：「為何不選曹某？」呂復立刻指著曹錕怒喝道：「你要能做總統，天下人都能做總統了。你要是當了總統，總統也就不是總統了。」說罷，情緒激動地抓起桌上的硯臺擲去。一場風波過後，曹錕公然鼓動議員們說：「誰又有名又有錢，誰就可以當總統。」人群中立刻有人提議：「大帥，梅蘭芳既有名又有錢，我看可以當總統。」引來哄堂大笑。

下午四時，投票完畢，當眾開票。結果總票數為五百九十票，曹錕得四百八十票，以絕對優勢如願以償成為民國第六位總統。其他得票情況是孫中山三十三票，唐繼堯二十票，岑春煊八票，段祺瑞七票，吳佩孚五票，王家襄、陳炯明、陸榮廷各二票，吳景濂、張紹曾、張作霖、陳遐齡、唐紹儀、汪精衛、王士珍、谷鐘秀、譚延闓、盧永祥、李烈鈞、姚桐豫、胡景翼、歐陽武、陳三立、嚴修、高錫、符鼐升、孫美瑤各一票，另有「五千元」一票，「三立齋」三票，廢票若干。根據選舉法，普通百姓可以旁聽選舉，擔當會議監督。但選舉當日，國會對旁聽者嚴格控制，必須有議員出面擔保，並經過搜身才能進入國會。五日一大早，大約有一百多人來旁聽，卻被要求在國會院子裡臨時搭蓋的棚子裡等候。由於站立時間長，擁擠，又沒吃沒喝，等到下午三時多選舉接近尾聲、被允許入場旁聽的時候，這些旁聽者早已疲憊不堪，哪裡還有力氣監督，又能監督什麼呢？

　　曹錕賄選，看似環環相扣，沒有表面硬傷，實則操作拙劣，惹人笑話、非議。第二天（十月六日），《北京報》就詳細報導了賄選新聞：

　　諺云「有錢能使鬼推磨」，矧在見金夫不有躬之議員，派人南下拉人，又加以蘇督之協助，當然議員多有北上者。票價名為五千元，然實為起碼數，有八千者，有一萬者，所簽支票，自邵瑞彭舉發之大有銀行以外，有鹽業、有勸業，並聞有特別者則為匯業麥加利之支票。所簽之字，潔記（邊潔卿）以外，尚有蘭記（王蘭亭）、秋記（吳秋舫）、效記（王效伯）等。本月二三兩日，頗有議員持票至銀行對照者，然自邵瑞彭舉發，而三四兩日之夜，甘石橋（賄選的總辦事處）大著忙，將前發支票收回，另換其他式樣之票，以不示人不漏泄為條件，且聞已書明日期。至於昨日上午，直派議員四處拉人，亦有付現者，又有五千元以外增價者，並聞對於前拆臺而昨出席之議員，許以投票自由，票價照付。而兩院員役，由祕書長以至打掃夫，各另給薪工兩月，由吳景濂發出，共八萬元，以為犒賞，此賄選之大概情形也。

　　起碼有四百八十名參會議員收受了曹錕的賄賂。原則上的價碼是五千元一票，而實際操作過程中，則根據議員地位和作用的不同，「開價」也不相同。多的超過一萬元，低的還不足二千元。少數議員不在乎金錢，直系就成立議員俱樂部拉攏議員吃喝玩樂，用官職代替金錢行賄。結果一些議員在金錢和官職的選擇上搖擺不定，有的已經收了錢又跑來退錢要官，也有的已經當了官卻跑來退官要錢。曹錕等人聽之任之，一共為賄選花費了一千三百五十六萬元。賄賂是在十月一日以支票形式發放的，為此還引起了軒然大波。有議員懷疑曹錕開的是空頭支票，萬一曹家在銀行沒有這麼多錢怎麼辦？直系不得不專門派人拉著議員去銀行看曹錕的戶頭金額，又帶他們去參觀了曹錕的產業，這才平息

了議員們的懷疑。還有一些議員糾結於支票是當場支付還是遠期支付、出票人是誰、支付銀行是哪家等問題，為此爭吵不休。

同時也不乏有一些正直的議員，主動站出來揭露曹錕的醜行。浙江議員邵瑞彭，就先假意接受賄賂，然後在大選前將拿到的五千元支票攝影、製版、公布，並向北京地方檢察廳檢舉高凌霨、王毓芝、邊守敬、吳景濂行賄，控告曹錕「騷擾京師，訹戴洪憲」、「遙制中樞、連結疆吏」、「不自斂抑，妄希尊位」、「勾通軍警、驅逐元首」、「收買議員，破壞制憲」、「多方搜括、籌集選費」等諸項大罪。

選舉尚未開始，輿論已經譁然。爾後曹錕當選的消息傳來，社會各界紛紛抗議選舉結果。被曹錕打敗的奉系張作霖叫嚷：「曹錕是三花臉，是小丑，我們東北人絕不捧他。」張作霖還承諾，若議員能拒絕曹錕的賄賂，就可以向自己領取相同數目的金錢，美其名曰「反賄選」。在廣州護法的孫中山則下令討伐曹錕，通緝賄選議員，並對列強聲明曹錕為僭竊叛逆。各省官紳也紛紛聲討本省的參選議員，個別省分甚至開除了議員的省籍，讓他們無臉面還鄉。

不過，大家想過沒有，獨霸中原的曹錕既然能易如反掌地推翻國會，就能自我加冕為總統，為什麼還要如此麻煩地賄選一回總統？曹錕的部下王坦就回答過這一疑問：「花錢買總統當，比之要了錢得貪汙之名的人強多了，也比拿槍命令選舉的人強多了。」此話道出了曹錕和多數軍閥對選舉、對議會政治的看法。「這對一個大軍閥來說，並不是最壞的表現。」起碼他心目中還有總統、還有國會。事實上，曹錕賄選不是個人行為，而是軍閥集團支持的集體行為。曹錕家產數千萬，列北洋軍政人物之首，但賄選經費並非出自私囊。直隸省長王承斌替他籌集了大量經費。王承斌逮捕境內製毒販毒的奸商，勒令他們以錢贖身，斂財數百

萬，又向直隸一百七十個縣強迫性借款數百萬元，全部用於曹錕賄選。各省督軍、省長也多有「報效」，數目最多的為山西督軍閻錫山、湖北督軍蕭耀南、江蘇督軍齊燮元，每人五十萬元。賄選固然令人痛心，賄選背後透露的民國人物的政治觀更令人深思。他們心目中的議會政治和選舉操作，就是大張旗鼓、心安理得的賄選。

二

十月十日，民國國慶節，吳景濂捧著新總統的當選證書，乘坐專用列車到保定迎接曹錕。直系治下的保定全城慶祝，家家懸掛五色旗，歡呼聲不斷。曹錕客套地謙讓幾次後，踏上了專用列車，開始了總統生涯。

對曹錕總統合法性的質疑聲，後人發出的比較多，在當時只局限於京、滬兩地的知識分子和菁英階層之內。賄選一事的影響十分有限。倒是西方媒體對西方的議會民主在中國的「水土不服」表現出了濃厚的興趣，追蹤報導了賄選情況。九月二十四日，美國《時代》雜誌發布了曹錕賄選的專題，並配有其照片，題目是「今日仍無總統」。曹錕賄選似乎又是一件典型的供西方鑑賞的中國出口商品。不管西方人怎麼看，賄選只在當時引起了不大不小的風波，隨著時間的推移，曹錕的總統位置坐得好好的。

這其中肯定有什麼東西出了問題！是的，議會民主制度和清末民初的中國國情相結合，就產生了大問題。

議會民主制度初行於神州大地，無論在社會基礎、人群心理還是制度轉變上一時都難以與中國國情相適應。頻繁出現的總統制和內閣制的

矛盾、行政權力和立法機關的糾紛、紛繁錯亂的政治制度等等，都是這種不適應的表現。曹錕公然賄選的鬧劇將這種不適應推到了頂點。種種政壇糾紛和衝突，並非源自對國家利益的理解不同，而是帶有濃厚的結黨營私，甚至是個人利益的色彩。民國政府成立之初，袁世凱即對當時形形色色的政黨派系表示了憂慮：「無論何種政黨……若仍懷挾陰私，激成意氣，習非勝是，蜚短流長，藐法令若弁髦，以國家為孤注，將使滅亡之禍，於共和時代發生，揆諸經營初造之心，其將何以自解。」果然如他所料，黨爭混雜著私利，讓西方議會民主制度在中國完全走樣。

軍政兩方之間不斷出現衝突。江西臨時省議會本來支持李烈鈞出任都督，後來因督軍和議會的權限產生分歧，雙方分道揚鑣。李烈鈞要改選議員，而議員要求更換都督。江西輿論則關注江西參議員郭同回鄉後大賭大嫖，抽鴉片煙。廣東省議會和都督胡漢民的關係也很不好，指責胡漢民「屬行軍政，蹂躪法權」，對於省議會的法律文件不照樣執行。而胡漢民則否認省議會有立法權限，指責議會干涉行政。

關於政黨的問題就更多了。民國初期著名記者黃遠庸曾報導過，有個某省的都督，選人的標準就看是不是他這個黨的人，不是就不能做官。該都督對下屬進行甄別，也不看人好不好，有沒有能力，而是看這個人屬於哪個黨。另外一個省的都督則下令，凡是查出下屬非本黨人士則立即將其免職。如此一來，入黨成了謀取官職的工具。看不慣這種政黨亂象的人，覺得這樣搞下去，就要亡國了。江蘇都督程德全說得一針見血：「近日實無所謂政黨，不過一二沽名之士以黨名為符號，而一般無意識之人從而附和，自命政黨，居之不疑，叩以政見，毫無所有……智識幼稚，如吾國是，則黨派實不應發生太早，由此點思之，吾國至少非有五年或十年之預備，不可言黨也。」

　　因此，民國初年社會對議會民主普遍感到失望。章太炎憤憤地發表宣言說，政黨已經為天下人鄙棄了，參議院也已成了培養壞蛋的地方。一九一三年初，河南都督張鎮芳寫信給陸軍總長段祺瑞：「竊謂刻下大局雖在外患，尤在內憂。上海歡迎國會團聞已解散，而意存破壞可慮者甚多。如遷都也，憲法也，用人之同意也，省長之民選也，政黨之內閣也，地方之分權也，假公濟私，爭名奪利，但知運動，不顧危亡。開會前途，可以逆料，非武力解決，恐不能息此風潮。閣下智勇深沉，想有善策，如何計劃，尚祈密示南針。」段祺瑞回信表示認同，認為「黨派競爭，不顧大局，非武力震懾不可，自當密為籌備」。段祺瑞等實力將領對議會民主失望了，要求回到武力震懾的老路。而對議會民主抱有希望的人，又找不到改造議會的方法。於是乎，議會越來越潰爛。

　　為什麼議會民主在民國初年成功不了？

　　議會民主的基礎是依託於一個活躍的現代社會。在這個社會中，人們關心政治，自由表達觀點，組織政黨進行政治活動。民初的中國社會，雖然通電、演講滿天飛，組黨熱潮此起彼伏，熱鬧得很，但都是東施效顰的假象。通電的內容五花八門，許多人以能夠「露臉」為榮；政黨千奇百怪，三五好友就能聲明組成，分別擔任主席、總理和主任，玩笑而已。趙秉鈞就曾說過：「我本不曉得什麼叫做黨，不過有許多人勸我進黨。統一黨也送什麼黨證來，共和黨也送什麼黨證來，同盟會也送得來。我也有拆開來看的，也有擱置不理的。我何曾曉得什麼黨來。」歸根究底，中國尚不具備議會民主的社會基礎，表現為兩個方面。

　　一是參與政治的人口比例太少，議會民主缺乏依靠力量。近代中國沒有產生強大的資產階級和知識分子等新興力量。因此民主革命在理論上的依靠力量極其薄弱，孫中山就長期缺乏強大的支持力量。辛亥革命

很大程度上是由一群沒有明確階級歸屬的知識分子發動的，他們在民國建立後雖然也活躍在政治舞臺上，但是缺少了現代議會民主所需要的完備的現代社會形態與之相配套，僅僅依靠這群占人口比例極少數的知識分子，是建立不了議會民主的。

二是中國社會沒有出現群體分化。與議會孿生的政黨產生的條件是存在不同群體分化的社會基礎，而民國初年的中國基本是農業社會，沒有出現群體分化。觀察一個社會分化的重要指標是看受教育人群的職業選擇，那民國初年中國大學生的職業選擇如何呢？北京大學一九一八年在校學生總數一千九百八十人，法科八百四十一人，文科四百一十八人，理科四百二十二人，工科八十人，法科學生人數將近一半。七月文科有五十八人畢業，理科九十人，工科十七人，而法科為一百七十三人，超過了畢業生的一半。大部分年輕菁英選擇了政法道路（也就是仕途），而選擇工礦產業或者商貿物流的菁英（理工科）不到四分之一。與之相對應，民初各政黨的產生，也只能是從政者內部的分化組合而已。

民國初年，黃炎培曾調查江蘇全省中學校學生畢業後的職業選擇，「大抵一百分中有二十五分升學，三十分得有相當職業，而其餘則皆失業之人，可嘆之至。若再細細研究，則升學者不能作為有職業觀也，即大學畢業生中亦何嘗無失業者，故此等學生最後之結果失業與否仍屬一問題。若再調查其有事者，所就者究是何等事業，大抵為教育者居大多數，其次為各行政機關人員，而為生利之農、工、商者竟無一人」。即便是民主共和的形式已經確立，讀書人也依然把讀書作為做官的敲門磚，而不願意去從事「生利之農、工、商」。

三是議會權力沒有被尊重，即便是知識分子也沒有真正理解議會的重要性。中國傳統的士大夫觀念中是沒有「議會」概念的，因此即便民

國建立了，知識分子從政依然擁堵在各級行政機關和軍隊中，很少有人去競選議員。「那些入黨的人，大多是想謀得一個官位。當時的中國人，絕大多數還是士大夫，現代意識還只是停留在理論上或口頭上，在行動上只是在尋找做官的門徑。」（朱宗震著：《真假共和 —— 一九一二：中國憲政實驗的臺前幕後》）議員最多被看做是「閒官」，不管錢不管人，自然沒人去競爭了。

在這樣的社會基礎上，一九一三年的全國大選雖然舉行了，但是完全和西方的選舉不一樣。

共和黨眾議員王紹鰲回憶說：「我在江蘇都督府任職期間，曾抽空到江蘇的蘇、松、太一帶作過四十幾次的競選演說。競選者作競選演說，大多是在茶館裡或者在其他公共場所裡。競選者帶著一些人，一面敲著鑼，一面高聲叫喊：『某某黨某某某來發表競選演說了，歡迎大家來聽呀！』聽眾聚集後，就開始演說。有時，不同政黨的競選者在一個茶館裡同時演說，彼此分開兩處各講各的。聽講的人大多是士紳和其他中上層人士，偶爾也有幾個農民聽講；但因講的內容在他們聽來不感興趣，所以有的聽一會兒就走開了，他們坐在那裡也不聽。」西方式的政見宣傳和爭辯在中國根本不受關注和重視。對於普通百姓來說，議員競選就是看到茶館裡多了個高談闊論者。殊不知，王紹鰲所在的江蘇地區的選舉情況還算是最好的。其它各地因為競爭選票激起風潮，有的強奪票匭，有的搗毀投票所，有的暴行脅迫，種種壞法亂紀的事情，層出不窮。難怪袁世凱擔心：「誠恐我國民欲藉此選舉以求幸福者，將因此選舉而得奇禍。」

我們再來看看選舉曹錕為總統的舊國會的具體情況如何。舊國會是一九一三年成立的，就是宋教仁寄予厚望，希望依託它實驗政黨政治和

議會民主的那屆國會。從議員的職業來看，議員大多數是官僚和職業政治家，其中前清官僚和有功名的人占總數的三分之一左右。剩下的議員主要是教育工作者和自由職業者（律師、記者、醫生等），真正產業家或者商人出身的議員少之又少。從教育程度看，大多數議員都在中國外接受了新式教育，在一定程度上知道議會民主為何物。但他們所學的專業幾乎不是政治就是軍事，對微觀經濟和自然科學知之甚少；留洋歸來的議員多數是從表面立憲、實則君主專制的日本歸來的學生，極少有留學英美成熟民主國家的學生。他們不知道真正的議會民主如何操作，如何與社會公眾保持連繫，如何在中國推行真正的民主。「從傳統的四民社會來看，他們還很難脫離士的範疇。」從人員組成上看就不像是個成熟、穩健的議會。到曹錕想當總統的時候，民國元年選舉產生的舊國會的議員們飽經波折。先是袁世凱時期壓制議會、迫害議員南下導致舊國會分裂；段祺瑞、徐樹錚等乾脆成立安福國會取代舊國會。等曹錕、吳佩孚等恢復國會，捧出黎元洪來「法統重光」時，多數議員才哆哆嗦嗦地重新聚攏來。可是當年三四十歲的中年人，早已在坎坷和困頓中暮氣沉沉，不思報國而只顧私利了。

　　舊國會議員們最大的問題是：窮。因為窮，所以舊國會恢復後，買賣選票逐步從私下轉向公開。沒想到透過有利於本行業、本地區甚至本人的法案，沒想到獲得內閣或者地方上的職位，沒想到借助議會影響行政或者司法，都可以買通議員，如願以償。於是，賄賂議員興起成一個專門的行業，有中間人、有價目表，形成了產業鏈。如果發生糾紛，甚至可以對簿公堂。我舉個例子。當時有人要收買國民黨議員鄧元，就先委託屈榮崇、梁福通、何承卿三人在中間引見、溝通，結果事成後賄賂和受賄雙方都沒有給三個中間人中費（介紹費）。三個中間人就聯名向京

師地方審判廳提起訴訟，其中陳述理由為：「竊買賣房產，中費多寡各方習慣不同，以動物而論，如賣豬買羊，各地亦有成規，斷無霸吞行錢之理。豈議員而獨不然耶？況豬羊價賤，尚且優待行戶，議員價昂，何得刻苦中人。」將賄賂議員和豬羊買賣相提並論，議員和豬羊何異？老百姓就毫不客氣地稱議員是「豬仔議員」。

因此，曹錕賄選醜聞的出現，也就不足為奇了。

曹錕崛起：大軍閥原是小布販

———— 一 ————

　　我們把時間向前推到一九一二年。當年的二月二十九日晚上，商家雲集的北京城東安門一帶，突然槍聲大作，人聲喧嚷，向來還算安分的北洋大兵不知從哪兒一擁而出，邊放槍，邊亂搶東西。自打八國聯軍以來，北京人多時沒見過這個陣勢，一時哭爹喊娘，東躲西奔，像滾水澆在了螞蟻窩上。剛剛從國外回來的齊如山（戲劇藝術家，後來以幫助梅蘭芳戲劇改革而聞名）倒是不怕，身著西裝，站在大街上看了一個晚上的熱鬧。大兵們不僅沒有動他一根汗毛，而且還不斷地向他「諮詢」。一會兒，一群兵拿著搶來的壽衣問他是不是綢子；一會兒，一夥人捧了一堆化銀子用的小碗，問他是什麼玩意。一夥大兵拿來一堆紙條，當被告知不過是輓聯時，連連大呼晦氣；搶著了貂褂的大兵們，當被證實所獲最值錢的時候，一齊歡天喜地，大叫沒白來。近代史上著名的北洋軍曹錕第三師的北京兵變，在一個看客眼裡，就是這麼一幅畫面。北洋軍畢竟是袁世凱下大力氣按照普魯士陸軍模式訓練出來的軍隊，第一次集體搶劫還真有點「棒槌」（外行），需要不時地求教於街頭的「顧問」。（張鳴《北京兵變與袁世凱》）

　　從二月二十九日到三月二日的三天時間裡，第三師以反對裁餉為名劫掠了正陽門、朝陽門、崇文門、東安市場、東四牌樓一帶，金銀錢鋪

首飾店、飯店、雜貨舖等均遭洗劫。事後統計，內城被劫四千餘家，外城被劫六千餘家。

就是這件事幫助了袁世凱隨即以「北方不靖」為名向南京臨時政府要求暫緩去南京就任臨時大總統。（之前，袁世凱逼清室退位，孫中山履約將臨時大總統職位讓與袁世凱。但為了約束他，南京派來以蔡元培為首的代表團，敦請袁世凱早日南下就職。）二十九日晚，曹錕部隊的亂軍騷擾了代表團駐地。蔡元培等人聽到密集的槍聲，連夜隨人逃離險地，真的相信了一旦袁世凱離開，北方局勢將惡化這一說法。基於這樣的判斷，南京臨時政府同意袁世凱在北京老巢就任臨時大總統，不久政府也遷到了北京。

無疑，袁世凱是那場並不太在行的「兵變」的最大受益者。

主持兵變的曹錕是袁世凱的愛將，第三師是袁世凱最精銳的嫡系部隊。兵變後，袁世凱雖然承擔追究責任的巨大壓力，但仍舊沒有給予曹錕任何懲罰，因此天下人都認定兵變是袁世凱密授的，是向南京臨時政府施壓的手段。

曹錕則被視為直接指揮兵變的罪魁禍首，開始和醜聞沾染在一起。只是後來賄選總統的醜聞更大更臭，使人們忽視了曹錕還是民國歷史上第一場兵變的指揮者。

二

曹錕，西元一八六二年（同治元年）生於天津大沽口貧民家庭。其父曹本生以排船為業，生子女七人，次子是曹錕。因為家境貧寒又人口眾多，曹錕十六歲就開始推車賣布於津沽之間，當了名布販子。曹錕長得呆頭呆腦，不是做生意的料，常常醉臥街頭，身上錢財被人洗劫一空；他又長得矮胖憨厚，誰叫他幫忙，他總是不吝力氣地一幫到底，人稱

第六章
曹錕：總統的誘惑力

「曹三傻子」。但是曹錕的心態很好，雖然生活貧困又被人看不起，但他不以為意，一笑了之。

曹錕的職業發展規劃本是當一個街頭小販度日。所以當有一天，曹錕在推車賣布時被一個算命先生拉住打量了半天，說「你面相甚貴，日後必作縣長」的時候，曹錕認為這個算命的不是想騙他錢就是故意諷刺他「曹三傻子」，揮拳將算命先生暴打了一頓。後來的發展證明，被打的算命先生不是完完全全的不學無術、騙吃騙喝，還真是有點水準的，起碼能看出曹錕日後會有所發達。

小人物的成功還要感謝亂世。曹錕後來賣布經營失敗，連小販也做不了了，但歷史提供給他最後一條路可以走：當兵去！（還有一說是曹錕無意得罪了家鄉一戶有權有勢的人家，遭人追打，不得已才跑去當兵的。）年紀不小的曹錕丟下賣布車，進入了天津軍備學堂學習，之後做了清軍的哨官，還曾隨部參加了一八九四年的朝鮮戰爭。從朝鮮戰場歸來後，曹錕在小站陸軍草創時期，轉投袁世凱門下，扛好了槍站好了隊。當時曹錕已經三十三歲了。

矮胖子曹錕想在小站新軍中謀求發展，劣勢可以說非常明顯。他最終能在人才濟濟的新軍中脫穎而出，真是個不大不小的奇蹟。

首先，曹錕的年紀偏大，沒有任何背景，長得憨厚，做人老實巴交，常常受人欺負。然而話說回來，這種種缺點換個角度看又成了他的優點。在新軍謀求發展的早期，袁世凱恰恰需要像曹錕這樣老實聽話、努力幹活的人，於是很快就注意到了曹錕這個低級軍官。曹錕看起來傻，但其實心底並不傻。他聽說袁世凱的叔祖父袁甲三有個拜把子兄弟叫曹克忠，曾任廣東水師提督，也是天津人，就在天津住著。於是，曹錕備下厚禮前去拜謁。曹克忠暮年見有小老鄉來殷勤拜訪，很高興，聽

說還是同姓，立刻去查族譜。一查不要緊，曹錕竟是曹克忠的族孫。曹克忠於是高興地正式認曹錕為族孫，還派人去袁世凱那兒為曹錕的前途通融。一來二去，曹錕就成了袁世凱的親信。對袁世凱，曹錕始終恭敬畏懼，每次謁見都軍容整齊，站得筆直，從不敢坐；對曹錕，袁世凱毫不掩飾情緒，想罵就罵，而且罵得還很凶。外人看起來，覺得袁世凱似乎不喜歡傻傻的曹錕。其實，只有關係親近的人，領導才會不假辭色地言辭訓斥。真正遇到難題、急事，領導也都交給這樣的部下去辦。

曹錕就這樣一直跟隨袁世凱，在一九〇七年榮升為第三鎮統制。第三鎮是北洋軍的精銳，也是袁世凱的王牌，曹錕擔任此職後，開始被人所注意。後來袁世凱遭到清廷猜忌時，徐世昌設法將第三鎮調往吉林、黑龍江等地。袁世凱重返政壇後，曹錕的第三鎮奉調入關，不是去鎮壓武昌起義，而是駐紮在山西娘子關，鎮壓山西閻錫山，監視有異心的吳祿貞。好鋼用在刀刃上，可見在當時袁世凱心目中，鎮壓武昌起義遠遠不如穩定後方重要。此後，曹錕長期擔任第三鎮統制、第三師師長，一九一二年二月在北京縱兵嘩變為袁世凱提供了在北京就職的藉口。一九一四年四月任長江上游警備司令，率第三師進駐湖南監視南方革命勢力。和馮國璋、段祺瑞等人不同，曹錕積極支持袁世凱稱帝，接受了袁世凱「虎威將軍」的稱號和「一等伯」的爵位。護國運動爆發後的一九一六年一月，曹錕還奉命率部入川，與入川的雲南護國軍作戰。袁世凱死後，曹錕非但沒有受到懲罰，還繼續活躍在政壇上。因為他掌握著北洋軍的精銳主力，之後歷屆北洋政府還需要倚重他。

一九一六年九月，曹錕出任直隸督軍。他長期駐防保定，使直隸地區牢固掌握在直繫手中。等直系首領馮國璋死後，曹錕因為兵多地廣，超越王占元等人，成為了新直系的首領。

曹吳配合：最大的本錢

一

　　小布販曹錕天生就有領導才能。當總統的時候，外交總長顧維鈞和陸軍總長陸錦、交通總長吳毓麟等人不和，雙方曾就駐倫敦公使的問題發生過激烈的爭執。吳毓麟是曹錕的愛將，跑過去向曹錕進讒言。曹錕立刻沉下臉來說：「老弟，你什麼時候開始學的外交？因為我不懂外交，才請顧先生來當外交總長，你們為什麼要橫加干預？」

　　沒文化的曹錕眼光很銳利。一九二〇年華北大旱，田產荒蕪，耕牛閒置。直隸的牛價大跌。曹錕乘機四處派人以每頭三元的低價收購耕牛，計劃以每頭二十三元的價格出口國外來牟利。此舉遭到百姓反對，北洋政府迫於壓力禁止耕牛出口。曹錕手裡積壓了上萬頭牛，賣不出去。他隨即下令宰殺全部耕牛，加工製成鹹牛肉出口，依然賺了大把鈔票。這就好像當年前往小站投奔袁世凱一樣，是需要獨到的眼光的。

　　領導才能和銳利眼光相接合，讓曹錕獲得了人生「最大的本錢」。

　　一九一三年曹錕進軍湖南。時任湖南督軍湯薌銘向曹錕討要第三師的一個軍官：「三哥，我們來學學古人借將的故事如何？你手下有個出類拔萃的人才，請你借給我用。」曹錕問：「你要借誰？」湯薌銘說：「吳佩孚！」

　　吳佩孚，山東蓬萊人，早年從軍，在第三師內升任至砲兵團長，但一直沒有引起曹錕的注意。當時，吳佩孚剛被明升暗降為第三師副官長，正鬱悶得不行。湯薌銘就想借來協助自己治理湖南。可曹錕從他的借人過程中敏銳地意識到吳佩孚的價值，立刻把吳佩孚找來深入交談，認定此人果然出類拔萃，立刻任命吳佩孚為第六旅旅長，引為軍師和助手。湯薌銘因為有挖掘吳佩孚的伯樂之功，曹錕很感激。之後湯薌銘仕途坎坷，境遇落魄，曹錕始終護著他。也有說法是湯薌銘向曹錕借用吳佩孚並非要重用他，而是要陷害他。原來湯薌銘在湖南殺戮過重，人稱「屠夫」；而吳佩孚很注意和湖南紳商民眾搞好關係，還在全省大會上公開批評湯薌銘害民。湯薌銘就想把吳佩孚「借」過來當自己的部下，以便好好「收拾」他，不想歪打正著，成全了曹錕和吳佩孚的一段佳話。

　　曹錕出任直隸督軍後，吳佩孚繼任第三師師長，成了新直系的「二把手」。曹錕選定了吳佩孚就完全信任吳佩孚，事無巨細都徵詢吳的意見，放手讓吳佩孚自由發揮。吳佩孚常常越俎代庖，不經請示就簽署命令，甚至任命重要人事，曹錕幾乎從不干涉，需要他追認的他一概配合，真正做到了「用人不疑」。後來，吳佩孚成了登上《時代》雜誌封面的第一位中國人，被《時代》雜誌稱為「Biggest Man in China」（中國頭號人物）。即使看到吳佩孚功高震主，風頭蓋過自己，曹錕也沒有心理失衡，而是一笑了之。他常常對別人說：「子玉是我最大的本錢。」

　　「本錢」吳佩孚也真正沒有辜負曹錕的信任，為曹錕賺了許多「利潤」，建立了輝煌的

吳佩孚

戰績和政治功勛。在湖南，吳佩孚攻城拔地；在四川，吳佩孚大勝護國軍，為曹錕賺足了面子。曹錕擔任直隸督軍七年，期間新直系軍閥的實力日漸壯大。曹錕駐紮在保定，主要是扼守策略要地，冷眼旁觀北京政治風雲。吳佩孚先駐於湖南岳州，後駐於河南洛陽，幫曹錕經營兩湖事務、占據河南，招兵買馬；同時曹吳互成犄角呼應之勢，使得新直系軍隊南北貫通中原。在討伐張勳復辟、應對南方護法、處理直皖矛盾過程中，都是曹錕搖旗吶喊，吳佩孚衝鋒陷陣。吳佩孚不僅刀槍功夫了得，文采也很不錯，在五四運動期間連接拋出精彩檄文，聲援愛國運動，同情愛國民眾，指責段祺瑞皖系對外妥協、對內腐敗謀私。段祺瑞多次督促曹錕對吳佩孚嚴加申飭，曹錕則虛與委蛇，一方面假意責怪吳佩孚幾句，一方面反過來替吳佩孚向段祺瑞索取第三師的軍餉。一來二往，吳佩孚毫髮無損，軍隊實力和民眾聲望與日俱增。中央政府奈何不了他，曹錕事事仰仗他，吳佩孚成了北洋軍閥中的一個另類。

二

一九二〇年，直皖矛盾不可調和，吳佩孚準備討伐段祺瑞。段祺瑞在軍隊數量、武器裝備等方面都優於曹錕的直系軍隊。奉系張作霖居中調停，暗中問曹錕：「三哥，皖系兵多械精，你有什麼把握？」曹錕回答：「我沒有把握，但子玉（吳佩孚字子玉）說有把握，子玉的把握就是我的把握！」

曹錕任命吳佩孚為討逆軍總司令，進攻皖系控制的北京。吳佩孚借暴風雨的掩護，突襲京西皖軍司令部，旗開得勝。曹錕跟在吳佩孚後面前進，告誡他要多加小心。吳佩孚卻甘犯兵家大忌，將小山炮盡數集中在第一線，用炮火猛攻皖系軍隊，速戰速決，大敗段祺瑞。奉軍也在天津打敗徐樹錚。皖軍趨於瓦解，直系和奉系共同入主北京。曹吳贏得了直皖戰爭

的勝利。北洋政府遂任命曹錕為直魯豫三省巡閱使，以吳佩孚為副。

　　直皖戰爭之後，直奉矛盾迅速上升。張作霖率奉軍入關，對華北地盤很有「想法」；但吳佩孚布局華北，不讓奉系染指。張作霖恨起吳佩孚來，說：「子玉算什麼？區區師長耳。」吳佩孚則認為張作霖是「坐觀成敗者」，撿了直系的便宜。曹錕不願直奉兩派翻臉，就讓總統徐世昌撮合，和張作霖結為了兒女親家。可利益衝突不是子女的親事能夠化解的，吳佩孚和張作霖的態度依舊都很堅決。一九二二年四月，奉軍搶先發動進攻，張作霖揚言專攻吳佩孚，而與曹錕無關。鎮守天津的是曹錕的弟弟曹銳。曹銳心裡其實對獨攬大權的吳佩孚由妒生恨，存心拆臺，他於是主動棄守天津，讓東路奉軍長驅直入。在西路，吳佩孚苦苦支撐，在京西長辛店和琉璃河之間和奉軍激烈交戰。雙方膠著在一起，難分勝負。緊要關頭，吳佩孚轉守為攻，出奇兵繞到奉軍背後，直撲盧溝橋。西路奉軍腹背受敵，戰線動搖。直軍奮勇進攻，奉軍一敗塗地，節節敗退。東路奉軍知道後，軍心動搖，也跟著後撤。亂軍擠到灤河邊上，幸虧奉軍將領楊宇霆事先搭好了浮橋，才得以退出關外。這就是第一次直奉戰爭。戰後直系獨霸中原，達到了勢力的巔峰。

奉系軍閥合影，中坐者為張作霖

第六章
曹錕：總統的誘惑力

所謂物極必反，月盈則虧。巔峰時期的直系內部產生了諸多矛盾。最主要的矛盾是曹錕和吳佩孚在總統問題上意見不一。吳佩孚支持曹錕競選總統，但反對曹錕用非法手段謀求總統職位，認為應該先請黎元洪復位，並召集舊國會，再選舉新總統。一九二二年六月十一日，黎元洪入京復職，恢復舊國會，實現了「法統重光」，成為曹錕的一大「政績」。但曹錕只將此事作為點綴，迫不及待地要重新選舉總統。吳佩孚勸他忍耐一時，等待黎元洪任滿之後再展開競選。這一次，曹錕為權位所誘惑，沒有聽吳佩孚的意見，和曹銳、王承斌、馮玉祥等人踏上了賄選之路。吳佩孚無力挽回，只得聽之任之，沒有反對也沒有參與賄選拉票。為此，吳佩孚和直系內部支持賄選、犯紅眼病的人產生了矛盾。在外部，皖系殘餘勢力、浙江軍閥盧永祥被直系打敗，向奉系求援。奉系在關外舐舐傷口，隨時準備反撲。吳佩孚則退居洛陽，北京的重要政務曹錕依舊時時諮詢於他。

曹錕賄選當上總統，似乎是直系輝煌的迴光返照。第二年（一九二四年）九月，張作霖兵分六路入關，再次打響直奉戰爭。

戰爭開始時，奉系進展很快，直系眼看情況不妙。曹錕連拍十萬火急的電報催吳佩孚進京主持大局。面對強敵，直系內部暫時團結起來。吳佩孚到京時，馮玉祥、王承斌、王懷慶等列隊歡迎，曹錕握住吳佩孚的手激動地說：「子玉辛苦了！我老了，一切請你作主。」曹錕主動讓吳佩孚代理陸海軍大元帥。吳佩孚義不容辭地就任了討逆軍總司令，調配軍馬禦敵。

然而時過境遷，此時的新直系內部已經不復早前的團結，將領們各懷鬼胎，吳佩孚不能真正指揮各支部隊。其中鬧分裂最出名的就是馮玉祥。馮玉祥是推翻黎元洪、捧曹錕上臺的積極分子。為了逼黎元洪去

位，他天天都亂兵包圍總統府，包圍國務院，向黎元洪討要軍餉。軍隊逼宮是黎元洪去位的重要原因。而馮玉祥就是幕後主使者。曹錕上臺後，馮玉祥自認為功勞很大，居功自傲。第一次直奉戰爭後，吳佩孚推薦馮玉祥擔任河南督軍。馮玉祥滿以為能在河南大展拳腳，沒想到直系「二把手」吳佩孚駐節洛陽，他這個河南督軍處處要聽從吳佩孚的命令。馮吳兩人摩擦不斷，種下了矛盾的種子。曹錕見狀，調馮玉祥進京做了陸軍檢閱使，負責京畿防務，才暫時化解了矛盾。如今大敵當前，吳佩孚命令馮玉祥統率一師三旅兩萬多精銳部隊，去承德、赤峰方向作戰。兵馬未動，馮玉祥就索餉十五萬。吳佩孚大怒，對馮玉祥的要挾很不滿，但還是先撥付了十萬軍餉。馮玉祥部隊出動後，又要求平奉之後由他來取代張作霖擔任東三省巡閱使。這回，吳佩孚斷然拒絕了。馮玉祥很不滿意，開始與奉系暗中勾結。他的部隊稀稀拉拉從北京出發，多數積壓在後方，到達前線的只有少數兵力。

　　除馮玉祥外，王承斌、孫岳、溫樹德等直系將領也各懷鬼胎，不好好出力。戰局對直系越來越不利。

　　在北京坐鎮指揮的吳佩孚按捺不住，遂披掛上陣，親抵山海關。當時，直軍在山海關前線正面與奉軍主力作戰。吳佩孚的到來使軍心大振，加上他指揮得當，戰局有所改善。吳佩孚為了徹底扭轉局勢，就向直系各部調兵，同時將後方看家的主力第三師也往前方調動。馮玉祥等人最忌憚第三師，此師一動，留在北京的黨羽立刻就將這個「喜訊」電告了馮玉祥。結果，吳佩孚的援兵沒有調來，噩耗反倒搶先

馮玉祥

到來：十月二十三日，馮玉祥突然班師回京，發動政變軟禁了曹錕！史
稱「北京政變」。吳佩孚嚴令封鎖消息，寄希望於孫岳的京畿警備軍能夠
「勤王護駕」。不久，卻傳來孫岳附逆的消息。曹錕被逼下令停戰並解除
吳佩孚的職務。吳佩孚知道大勢已去。前線直軍四處潰敗。吳佩孚收攏
六七千人馬想去北京與馮玉祥打一仗救出曹錕，結果在京郊被擊潰。直
系大軍慘敗，多數為奉軍繳械俘虜，吳佩孚南逃。直系的鼎盛時期就此
結束，曹錕也成了階下囚。

末年流寓：晚年不如意和保守晚節

一

　　北京政變前，曹錕曾想籠絡住馮玉祥。在馮玉祥的原配妻子去世後，曹錕就放出話去，要把女兒嫁給馮玉祥。然而馮玉祥不為曹錕的權勢所動，婉言加以拒絕。第二次直奉戰爭期間，馮玉祥瞅準機會，動員軍隊每日徒步急行軍二百里左右返回北京，在內應配合下魚貫入城——孫岳打開安定門正等著呢！馮玉祥剪斷了北京全城電話線，截斷市區交通，封鎖了曹錕與外界的聯絡。孫岳派兵包圍了曹錕的衛隊加以繳械，曹錕接著被軟禁在中南海延慶樓內，不准與外界聯絡。

　　馮玉祥控制住北京後，對曹錕很有「清算」的意思。他逮捕懲辦了曹錕政府中的貪官汙吏，還將大貪汙犯、曹錕的弟弟曹銳押解到案，逼著曹銳交出贓款，曹銳畏罪吞服鴉片自殺。馮玉祥又派王承斌去勸曹錕下臺。王承斌是之前劫車奪印逼黎元洪下臺的那位直隸省長，更是給曹錕張羅賄選的「大功臣」。面對這樣的逼宮部下，曹錕無疑是百感交集。

　　一九二四年十一月三日，曹錕被迫辭去總統職務，被馮玉祥囚禁。馮玉祥又逼曹錕罷免吳佩孚的本兼各職。

　　馮玉祥和張作霖兩派控制了北京政權。他們公推已經失勢的皖系首

第六章
曹錕：總統的誘惑力

領段祺瑞出任「臨時執政」，組織執政府。段祺瑞政府下令將曹錕「著內務、陸軍兩部嚴行監視，聽候公判」。

就這樣，段祺瑞成為了中華民國第七個國家元首，但權力已遠不能與他任國務總理時相比。所謂的「執政」名號大有來頭。它是章士釗從古羅馬執政官那裡為段祺瑞借用來的，取代「總統」的稱呼。因為北洋政府的歷任總統，從袁世凱到曹錕都沒有好下場，「總統」兩個字似乎沾染上了晦氣，讓後人不願意再用。同時出於現實的考慮，段祺瑞的皖系已經土崩瓦解，如今全靠奉系和馮玉祥的提攜才出任名多實少的元首，辦事都要看張作霖和馮玉祥的臉色，哪裡還敢稱「總統」？再說，曹錕賄選已讓舊國會名聲掃地，國會癱瘓，無法選舉總統，段祺瑞自然也就沒有做總統的合法性了。

不曾想，段祺瑞這一改，讓「總統」二字斷絕了二十多年，直到一九四八年，蔣介石才重新把它從美式民主中再請回來，搞了個立憲國會，自己選自己做了總統。

接上文，卻說吳佩孚從山海關南逃，經海路途經上海先到湖南落腳，依託湖南軍閥趙恆錫，發出湘、鄂、川、黔四省聯防的號召。直系雖敗，但架子還在。殘餘將領深感內訌的前車之鑑，紛紛表示要精誠團結，重振雄風。曹錕在北京做了階下囚，大家就推舉吳佩孚為新領袖，重新舉起了直系的大旗。除了湘、鄂、川、黔四省，晉、豫、陝三省也響應吳佩孚的號召，以吳佩孚為聯防司令。吳佩孚於是以河南、湖北為根據地，聯絡奉系張作霖，全力進攻馮玉祥。馮玉祥抵擋不住直系的進攻，又遭奉系的擠壓，處境日趨艱難。他一度向吳佩孚求和，被吳佩孚拒絕後不得不通電下野。

馮玉祥一下野，留守北京的部下鹿鐘麟等人就主動釋放了曹錕，以求緩和與吳佩孚等人的矛盾。曹錕一下子又變回了總統。門庭若市，問安送禮者踏破門檻。曹錕的自我感覺很好，把辭職的事情拋到九霄雲外，想重當總統。他知道如今吳佩孚不論名義上還是實質上都已經是直系的領袖了，重當總統離不開吳佩孚的首肯，於是以總統的名義隱晦地向吳佩孚提出了試

吳佩孚

探。吳佩孚本來就不認同曹錕賄選的行為，況且如今直系勢力大為削弱，受到北方奉系、廣東國民政府和馮玉祥殘餘力量的擠壓，無力支撐曹錕的總統虛名。他發電報明白地告訴曹錕：「國事已如此，總統不可再幹。我已代總統擬好辭職通電。」不久，顏惠慶組閣，暫攝總統職權。曹錕的總統生涯徹底結束，成了一介平民。

二

曹錕下臺後，舉目四顧，發現天下紛爭，難有自己的清靜之地。好在他相信自己和吳佩孚有魚水之情、往日之恩，吳佩孚不會不收留自己。於是，曹錕在一九二六年南下鄭州投奔吳佩孚。吳佩孚也很重情義，收留了曹錕，還像往日對待上級一樣尊敬曹錕。可惜吳佩孚為官清廉，自己的司令部都設在京漢鐵路車站裡面，人多屋窄，沒有能力接納「前總統」曹錕一行人，只好請曹錕移居開封。曹錕不願意去開封，因為他和開封的行政長官素來不和。但他體諒吳佩孚的難處，只好傷感地寓

居開封。在開封，曹錕畫梅自遣，自號「樂壽老人」，開始看破紅塵一心隱居。期間，新直系與奉系的關係大為緩解，張作霖不時來信，稱呼曹錕為「三哥」、「親家」。

　　然而後來，吳佩孚的境遇卻進一步惡化。廣東國民政府發動了北伐戰爭，在湖南湖北接連大敗直系部隊，占領兩湖地區；北邊的張作霖趁火打劫，南下逼迫直系地盤。吳佩孚好不容易拼湊的直系「中興局面」立刻江河日下。一九二七年，直系主力被殲，地盤日漸狹小。吳佩孚放棄河南逃亡四川，成了流亡政治家。留在開封的曹錕，在吳佩孚逃後無依無靠，情況更加不妙，只好回到天津老家，在租界裡做寓公。

　　曹錕隱居天津租界時，外邊局勢突變。先是國民革命軍占領北京，推翻了從一九一二年開始的北洋政府。之後，張學良在東北易幟，宣告南京國民政府統一全國，北洋時代徹底終結。北洋系統的各個人物，不論是親朋好友還是往日仇敵，都已經輝煌不再，散落民間。曹錕在北洋系統中人緣還算不錯，晚年家中一天到晚都有客人。曹家的常客中有名的有：齊燮元、高凌蔚、宋哲元、閻治堂、靳雲鵬等人。大家回憶早年經歷，談論政局，打打麻將，生活得還挺充實。吳佩孚在四川等地流亡了一圈以後，也選擇定居天津。但他曾經宣布過「四不」（不納妾，不積金錢，不出洋，不走租界），所以遵守諾言，不來曹錕的租界住所拜訪老上級，只是常派子女前來探望。晚年曹錕還交了一大群窮朋友。每逢夏天夜晚，曹錕的院子裡常聚集著許多賣大碗茶、拉洋車、賣菜的小攤販。曹錕和他們一樣光著膀子搖把大蒲扇，坐在小板凳上喝茶聊天。

　　晚年曹錕也有許多不如意的地方。比如幾位夫人因不願同住而分居各處，自選房屋。曹錕早年長期無子，所以過繼了曹銳之子曹少珊為嗣。後來，曹錕的兒子曹士岳出生了，曹少珊就返回了曹銳一系，不再

是曹錕的嗣子。但曹少珊實際上仍然把持著曹錕家的財產大權，這讓曹錕的子女們十分不滿，經常發生財產糾紛。晚年曹錕控制不了家庭內部矛盾，家人們也常常不給曹錕好臉色看。家庭矛盾使身患糖尿病的曹錕，一度竟得不到照顧。

曹士岳娶的是袁世凱的女兒袁怙貞為妻。夫妻倆的感情很不好，一次吵架之後，曹士岳衝動之中開槍打傷了袁怙貞。袁家雖然在袁世凱死後家道中落，但影響還在，氣勢洶洶地找到曹家來問罪，還提出了訴訟。曹士岳被捕入獄。袁世凱和曹錕兩家因為子女婚姻問題竟打起了官司，立刻成了京津各報的熱點新聞。曹錕思想比較傳統，視為奇恥大辱。最後，曹家將曹士岳保釋出來，讓曹士岳和袁怙貞離了婚。

曹錕最大的不如意還是在隱居十年之後，華北淪陷，自己做了亡國奴。日本特務頭子土肥原賢二極力拉攏曹錕出任偽職。曹錕當時的經濟情況不妙，但面對高官厚祿還是保持了民族氣節，怒斥勸誘之人：「我就是每天喝粥，也不會為日本人做事。」已做了漢奸的部下齊燮元叩門求見，曹家拒絕開門。曹錕還諄諄告誡家人要保持民族氣節。

一九三八年，臺兒莊大捷。曹錕高興地說：「我就不信，咱們還打不過那小日本！」當年五月十七日，他病死於天津租界，終年七十六歲。日本方面送來不少撫卹金，都被曹錕夫人拒絕。六月十四日，國民政府褒獎曹錕的民族氣節，追贈他為陸軍一級上將。次年十二月，吳佩孚在北平逝世。他的死因很可疑，公開的說法是死於牙疼。但人們普遍認為是給吳佩孚治病的日本醫生下了毒手。因為吳佩孚也義正辭嚴地拒絕了日本人的拉攏。國民政府同樣褒獎吳佩孚，也追贈他為陸軍一級上將。

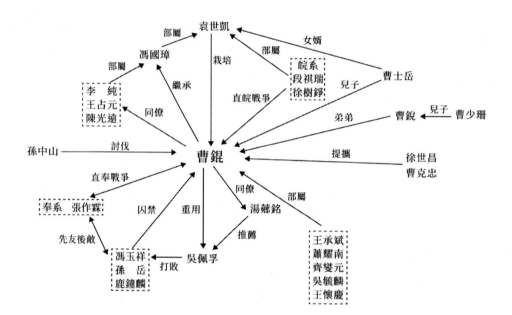

後記：大變革時期的大人物

一

感謝大家閱讀此書。

這是一本評介民國早期總統的通俗圖書。以一九二八年東北易幟為界，民國時期的三十八年歷史（一九一一年至一九四九年）可以分為兩段。前十七年北洋軍閥操縱北京政權，也就是人們通常說的「北洋政府時期」。這本書裡的總統就包括北洋政府的五位總統和締造民國、出任臨時大總統的孫中山先生，共六位總統。

北洋政府時期，政局亂得一塌糊塗。十六年間，北京召集過五屆國會，頒布過七部憲法，組建過四十二屆政府，約六十個人擔任或者代理過內閣總理。但以「總統」名義執政的卻屈指可數，其中臨時大總統二人（孫中山、袁世凱）、大總統五人（袁世凱、黎元洪、馮國璋、徐世昌、曹錕）。其他名稱的國家元首有臨時執政一人（段祺瑞）、陸海軍大元帥一人（張作霖）。這八個人中，中間的六個人都在小站練過兵，是百分百的北洋軍閥人物（徐世昌雖出身翰林，但投筆從戎），最末位的張作霖畢業於「綠林大學」，投靠了袁世凱，也算半個北洋槍。革命先行者孫中山先生是位西式政治家，不做軍閥的那一套，可也掏過手槍扔過炸彈，軍事經驗不遜於其他諸人。八位國家元首都深深地與亂世軍隊牽連在一起，是民國早期的一大特色。

本書又是怎麼寫這六位總統的呢？

老實說，書中的六位總統都是知名度很高的歷史人物，課本教、電視放、報刊寫、口耳相傳，相信每位讀者肚子裡都裝著許多關於他們的故事。要把他們寫好、吸引讀者重返清末民初去看他們的作為，實在不是容易的事情。本書寫的是我心目中的六位民國總統，我嘗試著寫出他們的另一面。因為我覺得，人們對六位總統慣常的認知存在偏頗，許多史料被有意無意地忽視了。

比如課本上的袁世凱就戴著一張面具：面目猙獰，一無是處。我覺得袁世凱並非沒有政見、一心追逐權勢的卑鄙野心家。他在朝鮮局勢、編練新軍、主政直隸、晚清新政等方面都有建樹，是當時中國外矚目的政治人物。在民國初年，袁世凱被許多人看做是穩定局勢的強權人物。但在西方民主共和問題上，袁世凱無知，而且排斥。他曾對西方外交官說：「我們傳統的習慣與你們西方的很不相同，我們的事情非常複雜，我們不能穩妥地運用你們的抽象的政策觀念。」考慮到袁世凱一生只有四年生活在民國，他的底色是傳統的、舊式的。他首先是個清朝權臣，其次才是民國總統。實事求是地講，袁世凱對局勢的判斷並不是完全錯誤的——中國的問題不是西方的民主共和能徹底解決的，驟然照搬西方制度反而會激化中國的問題。歷史和現實已經證明，西方的許多思想和制度都在中國國情下水土不服。當然，袁世凱肯定是個大罪人。他的罪過在於，身為掌握政權的強力人物理應為中國找到正確的富強之路，可他卻將中國步步引入歧途，直至個人南面稱孤。袁世凱對民國初年的局勢惡化，負有不可推卸的責任。

還有許多人看到袁世凱做過皇帝，就以為袁世凱過著帝王般的奢侈生活。其實從河南農村走出來的袁世凱終生帶著濃郁的「鄉土氣息」。他留著兩撮大鬍子，又喜歡喝粥，幾乎每餐都喝好幾種粥，有稻米粥，有小米和

玉米混摻的粥，還有一種河南的綠豆糊糊。袁世凱吃東西很快，幾口就吞完了一大海碗的麵條，常常弄得鬍子、衣服上沾滿飯食。即使當了總統，袁世凱也從不用手絹，擦湯汁、擤鼻涕都用衣袖擦擦，結果渾身上下髒兮兮的。更「鄉土」的是袁世凱不愛洗澡，與當時北方農村的老農一樣每年只在過年時洗澡，平時就用溼毛巾擦一擦身體完事。別看袁世凱留下來的戎裝照威風凜然、光彩照人，可就光鮮那麼一層，裡面還是一個河南老農。

後人常常僅憑結果去評價歷史人物的一生。袁世凱日後的表現讓許多人過分關注他的惡行，忽視了他身上的閃光點。其他幾位總統的遭遇也類似，不到百年的歲月在他們身上沉澱了不厚不薄的塵埃。希望本書多少能吹散一些歷史的塵埃，顯露真跡。

北洋政府時期順帶著也沾染了不少的歷史灰塵。那是個無論中央政府還是地方政府都統治薄弱、民生黯淡的時期。東南西北軍閥攻來打去，全國一盤散沙；外辱不斷，中間還夾雜著「二十一條」和巴黎和會的外交失敗，怎能不叫愛國志士為之扼腕嘆息？但是北洋政府時期並非一無是處。恰恰是政府控制力的薄弱，才給民族經濟、社會事業帶來寬鬆發展的空間，非政治層面的各項事業取得了快速發展。當代社會的許多事物，都可以在北洋政府時期的社會中找到模糊的源頭。近年來，人們拿出望遠鏡回望民初社會，興趣盎然。其中最明顯的原因就是，民初社會擁有若干值得肯定、珍惜和回顧玩味的東西。

二

一九一二年四月十六日，上海《民權報》發表了署名「天仇」的文章〈膽大妄為之袁世凱〉，此後一連發表了十篇批判袁世凱的文章，歷

數袁世凱劣跡。「天仇」是當時年僅二十一歲的戴季陶的化名。他把袁世凱批判得體無完膚、十惡不赦，更在四月二十六日發布〈討袁世凱〉一文，指責袁世凱「儼然帝制自為，且較亡清為尤甚」。

在絕大多數時間裡，包括袁世凱在內的北洋軍閥對媒體的批評坦然處之。儘管有時候，北洋軍閥對媒體的批評很不高興，和作者、編輯對簿公堂，但對簿公堂本身就意味著北洋軍閥對媒體的寬容。比如馮國璋曾經因為報紙稱他為「狗」（他本來就是「北洋三傑」中的「狗」），憤而與報館法庭上相見。但他對報刊媒體總體是寬容的，並無取締、操縱之舉。民國初年的報館遍地開花，繁榮得很。報館裡血氣方剛的年輕人，比如戴季陶之類的「憤青」，往往因某個事件或者不公現象抨擊政府，指名道姓罵政治人物。他們的監督很有意義，但很多時候是僅憑有限的事實亂扣帽子亂放炮。一九一二年早期，袁世凱的形象和作用還相當正面，《民權報》和戴季陶的言行遭到了同盟會穩健派的反對。同盟會的《民立報》就和《民權報》打起了筆仗，批評《民權報》意氣用事，一不稱自己的心意，就搬出民主共和自由平等來，胡亂罵人，成了「謾罵」派。其實，《民立報》自己也批評袁世凱，只是比較溫和而已。

寬鬆的環境讓戴季陶們的膽子越來越大。熊希齡財長與列強銀行團磋商的借款時候，「天仇」發表了一篇言辭激越的奇文〈殺〉。全文四句話，二十四個字：

「熊希齡賣國，殺！唐紹儀愚民，殺！袁世凱專橫，殺！章炳麟阿權，殺！」

於是，公共租界當局以戴季陶「鼓吹殺人」為名將他逮捕。十里洋場各報館頓時譁然，強烈要求租界當局放人。國務總理唐紹儀也致電上海交涉使說：「言論自由，為約法所保障」，囑其與租界當局交涉。租界

當局第二天就讓戴季陶交保開釋，不久以「妨害秩序」罰款戴季陶三十銀元結案。

這便是民國初年社會的好玩之處，當時有「報館熱」、「政黨熱」、「辦學熱」、「新學熱」、「出洋熱」等等。大城市中，稱會、稱黨的名目繁多，數不勝數。上海百姓專門造了一個詞來形容一類人：街頭政治家。有那麼一群人，終日裡西裝革履、挾著公文包，與社會三教九流廣有連繫，滿嘴新名詞，什麼國家、政府、民主、共和、平等、富裕等等。一旦國家有事或者社會上出了熱門問題，他們就鼓噪而起，成立若干協會、團體或者大會。別看這些全國性團體的總部設在裡弄的某個亭子間裡甚至是樓道的一角，卻絲毫不影響街頭政治家們的熱情。於是，五花八門的通電充斥中國上空。一些人甚至以名字列入通電為榮，至於這些通電有沒有人看沒關係，只要自己能露臉就行了。如果有人去看電報內容，即使看完覺得電報狗屁不通，通電之人也得意洋洋，多了份炫耀的談資。當時，西方風氣洶湧進入中國，主流觀念希望中國大地能夠複製西方社會，可惜學得不深不好，就變成了上述情形。

民國初年，中國大地處於千年未有的大變革時期，不單單有傳統王朝崩潰新權威未能建立的混亂，還有中西方思想觀念激烈碰撞的混亂。如何看待這個大變革時期呢？許多人認為這一階段因為缺乏社會鋪墊和思想教育，依然沒有逃出中國傳統「改朝換代」的範疇。「二十世紀最初的十年，是清朝統治威信大面積墮落的十年，對於那些對政治並不敏感，甚至對革命黨人賣力地宣傳不甚了了的下層百姓來說，如果說他們也有一些改朝換代的預感的話，那麼恐怕更多的來源於歷史習慣。在多少懂得一點歷史知識的老百姓眼裡，一個統治了二百六十年的王朝，無論如何也是該壽終正寢了。一時間，有關清朝氣數已盡的民謠，盛傳

後記：大變革時期的大人物

於大江南北，黃河上下……這些民謠和傳言，有些固然有革命黨人的因素，但能夠迅速地流傳開來，畢竟說明它們契合了老百姓的某種心理。反過來說，革命黨人其實也受到了氣數說的影響，我們在許多起義後建立的軍政府的文告上，都能看到諸如『上徵天意，下見人心』，以及『胡運告終』之類的說法。」（張鳴著：《民意與天意》，載於《辛亥革命與二十世紀的中國》）「新思想新觀念，新的社會組織方式，是客觀存在的，有目共睹的，但傳統被掩蓋了，新的東西被誇大了。辛亥革命的本體，仍然是一個王朝更替的運動。」（朱宗震著：《大視野下清末民初變革》）

中華民國第一位總統孫中山在一九一二年元旦面對幾十位臨時參議員宣誓，誓詞很短，卻開啟了中國歷史的新時代。從此，千年古國告別了王朝，進入了現代社會。「這個生生不息的最古老的國家，便由『帝制』轉入『民治』的新時代了。在此之前的社會政治制度，帝王只是其中的一個環節而已。圍繞著這個帝王，還有一整套交互運作的國家機器和與它們配合得天衣無縫的文化體系、社會生活方式以及價值系統。它們是個相輔相成、一轉百轉的整體。因此，要從一個古老的封建制度，或帝國制度，轉入一個民主代議制度，這種制度轉型，就非三年五年之功了。」（唐德剛著：《袁氏當國》）各國都經歷了從王朝到現代的轉型。這個轉型很艱難，涉及各方各面，難免存在反覆。英國就有王朝復辟和光榮革命，法國有恐怖統治和拿破崙稱帝，俄國的轉型期更長，農奴經濟、專制殘餘和薄弱的經濟讓自上而下的歷次政治躍進都大打折扣。民國建立後種種亂象，常讓人有痛心疾首之感，但是如果放在社會艱難轉型的大背景中觀察，我們也許會平常、客觀一些。轉型的疼痛表現為社會亂象，也許是中國付出的必要的代價。

誠如孫中山先生所言：「民國肇建，百廢待舉，況以數千年專制一變而為共和，誠非旦夕所能為力。」

三

每一本書的完成，都是吸取前人研究成果的結果，本書在寫作過程中參考了已有的研究成果和文獻。本書的主要參考書目有：張憲文主編的《中華民國史綱》；唐德剛著的《袁氏當國》；中國史學會編的《辛亥革命與二十世紀的中國》；朱宗震著的《真假共和 —— 一九一二的中國憲政實驗的臺前幕後》；《真假共和 —— 一九一三的中國國憲政實驗的困境與挫折》；朱宗震著的《大視野下清末民初變革》；費正清著，劉尊棋譯的《偉大的中國革命》；夏雙刃著的《亂世掌國 —— 平議民國大總統》；李菁著的《孫中山傳 —— 天下為公》；王政著的《歷史的稜角》；劉秉榮的《荒誕史景 —— 北洋官場迷信實錄》；張鳴的《歷史的壞脾氣》。

其他有「一面之緣」或多年前對我產生過影響的相關文獻，恕不能一一列舉。有時在寂靜的夜晚，經歷了勞累的工作的一天後，我看著並不通俗、大眾的文獻，感覺自己不是孤獨一人。謝謝所有的前人與同行，感謝你們的有益工作。

四

在後記的最後，照例應該對本書的成書過程做一個介紹，感謝所有幫助我的人。

後記：大變革時期的大人物

　　這本書我耗時兩年，著力不淺，中途曾經想過放棄，所幸堅持了下來。本書原本是他人的約稿，隨著寫作的深入，我越來越感覺到難度之大、未知之處越來越多。中間經歷過兩次大的修改，現在的稿子和初稿相差較大。我要感謝在本書編輯、印刷、發行過程中付出心血與汗水的同行們。圖書出版是一個繁瑣的過程，沒有大家的辛勤付出就沒有本書的最終問世。我特別要感謝唐琳娜，謝謝她的支持和對書稿在寫作和修改中的意見。她的支持和鼓勵是我前進的動力。

　　任何一本圖書都是「遺憾」的產物，對於編輯來說如此，對於作者來說更是如此。本書在史料遴選和觀點闡述方面難免存在各種問題，敬請各位讀者批評指正。

　　謝謝大家！

張程

民初總統紀，六位政治巨擘用權力見證歷史：

從革命到軍閥，探討孫、袁、黎、馮、徐、曹六位民國初年總統的抉擇與慾望

作　　者：張程

發 行 人：黃振庭

出 版 者：崧燁文化事業有限公司

發 行 者：崧燁文化事業有限公司

E-mail：sonbookservice@gmail.com

粉 絲 頁：https://www.facebook.com/sonbookss/

網　　址：https://sonbook.net/

地　　址：台北市中正區重慶南路一段六十一號八樓 815
室

Rm. 815, 8F., No.61, Sec. 1, Chongqing S. Rd., Zhongzheng
Dist., Taipei City 100, Taiwan

電　　話：(02)2370-3310

傳　　真：(02)2388-1990

印　　刷：京峯數位服務有限公司

律師顧問：廣華律師事務所 張珮琦律師

定　　價：450 元

發行日期：2024 年 04 月第一版

◎本書以 POD 印製

國家圖書館出版品預行編目資料

民初總統紀，六位政治巨擘用權力
見證歷史：從革命到軍閥，探討
孫、袁、黎、馮、徐、曹六位民國
初年總統的抉擇與慾望 / 張程 著 .
-- 第一版 . -- 臺北市：崧燁文化事
業有限公司 , 2024.04
面；　公分
POD 版
ISBN 978-626-394-138-0(平裝)
1.CST: 元首 2.CST: 傳記 3.CST: 民
國史 4.CST: 中國
782.298　113003429

電子書購買

臉書

爽讀 APP